Début d'une série de documents
en couleur

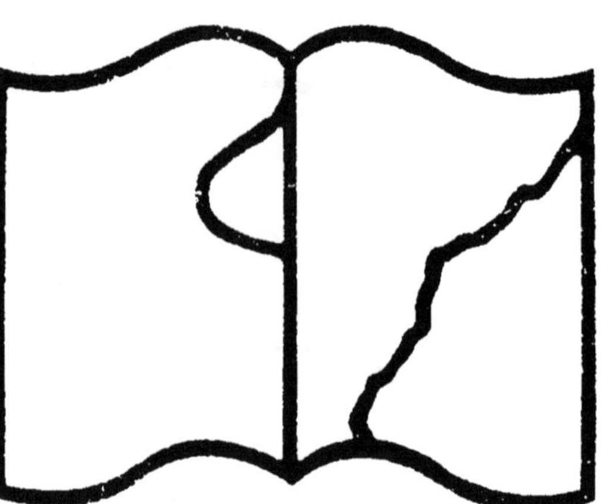

FRÉDÉRIC PASSY
Membre de l'Institut

PAGES ET DISCOURS

Prix : 2 fr. 50

PARIS
LIBRAIRIE GUILLAUMIN ET Cie
14, RUE RICHELIEU, 14

1901

Principaux ouvrages de M. Frédéric Passy

A la librairie Hachette : *Les Machines et leur influence sur le progrès social*; *Le Petit Poucet du XIXe siècle* (*Georges Stephenson et la naissance des chemins de fer*); Conférences diverses, dans la collection des *Entretiens populaires et les Cours d'Economie industrielle.*

A la librairie Guillaumin : *Leçons d'Economie politique*, 2 vol. (épuisé) ; *Mélanges économiques* ; *La propriété intellectuelle*; *L'Enseignement obligatoire* (épuisés). *Une exhumation* (*Un cours libre sous l'Empire*) ; *Brochures et discours parlementaires sur diverses questions.*

A la librairie Delagrave : *Vérités et Paradoxes.*

Au siège de la *Société Française pour l'arbitrage entre nations*, 10, rue Pasquier : *Conférences et articles sur la paix et la guerre* et collaboration à la Revue *l'Arbitrage entre nations.*

Paris. — Typ. A. DAVY, 52, rue Madame. — *Téléphone.*

Fin d'une série de documents
en couleur

PAGES ET DISCOURS

FRÉDÉRIC PASSY
Membre de l'Institut

PAGES ET DISCOURS

Prix : 2 fr. 50

PARIS
LIBRAIRIE GUILLAUMIN ET Cie
14, RUE RICHELIEU, 14

1901

FRÉDÉRIC PASSY
Membre de l'Institut

PAGES ET DISCOURS

Prix : 2 fr. 50

PARIS
LIBRAIRIE GUILLAUMIN ET Cie
14, RUE RICHELIEU, 14

1900

PRÉFACE

Dans un précédent volume, sous ce titre : UNE EXHUMATION, j'ai remis au jour, après un oubli de trente-cinq ans, la substance du *Cours libre d'économie politique* professé par moi, à Nice, pendant les hivers de 1863 à 1865; œuvre impersonnelle en apparence, alors, puisque je ne pouvais me permettre de signer moi-même, au jour le jour, les comptes rendus de mes leçons : œuvre personnelle, en réalité, et très personnelle, puisque, par des raisons que j'ai indiquées, je n'avais pas cru pouvoir permettre à des plumes étrangères de donner de ma parole un écho peut-être inexact on imprudent.

Ces comptes-rendus, publiés par fragments, dans le MONDE ECONOMIQUE, avant d'être réunis sous une même couverture, ont reçu, paraît-il, des lecteurs de cette revue, un accueil favorable. Et la direction, avec une bienveillance dont je ne saurais trop la remercier, m'a fait l'honneur de me demander à leur intention la communication d'une partie de mes anciens travaux, les uns n'ayant eu, au jour de leur apparition, qu'une publicité éphémère; les autres ou tout à fait inédits ou connus seulement des auditoires restreints devant lesquels ils avaient été lus. De là, sous le titre élastique de PAGES ET DISCOURS, ce nouveau volume, qui ne sera peut-être pas le dernier. C'est dire qu'il n'a aucunement la prétention d'être un corps de doctrines. Cette prétention, à la grande rigueur, pourrait être avouée pour le précédent. Mes leçons de Nice, bien que n'embrassant qu'une partie de la science économique, constituaient, comme mes leçons de Montpellier ou de Bordeaux, ou comme les cours que j'ai faits depuis dans d'autres chaires, un ensemble.

On ne trouvera ici que des fragments ou des morceaux détachés : conférences ou écrits portant, selon les lieux et les temps, sur les sujets les plus divers : instruction, morale, économie politique, finances, hygiène ou littérature même. Mais, sous cette diversité dont je ne m'excuse point, on reconnaîtra, j'ose le croire, l'unité du sentiment qui les a tous inspirés. Et l'on voudra bien peut-être, en considération de cette unité supérieure, me pardonner l'imparfaite ordonnance de ces fragments d'origine et de caractère parfois bien différents.

Ai-je besoin d'ajouter que c'est à dessein qu'en faisant, à des intervalles inégaux et parfois considérables, ces reproductions de mes études passées, j'ai cru devoir en respecter absolument le texte et m'abstenir de toute retouche? Il m'a semblé qu'elles ne gagneraient rien à être remaniées; et qu'une partie de leur intérêt, de leur vie, si elles en ont conservé, était dans les circonstances mêmes au milieu desquelles elles ont vu le jour et dans les traits qui en marquent le souvenir.

Frédéric Passy

L'ÉDUCATION MUTUELLE

Conférence faite à Neuilly-sur-Seine, le 22 février 1874, pour la Constitution de l'Association philotechnique de cette ville.

Mesdames et Messieurs,

Franklin raconte quelque part, dans ses mémoires, l'anecdote que voici :

Etant allé un jour entendre un sermon de charité, prêché par un orateur célèbre, et se trouvant ce jour-là, par hasard, la poche beaucoup mieux garnie que d'habitude,— ce qui n'est pas toujours, paraît-il, une raison pour l'ouvrir plus volontiers, — il avait formellement mis dans sa tête de ne pas l'ouvrir du tout. Le prédicateur était pourtant de ses amis ; mais à ce moment, je ne sais par quelle circonstance, il avait quelque chose sur le cœur à son égard. D'ailleurs, l'objet du sermon ne lui revenait que médiocrement : il s'agissait de la fondation d'un orphelinat dont l'idée, l'emplacement surtout, et peut-être aussi les patrons et les futurs directeurs n'étaient pas de son goût. Bref, il n'était pas venu par intérêt et par sympathie pour la chose, bien au contraire ; et il n'était guère entré dans l'assemblée qu'en curieux ou en critique, tenant, je le répète, ses deux mains à ses poches, non pour y puiser, mais pour les préserver de toute atteinte.

Le prédicateur cependant commença son discours, et, au bout de quelques instants, Franklin, un peu honteux de son parti pris, nous dit-il, et ne voulant pas faire d'affront à ce brave homme, se dit à part lui : « Bah ! je n'en mourrai pas pour si peu. Je lui donnerai mon cuivre. » Le prédicateur continua, et Franklin, de plus en plus attentif, commença à se sentir touché. « Je lui donnerai mon argent », se dit-il. Enfin, — ce sont ses propres paroles, — « ce diable d'homme parla si bien » ; il fit un tableau si touchant de la misère morale et physique de ses jeunes clients ; il fut si pathétique et si plein de ce feu de la charité qui a le don de pénétrer jusqu'aux âmes les plus rebelles que, ma foi! tout y passa, cuivre, argent et or ; et je rentrai chez moi la bourse plate, mais le cœur léger ».

Ce début n'est pas pour vous dire, comme vous le pourriez supposer, Mesdames et Messieurs, que nous vous avons appelés ici dans l'intention de soulager vos poches de tout ce qui peut les alourdir. Nous n'en aurions pas le pouvoir; n'a pas qui veut l'irrésistible parole du prédicateur américain. Et l'eussions-nous, ce pouvoir, assurément, nous nous ferions scrupule d'en user sans discrétion. Mais, je ne ferai pas difficulté d'avouer que nous ne vous avons pas attirés ici pour l'unique plaisir de passer une heure ensemble. Nous savons qu'il peut y en avoir parmi vous qui sont venus, comme Franklin, avec des doutes, avec des scrupules, avec des préventions peut-être à l'égard de l'entreprise en vue de laquelle nous vous avons convoqués. Il y en a tout au moins, qui n'ont encore donné à cette entreprise aucune marque de sympathie, et nous nourrissons, nous n'en faisons pas mystère, l'intention parfaitement avouable de les y convertir, s'ils sont en défiance, de les gagner tout à fait, s'ils ne sont qu'hésitants, et de ne laisser enfin, si nous le pouvons, sortir de cette salle aucun de ceux qui y sont entrés, je ne dirai pas sans qu'il ait mis la main à sa poche, mais sans qu'il ait, au moins, adhéré de cœur à notre association, et pris à son sujet quelques bonnes résolutions.

Je viens de parler de préventions. Je ne crois pas, en vérité, en avoir beaucoup ni de bien vives à combattre. Non. La rapidité avec laquelle, malgré une publicité qui n'a été réelle que dans ces deux derniers jours, les adhésions nous sont arrivées, suffit à prouver que l'idée dont nous nous sommes faits les organes, est sympathique à beaucoup. Votre présence, ce soir, en si grandnombre, et l'empressement inusité avec lequel vous avez voulu profiter de l'hospitalité qui nous est gracieusement offerte par la municipalité de Neuilly, sont, évidemment, une confirmation et un témoignage nouveau de ces bonnes dispositions.

Aussi, ne sont-ce, à vrai dire, que quelques *explications* qu'il nous a paru nécessaire de vous donner, avant de procéder à la constitution définitive de notre œuvre, puisque nous allons, nous l'espérons bien, la constituer ce soir ; et je ne suis nullement chargé de vous présenter un plaidoyer en forme en faveur de cette œuvre. Comment, sans vous faire injure, estimer nécessaire de démontrer, devant vous, l'utilité, la nécessité, à plus forte raison la légitimité et l'innocence de cette chose si simple : LE DÉVELOPPEMENT DE L'INSTRUCTION?

On a, -- nous avons, si vous le voulez, car j'ai ma part de la faute, — décoré sur l'affiche ces quelques explications du titre un peu ambitieux de *conférence*. Je vous demande de vouloir bien ne pas prendre tout à fait ce titre au sérieux. Je ne voudrais pas faire tort par avance, par un échantillon trop imparfait, aux conférences proprement dites qui pourront suivre, et dans lesquelles les sujets les plus sérieux, les plus variés, seront exposés et discutés devant vous, tour à tour. Ce n'est qu'une causerie préliminaire, un lever de rideau, comme on appelle au théâtre les petites pièces qui font attendre les grandes.

Je ne plaiderai pas devant vous, ai-je dit, la cause de l'instruction. Eh ! mon Dieu, je le sais bien, c'est une cause qui se plaide encore tous les jours, et qui, trop souvent, a besoin qu'on la plaide : encore bien qu'il y ait longtemps qu'elle a été plaidée de façon à ne pas laisser grand'chose à répliquer. Car les problèmes que nous croyons modernes sont bien anciens, pour la plupart ; et

Salomon n'avait pas si grand tort quand il disait : « il n'y a rien de nouveau sous le soleil. » La forme change, mais le fond est immuable. J'ai là, sous les yeux, entre autres documents, un discours d'un prélat contemporain, je ne dis pas d'un évêque ; il n'était qu'évêque quand il a prononcé ce discours ; mais il est monté en grade depuis. Dans ce discours, prononcé lors d'une solennité universitaire, je note quelques paroles vraiment curieuses d'un homme qui marqua parmi les plus grands et les plus célèbres personnages de l'église d'Orient, en ce IVe siècle, si riche en grands orateurs chrétiens. Ecoutez-les, ne fût-ce que pour la singularité de la chose, et voyez comment, il y a quinze siècles, saint Grégoire de Nazlance posait et résolvait la question, — c'est le prélat contemporain qui parle, — « en termes à la fois décisifs et remplis d'une sainte indignation contre une classe de chrétiens dont les tendances se sont rencontrées malheureusement à toutes les époques. »

« Je pense, disait ce grand docteur, qu'au jugement de tout homme qui n'est pas privé de sens, la science occupe le premier rang parmi les biens de ce monde. Je ne parle pas seulement de la science religieuse.... mais bien des sciences profanes, que plusieurs chrétiens, par un jugement dépravé, méprisent comme insidieuses, pleines de périls et détournant des idées divines. Nous ne méprisons pas les bienfaits que le créateur a partout répandus dans l'univers ; nous ne les méprisons pas à cause des abus et de la perversité des méchants. Nous nous en servons, au contraire, pour les nécessités et les agréments de la vie, et nous faisons en sorte de ne point en abuser... De même, ne méprisons pas la science et l'instruction, parce que tel est le bon plaisir de certaines gens : regardons plutôt comme des insensés et des ignorants ceux qui parlent ainsi. Ils seraient bien aises que tout le monde leur ressemblât, afin que leur sottise demeurât inconnue, et que personne ne pût leur adresser de sévères leçons sur leur ignorance. »

Et quelques lignes plus loin, le successeur de saint Grégoire ajoute : « Oui, nous aimons à le répéter, la science, les belles-lettres, l'instruction, la germination du vrai et du bien dans l esprit humain, sous quelque forme qu'elle se présente, tout développement normal de l'intelligence est en soi une bonne et excellente chose : c'est un don de Dieu, c'est l'exercice d'une noble faculté. La science en elle-même est un rayon divin. »

Certes, voilà une belle et éloquente apologie de la science, de toute la science, dans toutes ses acceptions et sous toutes ses formes, jusqu'aux plus élevées, aux plus éclatantes : philosophie, histoire, belles-lettres... et le reste. Nous n'en rabattons rien, et nous serions heureux d'en pouvoir faire sans exagération l'application à notre programme. Mais nous ne sommes pas si ambitieux, et nous n'avons pas de si hautes visées. Nous ne vous promettons pas de vous mener, habituellement au moins, sur ces hauts sommets, et de doter Neuilly d'une sorte de faculté libre qui le dispute à la Sorbonne ou au Collège de France. Non. Mais nous avons une ambition plus modeste ; et nous tendons à un but plus accessible en même temps que plus pratique. Nous nous proposons de contribuer, soit par quelques-uns d'entre nous personnellement, soit par des auxiliaires compétents et dévoués, à répandre autour de nous, sous diverses formes et à divers degrés, ces notions appelées élémentaires, autrement dit fondamentales et essentielles, des sciences et des arts qui sont utiles à la vie quotidienne, à la vie de chacun, et auxquelles personne, petit ou grand, pour peu qu'il prenne la peine d'y réfléchir, ne saurait, sans impertinence, appliquer la question de Nicole, dans le *Bourgeois gentilhomme* : « De quoi est-ce que cela guérit ? » Nous nous proposons tout simplement, mais très fermement, de faire, dans cette localité, ce qui se fait depuis plus ou moins longtemps dans les localités voisines, et notamment au chef-lieu de l'arrondissement, à Saint-Denis ; car Neuilly sous ce rapport, il faut bien le dire, n'a guère brillé jusqu'ici que par son obscurité. Nous voulons, en un mot, organiser et faire fonctionner, sur cette rive de la Seine, ce que plus d'une fois il nous est arrivé d'aller aider à fonctionner sur l'autre : UNE ASSOCIATION PHILOTECHNIQUE.

Une association philotechnique? Il n'est pas, je pense, bien nécessaire d'expliquer minutieusement ce que c'est. Si nous étions pédants plus que nous ne le sommes, nous vous pourrions dire que le mot se définit lui-même, et qu'il suffit de remonter à son étymologie, je veux dire à sa racine. Mais cette racine, puisque racine il y a, est une racine grecque; et ce ne seraient probablement pas ces dames seulement qui répondraient, comme la belle et sage Henriette, dans la comédie des *Femmes savantes*, quand le triple pédant Trissotin se dispose à l'embrasser pour l'amour du grec : « Monsieur, excusez-moi, je n'entends pas le grec. »

Il suffira de constater que ce mot *philotechnique* répond aux idées, que j'indiquais tout à l'heure, d'amour et de développement des connaissances, et spécialement des connaissances dites techniques; c'est-à-dire touchant aux sciences ou aux arts qui intéressent le métier ou la profession. Le nom de *polytechnique*, rendu célèbre par l'école qui le porte, fut donné, vers 1830, à une association d'anciens élèves de cette école qui, la première, entreprit de mettre la science à la portée des ouvriers, et remplit Paris de cours du soir; il veut dire à peu près la même chose. Et à peu près le même aussi est le sens du mot *philomatique*, non moins grec que les autres, adopté par d'autres sociétés, par celle de Bordeaux notamment, la plus ancienne de toutes, si je ne me trompe, et la plus chère à mon cœur : elle a soixante ans d'existence et ne fait pas faire moins de 20 à 25 cours, de la lecture à la géographie commerciale et à l'économie politique, et de la coupe des pierres au modelage et au dessin d'ornement.

Ailleurs, on s'est tout bonnement servi de noms français. Et je pourrais vous promener de Mulhouse à Nantes, et de Lyon à Elbeuf, à Rouen ou au Havre, en passant par bien des villes intermédiaires : nous trouverions le long du chemin, et plus d'une fois côte à côte, des *Sociétés industrielles*, des *Sociétés d'Enseignement professionnel*, des *Sociétés de conférences*, des *Cercles et Bibliothèques d'ouvriers* ; en Belgique, des *Causeries populaires*; en Angleterre enfin des *Mechanics institutes*, littéralement, des sociétés de mécanique, pourvues parfois de locaux magnifiques, de collections splendides, et assez riches, grâce à la réunion des petites cotisations qui font les gros budgets, pour se payer tantôt une soirée de déclamation d'un grand tragique, tantôt une lecture de Charles Dickens, quand Dickens vivait encore; ou une séance de physique expérimentale par le fameux John Tyndall en personne, avec les expériences les plus curieuses et les plus coûteuses. Toutes ces institutions, sous des dénominations différentes et avec des origines diverses (car les unes sont nées de l'initiative de pauvres ouvriers, et les autres sont dues à la généreuse inspiration de riches industriels) tendent au même but : instruire les hommes, et les femmes aussi, puisqu'on s'est enfin avisé, un peu tard, que les femmes pourraient bien avoir une intelligence à cultiver aussi bien que les hommes. Leur fournir des connaissances applicables à l'habitude de la vie, à ce train de tous les jours auquel personne n'échappe, au ménage, au pot-au-feu, à la comptabilité domestique; au travail aussi; au métier aussi; à l'usine, à l'atelier; au développement de l'esprit lui-même, enfin, à son contentement et à celui du cœur, par ces bonnes, saines et salutaires distractions qui préservent d'autres distractions moins bonnes, et permettent d'employer bien ce temps, qui, faute d'un bon emploi, risque d'être employé mal et très mal.

Voilà ce qui se fait de tous côtés, et avec un succès qui, l'on peut le dire hardiment, est au-dessus de la discussion.

A ce succès, il y a bien des causes; et je n'ai nulle envie de les énumérer toutes. J'en noterai seulement deux ou trois, un peu au hasard, et en me laissant aller, comme il convient dans une causerie familière, à mes impressions et à mes souvenirs.

La première raison du succès des cours, conférences et bibliothèques dont je parle, c'est l'insuffisance trop réelle des moyens officiels d'instruction, primaire surtout. Il n'y a pas longtemps, nous le savons tous, que l'instruction primaire est devenue une préoccupation générale; même aujourd'hui, il s'en faut que cette préoccupation soit universelle(1). Son budget, il y a un demi-siècle, égalait à peine le traitement d'un ambassadeur; il n'est, à cette heure encore, qu'une bien faible partie du budget total, le *deux centième* environ (2). De cette insuffisance, et d'autres causes qu'il serait trop long d'énumérer, il résulte qu'il y a beaucoup d'hommes, parmi ceux d'un certain âge, beaucoup parmi les jeunes gens aussi qui, faute d'avoir trouvé à leur portée des moyens d'instruction convenables, ou faute d'avoir profité de ceux qui leur étaient offerts, parfois faute d'avoir pu s'entretenir par l'usage dans la possession de ce qu'ils avaient acquis, se trouvent n'avoir que des connaissances très rudimentaires, très imparfaites, bon nombre même sont entièrement dépourvus des notions les plus simples de la lecture, de l'écriture ou du calcul.

Dans la plupart des localités, dans un grand nombre au

---

(1) Qu'on se rappelle que tout ceci a été dit en 1874.

(2) Le budget total de 1871 a été réglé, par les lois des finances des 27 juillet 1870 et 16 septembre 1871, à 3 milliards 201.692.703 francs dont un peu plus de 2 milliards pour le service ordinaire. Le service de l'instruction primaire y figure pour 14.000.000 à l'ordinaire et 2 à l'extraordinaire. Il est vrai qu'il faut ajouter au budget général de l'Etat les budgets des communes. Celui de Paris seul donne environ 6 millions pour l'instruction primaire.

moins, on a essayé de réparer ce mal, de combler cette lacune, en ouvrant ce qu'on appelle des *cours du soir*, des *cours d'adultes*. Vous en avez à Neuilly, dans vos diverses écoles primaires, tant chrétiennes que laïques. Dans ces cours d'adultes, on apprend aux jeunes gens, trop âgés pour fréquenter l'école du jour, aux hommes faits, lorsqu'il en vient, à lire, à écrire, à compter plus ou moins. Quand on le peut, on ajoute à cela un peu de dessin, voire quelque chose de plus ; le cadre varie naturellement suivant les élèves et aussi suivant les maîtres, d'un endroit à un autre. Mais, en général, il ne peut être bien étendu ; car ces cours du soir sont faits habituellement par les mêmes maîtres qui ont déjà fait les classes du jour. Et si le dévouement n'a pas de bornes, les forces en ont. Si peu que ce soit, c'est quelque chose, c'est beaucoup. Mais cela suffit-il ? Evidemment non, cela ne suffit pas.

Et quand je parle ainsi, je ne songe pas seulement à ceux qui se trouvent placés par leur ignorance, dans une trop manifeste infériorité ; je songe aussi, et non moins, à ceux qui les entourent et qui pourraient se croire favorisés d'autant par la distance qu'établit à leur avantage cette infériorité relative. Peut-être cela pouvait-il suffire du temps de nos pères. J'en doute. L'instruction a toujours été bonne, toujours utile. Charlemagne disait déjà, répondant par avance à cette prétendue opposition alléguée de nos jours entre la moralité et l'instruction, « qu'il soit mieux de bien faire que de savoir, encore faut-il cependant savoir avant de faire. »

Socrate, plus anciennement, avait fait une remarque analogue. « On agit suivant que l'on pense, » disait-il ; et par conséquent, si l'on pense mal on agit mal ; d'où cette sentence, mise dans sa bouche par un de ses disciples : « L'ignorance, quand elle n'est pas factieuse, est toujours prête à le devenir ». Si cela était vrai, il y a deux mille ans, si dans la société en quelque sorte immuable de l'ancien régime, comme dans les sociétés à esclaves de l'antiquité, l'ignorance était redoutable et la science justement considérée comme un des premiers éléments de la sécurité publique et privée, qu'est-ce donc aujourd'hui, au milieu de nos sociétés, dont le changement semble être devenu la loi, avec ses métamorphoses subites, cette variété innombrable d'opérations et cette délicatesse chaque jour croissante de procédés ?

Aujourd'hui que l'industrie n'est plus, selon le mot d'un grand industriel, qu'un déménagement perpétuel, suite et condition du progrès, et que sans ce déménagement perpétuel il nous est devenu impossible de soutenir et d'améliorer notre existence collective ou individuelle, c'est l'évidence même, à ce qu'il me semble. Et cependant, vous ne l'ignorez pas, il y a des moments où cette évidence semble méconnue. On rencontre encore des personnes non seulement bonnes, bienfaisantes, dévouées aux intérêts de leurs semblables, mais amies de l'instruction et instruites elles-mêmes, qui se laissent aller par intervalles à envisager avec une certaine appréhension le développement de l'instruction ; parce qu'elles se demandent si ce développement de l'instruction ne peut pas devenir une cause de trouble en écartant du travail, en enlevant des bras à l'industrie, en compromettant la bonne harmonie, les bons rapports, et surtout la subordination nécessaire des conditions diverses. On croirait presque, à entendre certains discours, que le temps donné à l'étude soit enlevé au travail ; et que toute nouvelle connaissance communiquée aux esprits, en ouvrant devant ces esprits de plus larges horizons, fasse naitre en eux, comme fatalement, des ambitions excessives, ou tout au moins prématurées et, par suite, dangereuses.

C'est, au fond, le contraire qui est la vérité. Et d'abord, à l'époque où nous sommes parvenus, il n'y a pas de métier, si grossier qu'il paraisse, pour lequel il ne faille des connaissances, et des connaissances chaque jour croissantes. Autrefois, ce qu'on appelle les travaux de force, les travaux manuels n'avaient,pour ainsi dire, rien à voir avec l'intelligence.

Autrefois, a écrit un homme dont la mort remonte à une vingtaine d'années, M. Droz, quand on entrait dans une fabrique et qu'on essayait de donner, non pas aux ouvriers, mais aux patrons, quelques conseils de science, d'hygiène ; quand on leur parlait de chimie, de physique, d'aération, on était fort mal reçu, comme sont reçus trop souvent ce qu'on appelle les hommes de théorie ; il semblait qu'un savant fût nécessairement un être incompétent, presque un ennemi.

Aujourd'hui, c'est tout l'opposé ; le savant est accueilli partout avec déférence. C'est qu'aujourd'hui il n'y a pas une fabrication qui puisse marcher sans être soutenue par la science. C'est qu'il faut partout des chimistes, des mécaniciens, des dessinateurs. Et ce n'est pas seulement à la tête des ateliers qu'il en faut ; c'est dans la foule des travailleurs, quelquefois jusque dans les derniers rangs ; car partout l'ignorance, avec ses méprises, avec ses témérités, peut mettre la perte à la place du bénéfice, la destruction à la place de la production, la mort à la place de la vie. Et dans quelles proportions, hélas !

Il y a quelques années (c'était dans les derniers jours de 1868), j'avais été appelé dans ce pays qui était alors une des gloires de la France et qui, depuis, est devenu l'une de ses croix, la plus cruelle ; dans lequel elle souffre comme le mutilé dans les membres qu'il a perdus ; dans ce pays où l'accord de la science et du travail était si bien compris, l'Alsace.

Au retour, je passai par Reims, attiré là encore par la *Société industrielle* de cette riche cité. En arrivant, je trouvai la consternation sur tous les visages. Je m'informai de la cause de cette tristesse, et j'appris que si j'étais arrivé l'avant-veille seulement, j'aurais rencontré dans les rues vingt mille personnes suivant, avec des sentiments divers, parmi lesquels, sans doute, quelques-uns étaient des sentiments d'amertume, un convoi de huit cercueils. C'étaient huit ouvriers, — sans compter les blessés, — qui avaient péri victimes d'une explosion dans l'un des principaux ateliers de la ville. Un chauffeur, première victime luimême, avait été l'auteur involontaire du désastre. Faute de prudence d'abord, puis, faute de sang-froid, autrement dit,faute de l'instruction et de la capacité nécessaires,pour éviter le danger et pour le dominer ensuite, il avait follement lâché la bride à la vapeur ; et la vapeur avait tout emporté. En un instant, autour des cadavres, et parmi les cris et les lamentations, s'étaient accumulées les ruines des bâtiments et des métiers : 200.000 fr. de perte pour les propriétaires de l'établissement ; la désolation et le chômage, conséquence fatale de toute destruction de capital et de tout bris de machines pour les ouvriers ; telles étaient les suites incalculables de l'insuffisante préparation d'un seul homme !

Quelques années auparavant, un accident analogue était arrivé à Lille. Immédiatement, on avait compris qu'il y avait là une leçon ; on s'était dit qu'il y avait péril public à confier à des mains mal armées des appareils d'un maniement si délicat ; et l'on avait institué une « Ecole de chauffeurs ». Grand bienfait pour les chauffeurs ; car, peu de temps après, les chauffeurs, diplômés par l'école de Lille, se plaçaient plus facilement et mieux que les autres, mais plus grand bienfait assurément pour la société et pour l'industrie.

Au point de vue de la sécurité, vous venez de voir quelle est la portée de ce bienfait. Au point de vue de l'économie, je vous en donnerai une idée en vous disant que, dernièrement, à la séance annuelle de la Société industrielle d'Elbeuf, on rendait compte des résultats du concours des chauffeurs. Il y avait cinq concurrents, tous cinq hommes d'élite dans leur partie, tous ayant, dit le rapport, « fait preuve d'un *savoir véritable* dans la conduite de leurs foyers. » De l'un à l'autre cependant, avec les mêmes machines et le même combustible, la seule façon de conduire le feu faisait pour la production de la vapeur et la dépense du combustible, une différence de 25 à 30 pour cent. L'un, par kilogramme de houille, produisait 5 kilog. 96 de vapeur; l'autre n'en vaporisait que 4 kilog. 50. Supputez donc, en francs, c'est-à-dire en millions de francs, ce que c'est qu'une perte ou une économie d'un quart ou d'un tiers sur la consommation de houille du monde!

Voilà, prise sur le vif, la preuve de ce que les connaissances techniques bien appliquées peuvent produire.

Il serait aisé de multiplier ces exemples et de varier les points de vue presque à l'infini. La conclusion serait toujours la même.

J'ai souvenir de deux conférences faites, il y a quelques années déjà, en 1865, à l'Ecole de médecine, par un homme d'un esprit extrêmement original; c'était Charles Duveyrier, l'un des anciens chefs de la secte Saint-Simonienne, orateur et écrivain spirituel, penseur paradoxal souvent, mais sérieux, et vaudevilliste aimable à ses heures. Ces conférences, dont le but était de provoquer la formation d'une grande association pour la fondation d'un INSTITUT DU PROGRÈS SOCIAL, avaient pour titre : *La civilisation*. Les étrangetés n'y manquaient pas; mais elles étaient pleines d'échappées généreuses et profondes. Entre autres réflexions qui me frappèrent, j'ai retenu celle-ci : « Un homme, maçon ou couvreur, tombe d'un échafaudage et se tue. *Il pouvait ne pas tomber.* » Sa chute est-elle le résultat d'une maladresse; pourquoi était-il maladroit? Est-elle due à l'imprévoyance; pourquoi était-il imprévoyant? «Faute d'une éducation plus convenable ou d'une gymnastique professionnelle mieux entendue », répondait Duveyrier. Et, en effet, il pouvait mieux poser son échafaudage, mieux vérifier ses cordes et ses boulins, mieux se rendre compte des conditions d'équilibre. Il pouvait aussi peut-être se mieux éprouver lui-même et se préserver des causes de trouble à demi volontaires, sous l'influence desquelles tant de malheureux affrontent journellement les situations les plus périlleuses, et qui elles-mêmes, trop souvent, ne sont que la conséquence d'habitudes d'oisiveté, dues, à leur tour, à l'ignorance et au besoin de tuer le temps. Pour tuer le temps, on en vient à se tuer soi-même; comme ce pauvre homme mis en scène dans *les Confessions d'un ouvrier*, d'Emile Souvestre, et dont le fils n'est préservé du même sort que par la rude affection d'un ami. Un jour, au détour d'une rue, cet ami l'arrête devant une maison; et, au sommet de cette maison, il lui montre une cheminée. Et pendant que le jeune homme se demande ce que cette cheminée a de plus digne d'attention que les autres, le vieux compagnon lui dit ces simples paroles : « C'est la cheminée de ton père ; celle où il est monté un jour en sortant du cabaret, et d'où il a été précipité sur le pavé ». Quelle leçon dans ces quelques mots! Mais à combien les bonnes leçons ont-elles fait défaut! Et combien, en place des bonnes, en ont eu de mauvaises!

Un autre ouvrier descend étourdiment dans un puisard et est asphyxié ; il livre sa main à un engrenage et il a le bras déchiré. Il avait reçu des recommandations, des défenses formelles. En voici la preuve : le règlement qu'il a violé est là en grosses lettres, et il l'avait sous les yeux; mais ces recommandations il ne les avait pas comprises ; par une forfanterie qui n'est qu'une forme de l'ignorance, il les avait méprisées; le châtiment ne s'est pas fait attendre. Il a été cruel; mais il était dans la logique des choses.

J'en dis autant et je les range encore parmi les victimes de l'ignorance, de ceux qui, ne comprenant pas que ce qui est détruit est détruit pour tout le monde, s'imaginent servir leurs intérêts en gâchant l'ouvrage pour s'en refaire, ou de ceux qui ne voient dans les coulages, les tromperies ou les mal-façons, qu'un bon tour joué au patron. Avec un peu plus de réflexion sur les lois du travail, ces mêmes hommes (à supposer que leur cœur n'y gagnât pas autant que leur esprit) ne commettraient plus les mêmes fautes, parce qu'ils sauraient que ce sont des inepties et que leur intérêt et celui de leurs camarades les leur interdisent. Les camarades, en tout cas, y veilleraient. Tel, par exemple, n'ose pas dire un mot à son voisin, qui fait le lundi, et qui, par suite, entrave la marche régulière de l'atelier. Plus instruit, il n'hésiterait pas; il réclamerait au nom de son propre travail et de son propre salaire. Il comprendrait que tout ce qui amène une perte ou un enchérissement se paie; et que si, à la fin de l'année, le patron ou l'entrepreneur ne veut pas être en retour, ce qui le contraindrait à fermer ses ateliers et mettrait tout son personnel sur le pavé, il faut bien qu'il compense par une augmentation de ses frais généraux, autrement dit par une diminution de salaire et une élévation du prix de revient, — deux mauvaises choses pour tout le monde, évidemment, — le préjudice que lui inflige et la négligence et la malveillance de ses coopérateurs.

Que serait-ce, si j'envisageais maintenant l'instruction au point de vue de la conservation et de l'emploi de cette admirable machine qui s'appelle le corps humain, au point de vue de l'hygiène? Nous avons à vivre tous les jours. Est-ce que nous savons vivre, par hasard?

Je ne sais plus trop qui, je crois que c'est M. Laboulaye — à moins peut-être que ce ne soit moi —, a dit que nous avions besoin de tout apprendre, à commencer par manger. Nous nous figurons quelquefois qu'il n'y a que les enfants qui aient besoin qu'on leur apprenne à manger. Erreur, erreur grossière, et qui prouve tout bonnement que nous ne savons pas de quoi nous parlons. Je ne veux pas faire de personnalités; mais je suis bien certain que si je passais en revue tous ceux qui sont dans cette salle, et si je vous faisais subir, Messieurs, et vous aussi, Mesdames, un examen... d'estomac, il ne me serait pas malaisé de constater que, la plupart, à commencer par celui qui vous parle, ne se doutent pas de ce que c'est que de se nourrir.

Nous mangeons mal, nous mangeons à de mauvaises heures, nous mangeons trop ou trop peu, — c'est moins fréquent —, ou trop rarement, ou trop souvent, ou trop vite; nous mangeons des choses qui ne conviennent à personne, ou des choses qui ne nous conviennent pas à nous; et nous paraissons ignorer qu'il y a un art d'équilibrer la recette des forces avec leur dépense, et d'approprier la quantité et la nature des aliments au climat, à la saison, au genre de vie, en les variant selon qu'on a surtout à travailler du cerveau ou surtout des muscles. Combien, par exemple, prennent l'excitation pour la force, et vont, de bonne foi, demander aux boissons alcooliques un secours qui, trop souvent, devient un danger! Faut-il absolument proscrire ces boissons, ainsi que le font, en Angleterre et en Amérique, certaine sociétés de tempérance, ou plus exactement d'abstention totale — les *tea-totallers* — convaincues qu'il n'est, en ces matières, qu'un moyen efficace de prévenir l'abus, c'est d'interdire l'usage ? Grave question, que je n'ai garde de discuter ici et que je serais particulièrement mal venu à aborder, moi profane, assis, comme je le suis en ce moment, entre deux docteurs qui, peut-être un de ces soirs, la traiteront *ex-professo* devant vous. Mais je crois bien pouvoir dire tout au moins que s'il y a, en général, excès à condamner sans miséricorde et le grand verre et même le petit verre, si, dans certains cas, plus ou moins fréquents, selon les circonstances, un coup de fouet peut être utile, indispensable même; un coup de fouet n'est pas une réparation, pas plus qu'un feu de paille, bon parfois pour réchauffer vivement le voyageur transi, n'est un moyen régulier d'entretenir la chaleur dans un appartement. Et cependant, il y a des villes où tous les jours, que dis-je? tous les matins, avant que la journée ne soit commencée, il a été consommé en petits verres (qui ne profitent à personne, si ce n'est à ceux qui les vendent), l'équivalent de 10, 20, 30, 40.000 rations de pain ou de viande, qui eussent donné de la vraie force, fait des muscles et des os aux enfants ou procuré aux pères de quoi travailler davantage, se mieux porter et fournir à leurs familles une alimentation plus abondante et meilleure.

Que de choses à dire encore de notre ignorance au sujet des vêtements, des sièges, des tables devant lesquelles nous plaçons nos enfants, au grand détriment de leur taille et de leurs yeux; de la façon de nous éclairer, de nous loger et du reste! On établit des commissions des logements insalubres. Est-ce que nous ne pourrions pas bien souvent faire nous-mêmes l'office de ces commissions chez nous? Et à combien d'insalubrités nous aurions à remédier! Combien de nous savent la valeur de l'air pur, de la lumière, de la propreté? Tous pourtant devraient savoir ces choses et les peuvent apprendre; car il est aisé de les mettre à la portée de tous, par des explications simples. Et si je me suis permis (j'en demande encore pardon à mes voisins), d'en dire un mot en passant, c'était uniquement pour indiquer à ceux qui sont plus compétents que moi un texte d'entretiens des plus intéressants comme des plus utiles.

Mais il n'y a pas seulement la façon de travailler, la façon de gagner son salaire ; il y a la façon de le dépenser, et ce n'est pas un point moins grave. Il y a la comptabilité domestique pour les uns, la comptabilité industrielle ou commerciale pour les autres ; et, faute de savoir compter, combien de fois le ménage ou le métier, qui devraient marcher, ne marchent pas!

Regardez autour de vous. Voici deux familles : elles ont la même profession, elles gagnent le même salaire ; elles ont les mêmes charges ; et cependant, celle-ci est dans l'aisance et celle-là est dans la misère. D'où vient ce contraste ? Tout bonnement de ce que l'une sait dépenser et l'autre ne le sait pas. C'est une science que celle-là ; et une science qui a des règles, des principes qu'il faut apprendre. Il faut apprendre l'art d'aligner son petit budget, prendre l'habitude de se rendre compte de la valeur d'un franc, d'un décime, d'un centime bien ou mal employé. Cela n'a l'air de rien et c'est énorme. C'est la sécurité dans le présent et l'espérance devant soi dans l'avenir. Vous savez le proverbe : faute d'un clou...

Voyez encore. Voici deux ouvriers qui font le même travail; celui-ci en fait beaucoup plus et le fait beaucoup mieux, celui-là, beaucoup moins et beaucoup moins bien, résultat : un salaire moitié moindre ici, double là. Pourquoi ? Vous direz : celui-ci a plus de force, ou plus de courage, ou plus de *cœur à l'ouvrage*, selon l'expression vulgaire, que je trouve admirable, moi, tout uniment; l'un y va, comme on dit encore, gaîment, et l'autre y va en rechignant. Sans doute, c'est une raison; mais c'est une raison de seconde main. Et quelle est la raison de première main, la raison de votre raison ? C'est que l'un est plus intelligent que l'autre ; je ne veux pas dire moins bête, quoique ce soit dans plus d'un cas ce qu'il faudrait dire. L'un n'est qu'une machine, en quelque façon, une force brute qui, mécaniquement, soulève le fardeau ou pousse l'outil; tandis que l'autre est un esprit qui comprend son ouvrage et s'y intéresse, qui se rend compte de l'utilité de ses efforts, de leur dignité, qui par la pensée entrevoit la destination de toutes ces pièces en elles-mêmes insignifiantes, mais appelées à devenir précieuses en prenant place dans un mécanisme puissant, ou en s'harmonisant dans une ornementation complexe. Celui-ci s'élève au-dessus de son œuvre, au-dessus du jour présent, au-dessus de sa condition peut-être infime ; et au lieu de se trouver écrasé par sa tâche, il se sent, au contraire, soutenu, fortifié, soulevé par elle, en quelque sorte.

Qui ne s'est apitoyé sur quelque tailleur de pierres? Qui, au contraire, n'a été tenté d'envier le sculpteur, l'artiste, l'homme de génie, sous la main duquel le marbre devient chair et s'empreint de toute la sublime expression des grands sentiments de l'âme humaine? Qu'est-ce qu'un sculpteur, pourtant? Un tailleur de pierre, et de pierre dure, très dure, condamné, tout comme son humble confrère, à des travaux difficiles et rudes. Il lui faut, à lui aussi, à lui surtout, prendre des attitudes forcées, gênantes, presque impossibles, afin d'arriver à fouiller, dans tous les sens, la matière rebelle qui se défend contre lui. Regardez-le cependant. Quel feu dans son regard! La sueur coule de son front, et il semble qu'elle ne soit pour lui qu'une rosée rafraîchissante. Il souffle sur la poussière qui se forme sous son ciseau; et, avec la poussière, il a chassé devant lui la fatigue. L'effort a beau être excessif; il ne le sent plus; il ne voit que son but, son idéal, la conception sublime qu'il a devant les yeux et dont il poursuit la réalisation. Il *pense*, en un mot; et le labeur pour lui n'est qu'une des formes de la pensée. Or, comme l'a dit admirablement un poète :

Il faut qu'à tout labeur préside la pensée.

Et le même poète ajoute :

Lorsqu'un labeur sans trève abat le corps et l'âme
Du pauvre travailleur, qui vainement réclame,
S'il n'a point la pensée, il reniera les cieux.
Restera-t-elle en lui comme une aile fermée?
Frères! que notre amour soit la brise embaumée
Qui rouvre aux saints désirs son esprit soucieux.
Faisons que du Grand-Être il se sache l'ouvrage,
Qu'il soit fier de servir, intelligent rouage,
A l'accomplissement des desseins éternels.
Du travail le Seigneur donne aux hommes l'exemple :
Dans l'œuvre des six jours il s'est construit un temple.

C'est notre tâche, à nous, d'en parer les autels.
Ah! quand cette pensée, illuminant les masses,
De l'ignorance antique aura brisé les glaces
Et réjoui les fronts d'ombre aujourd'hui couverts;
Il n'est point d'artisan d'une tâche si rude
Qui ne bénisse alors sa noble servitude,
La seule qui sourie au Dieu de l'Univers.

Direz-vous peut-être que ce sont là de beaux vers; mais que la vie est en prose, et que nous vivons, comme le bonhomme Chrysale, « de bonne soupe et non de beau langage »? Soit. Rien n'est plus aisé que de mettre ces beaux vers en prose, je veux dire en action. Permettez-moi d'abord un souvenir tout personnel. Un jour, — il y a quelques années, — je passais devant la porte d'un grand atelier, au moment où les ouvriers sortaient pour le repas. Deux d'entre eux parlaient avec animation et d'un ton de mauvaise humeur : — « Ah! ben! » disait l'un qui, probablement, venait d'être repris pour quelque mal-façon, « a-t-on jamais vu? Faire une scène pareille pour deux malheureux rivets! » Et l'autre de faire chorus et de reprendre : « Qu'il les mette lui-même, ses rivets, s'il n'est pas content! »

Savez-vous ce que je me suis dit en entendant ces paroles? Je me suis dit que je venais de voir le revers de la médaille humaine, trop fréquent encore dans nos grands ateliers, malheureusement : l'ouvrier qui se croit quelque chose et qui n'est rien; l'ouvrier ignorant, insouciant, sans dignité, qui ne sait pas ou qui ne veut pas savoir, celui à qui rien n'a dit que les choses, comme les hommes, ont leur devoir à remplir, et qu'un rivet, qui n'est pas placé comme il faut, ne peut pas remplir le sien.

Un rivet qui ne remplit pas son devoir! Mais c'est l'eau qui fuit, c'est la vapeur qui s'échappe, c'est le travail de la chaudière compromis, l'usine, la locomotive ou le navire en souffrance. Que dis-je? C'est l'explosion peut-être, et tout ce qui s'en suit.

Le patron qui ne vérifie pas la qualité de l'ouvrage qu'il reçoit, et qui, par conséquent, s'expose à mal livrer, est donc coupable ; et la discussion de ces ouvriers ne prouvait qu'une chose : c'est qu'ils ne se rendaient compte ni du devoir des autres, ni du leur; qu'ils manquaient à la fois de conscience et de bon sens.

Voulez-vous, au contraire, le modèle du bon ouvrier, de l'ouvrier intelligent et probe, de celui qui comprend et sa dignité personnelle et celle de sa tâche? Vous le trouverez dans cette histoire qu'un écrivain contemporain, le P. Gratry, nous a contée dans un de ses livres, sous forme de légende. Légende qui ne se perd pas dans la nuit des temps, évidemment; car il y est question des ponts en fer, et je ne crois pas que l'origine en remonte bien haut. La voici :

Il y avait une fois un bon forgeron qui forgeait une barre; et ce brave forgeron, tout en travaillant, se tenait à lui-même ce langage : « Attention, œuvre mal faite peut entraîner mort d'homme ». Et, ce disant, il mettait tous ses soins à produire une œuvre bien faite; et cette pensée le soutenait et lui faisait oublier la fatigue. Mais le plus habile échoue. Et celui-ci, sa barre terminée, la tournant et retournant pour la mieux juger, s'aperçut que malgré tous ses soins il n'avait pas réussi selon son désir. Dans cette barre, faite avec tant d'amour, il y avait un défaut, une paille, — c'est le terme du métier; — défaut imperceptible à tout autre œil que le sien peut-être, mais visible au sien, et c'était assez. Sa conscience n'hésita pas : « Œuvre mal faite, répéta-t-il, peut entraîner mort d'homme. » Et, saisissant son marteau, d'un coup il brisa et mit au rebut cette pièce qui lui avait coûté tant de peine. Puis, sans se plaindre, il se remit à la forge pour en faire une autre. Et cette autre, dit la légende, fut employée dans un pont. Et à quelque temps de là, une troupe d'hommes étant venue à passer, il semblait, tant la charge était forte, que ce pont allait rompre. Et il aurait rompu, en effet, comme ce malheureux pont d'Angers dont la catastrophe engloutit un bataillon dans les flots, si, sur un seul point, l'imperfection d'une seule de ses pièces en avait affaibli la résistance. Mais rien n'y manquait, grâce à la conscience de notre modeste héros. Et ainsi ce bon ouvrier, par son œuvre bien faite, sauva, sans le savoir, la vie de beaucoup de ses semblables. Il le sut plus tard, ajoute le narrateur, lorsque, dans le séjour de la Justice, il fut appelé à recevoir la rétribution de ses œuvres.

Ainsi l'instruction contribue à nous faire mieux accomplir notre tâche ; elle nous prête pour l'accomplir, une force qui, sans elle, risque de nous faire défaut. Elle fait davantage : elle nous donne un sentiment plus élevé de notre propre nature et nous relève nous-mêmes à nos propres yeux. Grâce à elle, en effet, il n'y a plus d'œuvres basses, puisque les plus basses en apparence se trouvent reliées aux plus hautes, spiritualisées, en quelque sorte, et transfigurées par une vue nette de leur utilité et de leur nécessité. Nous ne nous sentons plus, comme nous le croyions peut-être, isolés dans notre travail et dans notre vie. Nous comprenons la solidarité qui nous unit, hommes et choses, à travers la division apparente. Et nous devenons à la fois participants et responsables, en un certain degré, des œuvres des autres, comme les autres deviennent participants et responsables de nos œuvres. Nous sentons, — et ce n'est pas là un des moindres bienfaits de l'instruction, — et ce que nous nous devons à nous-mêmes et ce que nous devons à autrui. Rien ne rehaûsse, et rien, en même temps, ne pacifie davantage. Franklin, que j'ai déjà cité, — mais comment ne pas le citer sans cesse quand il s'agit d'instruction et de morale ? — me fournit à ce propos une autre anecdote, que vous ne m'en voudrez pas, je le crois, de lui emprunter :

« J'avais, dit-il, pour voisin, un brave homme, peu ami des querelles. Il vint un jour me demander conseil sur le cas que voici : Il avait sa cave garnie de tonneaux de bière, et cette bière était, paraît-il, souvent visitée par ses voisins. Comment faire, demandait-il, sans en venir aux procès et aux coups, pour empêcher ces amateurs de bière de toucher à la mienne? » — « Rien de plus simple, répondit gravement Franklin : mettez à l'entrée de votre cave un quartaut de malvoisie; et soyez tranquille, on ne touchera plus à votre bière. »

Je ne sais si le bonhomme trouva le conseil de son goût; moi je le trouve du mien, et je le généralise en l'appliquant à l'instruction et aux aspirations élevées qu'elle développe.

Je faisais allusion tout à l'heure à certaines faiblesses, à certains entraînements qui, de proche en proche, se transforment en habitudes, en *possessions* pour ainsi dire, et finissent par tuer le corps et l'âme. On est très sévère, en général, pour ces déplorables habitudes, et très sévère aussi pour ceux qui s'y livrent. On n'a pas tort. Il ne faudrait pas passer la mesure cependant; ou, tout au moins, il faudrait comprendre, pour en faire la part, l'espèce de fatalité qui, dans certaines circonstances et certains milieux, pousse l'homme, comme un être sans défense, vers cet engrenage impitoyable de l'ivrognerie. C'est le malheur, — peut-être devrais je dire le bonheur; — c'est la grandeur de la nature humaine qu'il y ait une chose que l'homme ne puisse supporter; cette chose, c'est l'oisiveté. La vie, a dit un grand docteur du moyen-âge, Saint Thomas d'Aquin, est un mouvement, « un mouvement fécond », ou destiné à l'être Et lorsque ce mouvement n'est pas fécond, il devient destructeur. Lorsque le temps, qui nous a été donné pour être employé utilement, n'a pas un emploi qui occupe et absorbe notre activité, il nous pèse, et nous sommes en peine de ce que nous pourrions bien faire pour l'employer; pour « *le tuer* », disons-nous, comme si nous parlions d'un ennemi. Eh bien! regardez autour de vous : combien de milliers de gens auxquels font défaut tous moyens d'employer convenablement le temps que leur laisse le labeur quotidien! Combien qui, habituellement courbés sous la tâche uniforme, souvent excessive, presque toujours monotone, par laquelle ils gagnent péniblement le pain de leur famille et leur propre pain, ne savent, lorsqu'ils ont un loisir trop rare, — parfois, hélas! un loisir forcé et désastreux, — que faire de ce loisir! Ils ne savent pas lire, ou ils ne savent pas comprendre ce qu'ils lisent.

D'un côté est le livre qui est fermé ; de l'autre, — que les marchands de vin me pardonnent, il y a marchands de vin et marchands de vin, et nous en comptons parmi nos premiers fondateurs ; — de l'autre côté, dis-je, le cabaret qui est ouvert. Ils vont où ils peuvent aller, les pauvres gens, et tournent le dos au livre qui ne leur dit rien pour entrer au cabaret qui les appelle Leur tête est vide ; elle est comme une maison ouverte à tous venants, et dans laquelle le premier qui pousse la porte peut pénétrer à toute heure. Si c'est un bon vent qui souffle, une idée saine et juste qui passe, un mouvement généreux qui frappe, ils sont les bien venus ; et vous admirez alors un de ces traits héroïques ou touchants dont la foule en apparence la plus grossière donne tant d'exemples. Mais ce peut être un mauvais vent aussi, une idée fausse, un paradoxe dangereux, un emportement irréfléchi. Et, devant tout cela, pareillement, la porte cède. Et le mauvais sentiment a pris possession de ces âmes. Et l'acte coupable peut-être a souillé ces mains. Voulaient-ils faire le mal? Hélas! Demandez-leur, le lendemain, pourquoi ils ont agi comme ils l'ont fait ; pourquoi ils ont commis tel excès ; perpétré telle violence ; et vous les trouverez désolés, honteux, confus, je n'ose dire repentants, car à peine ont-ils conscience de ce qui s'est passé comme en dehors d'eux. Que voulez-vous ? il ne savaient pas ; puis, l'oisiveté était là, et c'est si lourd à porter l'oisiveté !

Supprimez cette oisiveté, remplissez ces heures vides, fournissez à ces intelligences des idées, des connaissances, éveillez leur intérêt pour les choses qui les entourent; ouvrez les yeux, en un mot, les yeux du corps et les yeux de l'esprit, et voyez la différence. Voici un monument; c'était un tas de pierres : il est devenu pour ce maçon ou pour ce terrassier un objet d'étude et de comparaison. Voici des livres; c'était du noir sur du blanc. Et ceci ne s'applique pas seulement, je le répète, à ceux qui ne savent pas leurs lettres, mais bien aussi à ceux qui, sachant prononcer les mots, ne savent pas la valeur de ces mots, parce qu'on ne la leur a pas expliquée. Expliquez-là, cette valeur ; donnez la clef de cette langue ; accoutumez à comprendre, à sentir, à réfléchir, à s'unir par sa propre pensée et par ses propres impressions à la pensée et aux impressions de ces âmes qui revivent dans les livres ; et voilà le livre passé à l'état d'ami, de compagnon, de conseil.

Voici des arbres, des plantes : c'était du bois pour faire des planches, du combustible pour le four, de la nourriture ou de la litière pour les bêtes. Faites-en autre chose : montrez la grandeur des lignes, la majesté ou l'élégance du port, l'éclat des couleurs, les jeux de l'ombre et de la lumière. Faites plus : contez l'histoire de cette plante, dites d'où elle a été apportée, ouvrez-la pour en montrer la structure. Etudiez les animaux à leur tour, parlez de leurs mœurs, de leurs services, de leurs origines ; indiquez en quoi ils se ressemblent et en quoi ils diffèrent, soit entre eux, soit avec nous. Que toute la nature, que la terre elle-même parle à tous ; et qu'à toute heure ce sol où nous marchons, ce sable, ce calcaire, cette argile, cette meulière aient quelque chose à nous rappeler ou à nous enseigner. Ouvrez les yeux, encore une fois, les yeux de l'esprit et les yeux du corps ; ouvrez ces fenêtres jusqu'à ce jour fermées par l'ignorance; ouvrez-les à l'air, à la lumière, à la chaleur vivifiante du dehors ; et voyez le changement.

Ces hommes, après un moment d'éblouissement peut-être, comme celui que l'on éprouve quand on remonte des entrailles de la terre au grand jour, se mettront à penser, à réfléchir, à prendre goût à une foule de choses auxquelles ils n'avaient jamais songé ; ils *s'occuperont*. Ils s'occuperont pour eux, et ils s'occuperont pour leurs enfants, pour leur famille. Et le jour où ils auront commencé à s'occuper, que ce soit de science, de littérature, de mécanique, de chimie, de peinture, de dessin, que dis-je ? des choses les plus vulgaires, d'un chou ou d'une salade, d'un rosier ou d'un pot de fleurs, pourvu que réellement ils y prennent intérêt, ce jour-là, ils seront sauvés. Ils auront rencontré le malvoisie, ils n'iront plus à la bière.

Voilà un des résultats de l'instruction. En voici un autre, ou, plus exactement, voici un autre aspect du même changement : c'est le rapprochement des hommes. C'est la réduction des distances morales; c'est la possibilité d'être, et de se sentir de la même espèce que ses semblables.

Eh mon Dieu ! nous ne sommes, quoi que nous puissions penser et vouloir, que trop séparés les uns des autres. La vie est ainsi faite. Forcément, nous nous trouvons, par le train courant de l'existence, partagés en catégories distinctes ; nous n'avons pas les mêmes occupations, les mêmes travaux, les mêmes habitudes, les mêmes connaissances ; et, bon gré mal gré, les trois quarts du temps nous sommes étrangers les uns aux autres, étrangers par le corps, étrangers par l'esprit. Or, quand on ne se mêle pas, on ne se connaît pas, et quand on ne se connaît pas, on est porté à se mal juger. D'étrangers, on devient malveillants, ennemis quelquefois ; on s'aigrit, on s'irrite, on s'envie, ou l'on se méprise, avec aussi peu de raison d'une part que de l'autre souvent ; mais, fondé ou non, le mal n'en est pas moins fait. Que faut-il pour obvier à ce danger? Tout simplement encore se mêler, se réunir, à certaines heures, à certains jours, dans des études ou des préoccupations communes, ainsi que nous sommes réunis ici ce soir, ainsi qu'on avait commencé à se réunir il y a quelques années, à cette place. Car, veuillez le remarquer encore, ce que nous entreprenons à cette heure n'est pas, même à Neuilly, une chose sans précédents, une *innovation* (ce qui, pour quelques-uns, serait synonyme d'abomination); c'est plutôt une résurrection. Il y a quatre ans (je m'en souviens, et cette médaille que je tiens dans ma main en est un témoignage), il avait été institué ici, par les soins du maire d'alors, M. Ybry, des conférences qui ne furent pas sans succès, et un cours de physique expérimentale que beaucoup suivirent avec intérêt. Il en fut de ce commencement comme de bien d'autres choses, hélas! sur lesquelles la faulx de la guerre a passé ; les unes détruites sans retour; les autres, comme des racines dans lesquelles s'est réfugiée la vie attaquée par le fer et par la flamme, s'essayant à pousser quelques rejets qui, peu à peu, referont un taillis et peut-être une futaie. On se réunit, et en se réunissant on s'aperçoit qu'on est moins différents et moins étrangers les uns aux autres qu'on ne se l'imaginait. On se trouve des idées communes, des sentiments analogues; on s'aperçoit que telle ou telle personne, avec laquelle on n'avait point supposé qu'on pût avoir un seul point de contact, a précisément tel goût qu'on partage, tel sentiment qu'on honore, tel mérite qu'on apprécie. Celui-ci aime le dessin, cet autre la musique, celui-là la botanique ; ce quatrième a la passion des coquillages, ou des minéraux ou des plantes ; ce cinquième aime la chimie, la physique ; c'est quelquefois un amateur distingué dans sa partie, parfois même un savant.

Je pourrais, j'en suis sûr, en appeler à ce sujet au témoignage de plus d'un parmi vous. Je puis aussi donner le mien. Bien des fois, en adressant, dans les ateliers, quelques questions à un ouvrier, il m'est arrivé de tomber sur ce qu'on appelle vulgairement une tête de bois : temps perdu et peine inutile. Mais bien des fois aussi il m'est arrivé de tomber non seulement sur des hommes qui possédaient à fond leur métier, mais sur des hommes d'un esprit élevé et cultivé, avec lesquels les plus instruits auraient eu profit à causer. J'ai trouvé un jour, à Montpellier, faisant à la journée, pour le compte d'autrui, des pots de terre à deux sous, un homme remarquablement versé dans la connaissance de l'art antique, occupé, à ses moments de loisir, des recherches les plus délicates sur les procédés de fabrication des vases étrusques ; et cet homme était en même temps, parmi tous ceux que j'ai rencontrés, un des plus étonnants par la façon dont il possédait et parlait la langue française. Qui s'en doutait autour de lui ? Et moi-même, si je n'étais entré un jour pour montrer à des enfants comment se fait un pot à fleurs, aurais-je pu soupçonner dans cet artisan que j'avais vu, cinquante fois, par sa fenêtre ouverte, pétrir et façonner la plus grossière argile, autre chose qu'un vulgaire gâcheur de terre ?

A la place du hasard, mettez des occasions habituelles de rencontre, comme celles que nous fourniront nos cours, et ces précieuses découvertes se multiplieront. Et nous nous apercevrons que nous sommes beaucoup plus de la même espèce, de la même pâte, pour emprunter une image à mon potier, que nous ne nous en doutions. Et les bons rapports y gagneront. Et la vraie déférence, celle qui se fonde sur le vrai mérite, n'y perdra rien, bien au contraire.

Il y a un autre point de vue que, malgré l'étendue de cet entretien, je ne voudrais pas laisser absolument de côté, car il est capital ; c'est l'utilité, je dirai plus, la nécessité de ne pas laisser dans la société, à l'état de non-valeurs, de forces perdues, — à plus forte raison, à l'état de forces dangereuses ou nuisibles, — une foule de facultés et de ressources intellectuelles et morales dont on pourrait tirer un parti très important.

J'ai déjà cité deux ou trois fois Franklin, et je vous ai avertis que je le citerai peut-être encore. Mais qu'est-ce donc que Franklin ? Le 17e fils d'un pauvre homme, petit fondeur de chandelles dans son enfance ; plus tard, apprenti imprimeur, d'un caractère qui n'est pas toujours commode, mauvaise tête, au dire de son frère dont il abandonne l'atelier d'une façon qui n'est pas irréprochable; jeune homme quelque peu aventureux,enfin, et qui a sur la conscience, — il a appelé cela plus tard ses *errata*, — quelques peccadilles qui ne laissaient pas que d'être graves L'une d'elles, tout au moins, s'il avait eu affaire à un homme qui voulût pousser les choses à la rigueur, aurait pu, sous le nom d'abus de confiance, le conduire ailleurs qu'où il devait aller.

Mais ce Franklin, avec ses défauts, avait des qualités, de grandes qualités. Il avait eu la bonne fortune de recevoir de bonne heure le goût de l'étude et de la réflexion. Il avait, à côté de quelques mauvais camarades qui, une ou deux fois l'ont entraîné, rencontré des hommes de bien, de bon exemple et de bon conseil. Et le tribut par lui payé à la faiblesse humaine ne l'a pas empêché, en somme, de devenir le grand, le bon, *le sage Franklin*; le type du bon sens et de la saine morale, l'homme à jamais immortel, non pas seulement pour avoir, comme Turgot l'a dit en latin et Casimir Delavigne en français :

Ravi la foudre aux cieux et le sceptre aux tyrans,

mais pour avoir été le modèle et l'instituteur des hommes de bien de tous les temps, pour s'être élevé par lui-même, avoir enseigné comment on s'élève, et avoir passé sa vie à s'améliorer et à améliorer les autres.

Eh! mais, messieurs, des petits Franklins il y en a, ou il peut y en avoir partout. Tous n'arriveront pas à la taille du maître, sans doute; tous les poissons ne sont pas de même race et n'atteignent pas les mêmes dimensions. Mais « petit poisson deviendra grand », nous dit le fabuliste, selon son espèce, « pourvu que Dieu lui prête vie »; et petit Franklin aussi, pourvu qu'il trouve pâture pour grandir; je veux dire aliments pour son cœur et pour son esprit. Voilà des enfants, des jeunes gens, qui traînent sur le pavé, flânant, criant, suant l'ennui et le vice; consumant en fumée ou en eau-de-vie de quoi faire une retraite à leurs vieux jours, usant le capital de leur existence avant qu'il soit formé seulement, et préparant à la société des membres gangrenés ou impuissants. Qui sait combien, en jetant parmi ces vagabonds la ligne de l'instruction, on pourrait pêcher de petits Franklins, d'hommes utiles et honnêtes au moins? Mais cette ascension des petits, cette amélioration des mauvais, cette *pêche des hommes*, pour appliquer le mot même de l'Evangile, c'est le progrès matériel et c'est le progrès moral. C'est la civilisation, la civilisation moderne, la civilisation chrétienne. C'est ce que l'antiquité, méprisant le travail et parquant l'homme de travail dans sa tâche matérielle, ne savait pas faire; ce dont le christianisme, relevant le travail et l'homme de travail, a fait la loi du monde.

Aux temps anciens un sage, un des meilleurs parmi les philosophes, l'élève de Socrate, Xénophon disait : « Que peut-on attendre de bon d'un homme qui passe sa journée à se brûler et à se noircir au feu de la forge? » De nos jours, il y a tel homme que je puis vous citer, que moi-même je connais, qui a passé sa jeunesse à forger le fer sur l'enclume, et qui, pendant que son fer était au feu, attendant le moment d'être battu, a appris le latin d'abord, puis le grec, puis l'hébreu, puis vingt autres langues, puis les sciences et le reste; qui est devenu ainsi l'un des hommes les plus prodigieusement savants des deux hémisphères, et dont les plus éminents s'honorent de serrer la main : c'est Elihu Burritt, *le savant forgeron*, comme l'appelaient jadis, en Amérique, ses compatriotes, *l'apôtre de la paix*, comme on l'appelle en Europe, où il était, il y a quatre ans encore, représentant de son pays, en qualité de consul des Etats-Unis à Birmingham. Je l'ai entendu parler à Londres, devant un auditoire immense et choisi, et peu d'hommes commandaient au même point le respect que ce vieillard qui a, disait-il lui-même, « travaillé de ses mains aussi dur qu'homme vivant dans les deux mondes ».

Voilà l'esprit ancien, l'esprit païen; et voilà l'esprit moderne, l'esprit chrétien, dans sa vérité. Et combien de faits analogues ne pourrait-on pas citer en Amérique; en France aussi, bien qu'ils y soient moins habituels peut-être? En voici un encore parmi cent autres. En 1868, dans ce court voyage en Alsace dont j'ai dit un mot tout à l'heure, je m'étais arrêté à Mulhouse, et j'y avais été invité à faire une conférence sur *le Travail*. C'était m'associer au culte du pays, ni plus ni moins. Le lendemain, je reçus une lettre; l'écriture m'en était inconnue. Dans cette lettre, dont la conférence de la veille était le prétexte, le signataire me disait à peu près ceci : « Monsieur, vous ne me connaissez pas, et probablement mon nom ne vous dira rien. Cependant, nous avons été camarades; nous avons été assis ensemble sur les bancs de la même école mutuelle; il est vrai que je n'étais pas, alors, un fameux sujet. Fils d'un pauvre artisan et de bonne heure privé de ma mère, j'avais débuté, comme bien d'autres, par le vagabondage et pris rang parmi les enfants de la rue. A dix ans, j'avais été renvoyé deux fois de la filature; je n'étais pas même bon à faire un rattacheur! Où allais-je? Où vont tous ceux qui prennent ce chemin sans doute. Une brave femme m'en détourna. Devenue ma seconde mère, et tenant à honneur de remplacer en tout la première, elle me fit admettre à l'école, me donna de bons conseils, me fit comprendre le besoin de cultiver mon esprit, et peu à peu, je devins un autre enfant. A 19 ans, je dirigeais un atelier de tissage; aujourd'hui, je suis le gérant, à Mulhouse, de la maison dont je vous donne l'adresse. » — C'était une des plus considérables de la ville, une de celles dont le nom à Paris est le plus haut placé dans sa partie — Naturellement, je courus à l'adresse indiquée ; je me rappelais fort bien du reste, une fois ma mémoire rafraîchie, mon ancien condisciple ; mais je ne l'aurais pas reconnu, car il était fort changé, et à son avantage. C'était un bel homme d'un extérieur distingué, à la fois affable et grave, parfaitement installé dans un beau cabinet qui faisait suite aux bureaux de la maison qu'il dirigeait. Il gagnait, m'assura-t-on, 25.000 francs par an, et avait une réputation de capacité exceptionnelle. Il ne rougissait d'ailleurs nullement de ses débuts. Et j'observai qu'en me reconduisant, et d'une voix assez haute pour être entendu de ses subordonnés, il me dit : « Je suis entré ici il y a 23 ans. J'avais pour fonctions de balayer le magasin, de faire les paquets et de les porter. Je ne suis jamais sorti de la maison. Vous voyez que j'ai bien fait. Franklin a raison : *Pierre qui roule n'amasse pas de mousse.*

Je ne voudrais pas abuser de votre bienveillance, en vérité, une première fois surtout ; mais ces exemples, vous le comprenez sans peine, sont de la plus haute importance car ce n'est pas, encore une fois, de l'élévation et du bien-être individuels de tel ou tel qu'il s'agit, c'est du progrès général, du bien-être ou du mal-être communs.

Il y a quelques semaines, je racontais, dans une commune voisine, l'histoire de Georges Stéphenson ; peut-être un de ces soirs vous l'esquisserai-je ici dans l'une de nos conférences. Encore un homme parti de bien bas pour arriver bien haut, et dont l'élévation a été un bienfait universel. A 12 ans il était nettoyeur de charbon au fond d'une mine ; à 17 ans il ne savait pas lire ; à 48 ans, en 1829, il était le premier ingénieur de l'Europe ; il avait créé les locomotives et les chemins de fer ; il était le père, le fondateur de cette industrie des voies rapides à laquelle nous sommes tellement habitués que nous ne pourrions plus comprendre le monde sans elle. Il avait fait disparaître les distances, ouvert au commerce des facilités nouvelles et agrandi la vie humaine, en épargnant « l'étoffe dont la vie est faite, » le temps.

En vérité, est-ce qu'on peut trop faire pour que de telles merveilles se multiplient ? Est-ce que nous ne sommes pas intéressés à susciter partout cette chasse aux forces latentes de la nature qui, de toutes parts, nous entourent, attendant celui qui les fera jaillir ou les domptera ? Nous nous figurons parfois que le monde est épuisé : mais c'est une mine à peine effleurée ! Mais dans les entrailles de la terre, dans l'air qui nous environne, dans les gaz, dans les sels, dans les minéraux, dans ses substances considérées pendant des siècles comme inutiles, comme nuisibles même, partout, le génie de l'homme a des trésors à découvrir et à exploiter, comme il en a découvert ce matin, et hier. et avant-hier, et tous les jours ; comme il en a découvert dans cette pierre noire, rebut de nos aïeux, devenue le pain quotidien de l'industrie, la chaleur de nos foyers, la lumière de nos rues et la joie de nos demeures. Et que de richesses surtout à tirer des hommes ! Quelles forces, quelles splendeurs dans les profondeurs de ces masses sombres, dangereuses souvent, où elles se trouvent enfouies pareilles au grisou dans la mine ! Pour transformer ce grisou en clarté et en force, il faut du travail ; il faut le pic, qui détache le bloc de houille de la masse, le chariot et le treuil qui l'amènent au jour, la chaleur qui le pénètre, la lumière qui l'enflamme. De même pour les hommes. Cette exploration patiente du mineur, cette force obstinée qui fouille dans la nuit, cette chaleur, cette lumière, c'est l'instruction, c'est la science, c'est l'affection, c'est le sentiment généreux qui porte celui qui sait et peut à aider celui qui ne peut pas, qui ne sait pas ; et c'est le sentiment qui, en retour, comme pour compléter la chaîne d'union et la fermer, porte celui qui ne sait pas ou ne sait qu'à demi à respecter et à honorer celui qui sait.

Ah ! messieurs, j'entends dire quelquefois que l'instruction pousse les hommes à la révolte, qu'elle les enfle, qu'elle les grise, qu'elle leur fait perdre le sens. Passe pour les vrais savants, dit-on ; mais les demi-savants, il n'y a rien de pis ; et ne craignez-vous pas de ne faire que des demi savants? En vérité, si l'objection valait quelque chose, ce n'est pas contre nos cours qu'elle porterait, c'est contre toute étude, qu'elle quelle puisse être, et il n'est tête si haute qui pût trouver grâce devant cette condamnation de la demi-science.

Des demi-savants ! Eh ! nous ne serons jamais autre chose, qui que nous soyons ; nous ne serons même jamais des demi-savants. Nous ne serons que des quarts, des centièmes, des millièmes de savants. Newton lui-même ne s'est-il pas comparé à un enfant qui ramasse dans une coquille quelques gouttes d'eau sur le bord de l'Océan sans limites? Jamais, en rien, nous ne parviendrons à la possession entière de la vérité ; nous n'en devons pas moins marcher vers la vérité, parce qu'elle est notre but et parce que nous ne vivons que de ce que nous arrachons, jour aprés jour, à ses secrets. Nous devons, sans illusion, mais sans découragement, mettre les pieds, à notre heure, dans les pas tracés par nos prédécesseurs, afin de faire de nouveaux pas nous-mêmes, et de rendre plus faciles à nos successeurs ceux qu'ils auront à faire à leur tour. Oui, il y a des dangers dans la demi-science ; mais il y a des dangers aussi, et de bien autres, dans l'ignorance qui livre l'homme à toutes les impulsions, à toutes les suggestions, qui fait de lui l'esclave de tous les entraînements, le jouet de toutes les erreurs, l'instrument de tous les desseins pervers.

L'ignorance ! Mais c'est-elle qui a fait à la fois croire aux sorciers et brûler les sorciers ; qui y fait croire encore et les ferait brûler encore peut-être dans plus d'un canton arriéré, sans la vigilance de la police. L'ignorance ! Mais c'est elle qui arme contre le capital le travail dont le capital est l'aliment ; que dis-je ? contre le pain lui-même, la bouche qui appelle le pain et la main qui l'attend. C'est elle qui livre aux flammes, sous prétexte d'accaparements, le grenier dans lequel se garde la réserve de la famine ; brise la machine qui ouvre à l'activité humaine des ressources nouvelles, ou s'imagine imposer, par le fer et le feu, une construction de fantaisie à l'humanité.

Oui, toutes ces hontes, toutes ces turpitudes, toutes ces stupidités, c'est l'ignorance qui les rend possibles ; c'est l'instruction qui en a reduit et en réduira l'empire, de même que la lumière, en croissant, dissipe les ténèbres. C'est elle qui nous donnera, avec l'intelligence les uns des autres, la confiance mutuelle, le respect mutuel, l'affection mutuelle. C'est elle qui nous amènera non pas à nous entendre sur tout, — il y aura toujours des dissensions entre les hommes, — mais à avoir au moins une langue commune et accessible à tous. A cette heure, nous ne l'avons pas, cette langue commune ; nous en sommes à la confusion de la Tour de Babel, et c'est un grand mal. Et c'est pourquoi, si nous avons à cœur notre intérêt ou notre devoir, si nous avons souci du présent et de l'avenir, nous ne pourrons jamais trop nous préoccuper de la diffusion de l'instruction, de la nôtre et de celle des autres.

Le devoir de ce siècle, comme l'a dit un homme que j'ai cité déjà, le P. Gratry, c'est de donner à tous, et jusqu'aux plus petits parmi les derniers, « la lumière et le pain ; deux choses qui ne vont pas l'une sans l'autre. La masse humaine, bonne ou mauvaise, a besoin d'être *élevée*, dans tous les sens de cet admirable mot ; et c'est là, dit encore le même auteur « le devoir social » par excellence, comme c'est l'intérêt et le besoin social le plus urgent.

Soit, direz-vous, la tâche est belle, elle est grande ; mais elle est difficile aussi, et c'est une œuvre bien ambitieuse que vous entreprenez-là. Ambitieuse ! Mon Dieu ! messieurs, nous vous l'avons dit dès nos premières paroles ; nous n'avons qu'une ambition ; mais celle-là, nous l'avons ; c'est de faire graduellement ce que nous pourrons faire, peu ou beaucoup. Et ce que nous pourrons faire, ce n'est pas à nous, c'est à vous d'en fixer la mesure ; car tout dépend de vous. Suivant que, pour en revenir à ma première anecdote, vous ne nous donnerez que du cuivre, ou de l'argent aussi, ou de l'or, et beaucoup d'or ; suivant que les hommes de bien, les hommes instruits, au concours desquels nous faisons appel et dont plusieurs, — je dois le dire, — ont répondu par avance à notre appel, viendront à nous en petit nombre ou en grand nombre ; nous pourrons peu ou nous pourrons beaucoup. J'espère que ce ne sera pas si peu, en somme.

On nous disait, il n'y a pas un mois, lorsque nous avons commencé les premières démarches pour cette association : où trouvez-vous des souscripteurs ? « Où trouverez-vous de l'argent ? » Nous en avons ; nous n'en n'avons pas assez encore, sans doute, pour faire tout ce qu'il est désirable de faire, mais nous en avons autant et plus, beaucoup plus qu'il n'est nécessaire d'en avoir pour commencer ; vous le verrez tout-à-l'heure par la liste dont il vous sera donné lecture. On nous a dit ensuite, lorsqu'on a vu que l'argent n'était pas introuvable : « Où trouverez-vous des professeurs ? » Nous en avons. En avons-nous assez ? Je ne l'affirme pas. Nous en appelons encore ; nous en appelons en vue de l'avenir ; mais pour le moment, et pour ouvrir notre première série de cours, nous somme en mesure ; et vous le verrez bientôt.

On nous dit maintenant : « C'est bien ; vous avez de l'argent, vous avez des professeurs ; mais où trouverez-vous des élèves ? » Et nous répondions il y a quinze jours comme pour l'argent et pour les professeurs : « Nous en aurons. Je ne dis pas que nous en aurons des centaines ; je dis que nous en aurons assez pour faire un premier noyau, et il faut bien commencer par quelque chose. Est-il indispensable d'en avoir tant, après tout ? »

Pour le bon professeur, pour l'homme qui a réellement à cœur ce qu'il fait, deux ou trois élèves suffisent quand ils le paient de retour et qu'il peut avoir la satisfaction de se sentir utile. Or, comment douter de l'opportunité de nos cours ? Mais, il y a à Neuilly, à cette heure, des jeunes gens qui, comprenant le besoin de s'instruire, et n'ayant pas ici, à leur portée, les moyens de le faire, ne reculent pas devant un déplacement où la prolongation de leur journée au dehors. Il y en a qui vont à Paris le soir, d'autres qui y restent, leur besogne faite, jusqu'à 10 heures; retardant leur souper et leur repos. Et vous croyez que ces jeunes gens, s'ils trouvent à Neuilly ce qu'ils vont chercher si loin, n'en voudront pas profiter ?

Et pourquoi donc, je vous prie, Neuilly serait-il fait autrement que les communes voisines ; pourquoi ce qui se fait à Saint-Denis, à Puteaux, à Boulogne, ne se pourrait-il pas faire ici ? Croyez-le, il y a parmi nous bien des besoins non satisfaits ; j'ajoute, bien des besoins qui s'ignorent, mais qui se manifesteront à mesure qu'il leur deviendra possible de se satisfaire. Je me souviens que la première fois que je fus appelé à Saint-Denis, il y a quelques années déjà, par l'Association philotechnique qui y fonctionne depuis plus de douze ans, j'avais parmi mes auditeurs trois ou quatre sergents de la garde, en garnison dans cette ville. A l'issue de la conférence, l'un d'eux me dit en me montrant l'instituteur communal, directeur des cours, l'excellent M. Guilleminot : « Monsieur, voilà notre père intellectuel. C'est à lui que nous devons nos galons. » C'étaient des hommes qui, en arrivant à Saint-Denis, ne savaient pas lire, et à qui ce digne homme avait tout montré, depuis leurs lettres.

On ne nous dira pas la même chose, dans les mêmes termes, soit ; puisque nous n'aurons pas à prendre nos élèves à l'A B C. Mais quelque jour, soyez-en sûrs, quelque ouvrier passé, grâce à nos leçons, vérificateur ou contremaître ; quelque employé devenu patron ; quelque petit commerçant ou entrepreneur mis en état de se mieux rendre compte de ses affaires, de se passer de comptable, de calculer plus exactement ses prix de revient ; quelque terrassier instruit à lever un plan ; quelque maçon ou tailleur de pierres rendu plus habile et plus soigneux, viendra, au moment où il recevra de nous la récompense due à son application, reporter à son professeur l'honneur de l'avoir fait ce qu'il n'eût pas été sans lui. Ce jour-là, ai-je besoin de le dire, et le professeur et l'association auront aussi leur récompense.

J'ai fini, messieurs, en ce qui concerne et le but et l'utilité de l'association nouvelle. J'ai fini, et j'aurais dû finir depuis longtemps ; car ma montre m'avertit que, malgré ma promesse et mes résolutions bien formelles, je me suis laissé aller à vous faire une véritable conférence. Que voulez-vous? il en est des entrainements de la parole comme d'autres entrainements, et à nous autres orateurs ou professeurs aussi on peut appliquer le proverbe : « *Qui a bu boira.* » J'ai fini, dis-je ; j'ai cependant, avant de passer à la constitution de l'association, une observation à vous soumettre, et c'est une observation de la plus haute importance.

Je disais tout-à-l'heure que sur le terrain de la science, comme sur le terrain de la charité, les hommes qui se croyaient le plus désunis, le plus opposés les uns aux autres peut-être, peuvent se trouver unis. Cela est vrai, et c'est un des plus grands bienfaits des associations qui ont pour objet la charité ou la science. Mais cet accord n'est possible qu'à une condition : c'est qu'en s'unissant pour faire ensemble ce sur quoi l'on est d'accord, l'on s'arrange pour laisser de côté tout ce qui peut troubler cet accord.

Or, il y a deux choses, dans le temps où nous sommes — (entre nous, je crois qu'il en a été un peu ainsi dans tous les temps, mais nous sentons davantage les maux du nôtre parce que nous y sommes ; — il y a, dis-je, deux choses qui ont le privilège de mettre le désaccord entre les hommes, et soulèvent, dès qu'on y touche, des antagonismes qui vont parfois jusqu'à de terribles extrémités. Ces deux choses, vous les avez nommées : c'est la politique et la religion, ou du moins ce qu'on appelle ainsi. La politique, ce devrait être, à ce qu'il semble, suivant l'étymologie, l'art de conduire les sociétés, dans l'ordre et dans l'union, vers le plus grand bien possible. On en a fait l'art de se dire des choses désagréables, de se jouer de mauvais tours, de se disputer le pouvoir, les places, l'influence, non pas toujours sans doute par pur intérêt et dans de mauvais sentiments ; souvent, j'en suis convaincu, par conviction et dans des vues honorables, mais à outrance et sans se souvenir assez que jamais la fin ne justifie les moyens.

La religion, toujours d'après l'étymologie, ce devrait être ce qui *relie*, ce qui unit, autrement dit la fraternité : la fraternité à sa plus haute puissance, l'amour réciproque, commandé et sanctifié par l'amour suprême du Père commun ; cette charité à l'égard du prochain, — et le prochain c'est tout homme, — dans laquelle se résume toute la loi ; ce second précepte égal au premier, d'après le texte de la loi elle-même. Il y a des gens qui entendent la religion de cette façon, Dieu merci ! Mais que de fois aussi, hélas ! — et en disant cela je ne parle ni pour les uns ni pour les autres, ni contre les uns ni contre les autres ; je parle pour tout le monde ou contre tout le monde, — combien de fois n'est-ce pas l'inverse ? Combien de fois, au nom de la religion, ne se croit-on pas obligé de se maudire et ne fait-on qu'échanger de camp en camp l'injure et l'anathème, comme les enfants échangent entre eux des boules de neige, et les hommes, des boulets et des balles ! Si bien qu'il y a des personnes qui, par horreur de ces disputes et de ces haines, en sont arrivées à prendre en horreur la religion et la politique, et voudraient, au nom de la paix et de l'ordre, les bannir à jamais de la société humaine, comme un philosophe grec, Platon, bannissait les poètes de sa République. Les bannir, cela ne serait pas possible, et cela ne serait pas désirable, après tout. On ne peut proscrire ni les opinions politiques ni les convictions religieuses ; car ce sont des expressions, et des expressions respectables, de l'intelligence et de la conscience; des formes de la vie humaine. Pour mon compte, je demanderais pour elles, au contraire, respect et liberté. Mais l'on peut au moins, ce me semble (et c'est une des façons de les respecter), ne pas les introduire, au risque de les compromettre, là où elles n'ont que faire; leur laisser leur place et les laisser à leur place.

Il y a des choses qui nous divisent et au sujet desquelles, dès que nous les abordons, nous nous coupons immédiatement en plusieurs tronçons. Soit; mais, il y a aussi, à côté de ces choses, d'autres choses autour desquelles nous pouvons nous grouper en un seul corps et nous donner tous franchement la main. Donnons-nous, dans ces limites, franchement la main. Lorsque nous avons le bonheur de nous rencontrer sur un de ces terrains neutres, — non je ne veux pas dire *neutres*, je veux dire communs c'est-à-dire *féconds*, féconds, parce qu'ils sont communs; — lorsque nous nous rencontrons sur un de ces terrains privilégiés, tenons-nous-y, et faisons-y ce que nous avons à y faire; nous ferons autre chose ailleurs, s'il y a lieu. Tel est le conseil que nous donne la raison; et telle est, je tiens à le dire, la loi que les associations de ce genre, quand elles ont été sages, se sont toujours imposée. Il est possible qu'il soit arrivé, à celle-ci ou à celle-là, que cette loi, un jour ou un autre, ait été transgressée. Telle est la faiblesse humaine! Mais c'est la loi reconnue, et ce sera la nôtre. Elle restera à la base de notre programme, nous mettrons notre honneur à l'observer; et, de cette manière, nous réussirons à fonder une société durable et utile, une sainte-alliance d'hommes de bien, d'opinions diverses peut-être; de croyances différentes, c'est possible; mais unis dans un même sentiment et dans une même tâche : le respect de leurs semblables et d'eux-mêmes, l'amour de la science et de l'humanité, le développement de l'instruction qui arme les mains pour le travail et les désarme pour la lutte; car elle apaise les cœurs en ouvrant les intelligences.

L'IMPOT PROGRESSIF

ET

L'IMPOT SUR LE REVENU

---

*Communication faite en 1895, à Bordeaux, à la Section d'Economie politique de l'*Association Française pour l'Avancement des Sciences.

Tout a été dit sur l'impôt, et depuis longtemps, et je n'ai point la prétention d'avoir rien découvert en cette matière. Mais il y a des circonstances où les vérités les plus certaines, les plus banales même, sont remises en question et ont besoin d'être remises en lumière. On s'occupe beaucoup, depuis quelques années, depuis quelques mois surtout, dans les régions où se décide le sort de ceux qui paient l'impôt, de changer toutes les règles qui avaient présidé jusqu'à ce jour à son assiette. Et l'on prend désormais pour formule, non seulement l'impôt sur le revenu, c'est-à-dire sur l'ensemble des ressources personnelles de chaque contribuable, mais l'impôt progressif sur cet ensemble de ressources.

Je considère ces idées, au premier abord très spécieuses, je le reconnais, comme fausses et dangereuses ; et j'ai pensé que le Congrès de l'Association française pour l'avancement des sciences, offrait une occasion favorable pour appeler sur elles la critique.

Je suis, j'en demande pardon à la Section, obligé, pour le faire d'une façon utile, de remonter au principe et de rappeler d'abord ce que c'est que l'impôt, à quoi il est destiné, et à quelles conditions il est légitime.

La société est un échange de services. L'homme, a-t-on dit justement, ne peut vivre seul ; il lui faut, à toute heure et sous mille formes, le secours de ses semblables. Parmi les satisfactions dont nous avons besoin, il en est que nous pouvons nous procurer directement à nous-mêmes. L'effort qu'elles nous coûtent est le prix dont nous les payons. C'est en ce sens que Turgot a dit que nous faisons avec la nature un premier commerce.

Pour d'autres, en beaucoup plus grand nombre, nous sommes contraints de recourir à nos semblables. Nous travaillons pour eux afin qu'ils travaillent pour nous ; nous leur cédons ce que nous possédons en retour de ce qu'ils possèdent : service pour service ou produit pour produit. La monnaie, qui est elle-même un produit, le plus échangeable et le plus marchand de tous, n'est qu'un intermédiaire qui facilite, en s'interposant entre les deux termes extrêmes de l'opération, cet incessant échange de produits et de services. Le libre débat des parties contractantes détermine les conditions auxquelles il s'accomplit.

Mais, si ce libre débat est la règle habituelle, il ne p ut être la règle universelle. Il y a des services que nous ne saurions ni nous rendre directement à nous-mêmes, ni obtenir individuellement de nos semblables, ou qui, tout au moins, dans ces conditions, nous reviendraient à un prix trop onéreux.

Je puis, par exemple, monter la garde autour de ma maison ou de mon champ ; mais je risquerai de n'être pas le plus fort s'ils sont attaqués par des malfaiteurs. Et lorsque j'aurai passé la nuit à veiller, je ne serai pas trop dispos pour travailler pendant le jour. Mes voisins étant dans le même cas, il nous viendra naturellement à la pensée de nous entendre pour nous relayer dans cette tâche ou de nous cotiser pour rétribuer des gardiens collectifs qui nous dispenseront de nous garder nous-mêmes.

Je puis de même arranger, plus ou moins bien, un bout de chemin devant ma porte. Mais si, à ma droite où à ma gauche, d'autres n'en ont pas fait autant, où s'ils l'ont fait sans plan d'ensemble, sans nivellement, sans raccordement, je n'en serai guère plus avancé. Il faudra, ou que nous formions une association en nous entendant sur le travail à exécuter et sur la part à prendre par chacun dans ce travail, ou que nous organisions et rétribuions, sur un fonds commun, des corps spéciaux, chargés de la viabilité.

Ces corps spéciaux, ingénieurs, conducteurs des ponts et chaussées, gardes champêtres, police, justice et le reste, ce sont les services publics ou collectifs. Et il y en a d'autant de degrés qu'il y a de collectivités : municipaux, départementaux, provinciaux, nationaux, internationaux même. Ce fonds commun, ces cotisations au moyen desquelles sont entretenus les services collectifs, ce sont les impôts, ou, pour mieux dire, les contributions. Il n'est pas indifférent, en effet, de se servir de l'une ou de l'autre de ces expressions ; et la survivance de la première n'est pas sans inconvénients et sans dangers.

L'impôt, c'est, comme le mot lui-même le dit, la charge *imposée*, le prélèvement non seulement forcé mais arbitraire, opéré par la puissance publique sur les fortunes privées. Les Romains exigeaient selon leur caprice des tributs des peuples vaincus. Les souverains, par la grâce de Dieu, à qui l'on avait enseigné que tout dans l'enceinte de leur royaume était à eux, choses et gens, prenaient ce qu'il leur convenait de prendre à leurs sujets selon leur bon plaisir, et sans en rendre compte à personne, sinon à Dieu et à leur conscience.

La contribution, c'est, le mot le dit également, la quote-part pour laquelle chacun des intéressés, en raison de son intérêt, contribue aux charges collectives, comme il participe aux avantages collectifs. C'est un sacrifice sans doute, mais justifié par un service qu'il assure ; ou, comme le dit Adam Smith : la cotisation de chacun pour les frais de régie du grand domaine social, dont il est, dans une mesure, ou dans une autre, actionnaire.

C'est l'honneur des économistes et de la Constituante, inspirée en cette matière par eux, d'avoir mis dans tout leur jour ces vérités essentielles. « Il est d'une évidence certaine, écrivait Vauban, en formulant les *maximes fondamentales* de son système, que tous les sujets d'un Etat ont besoin de sa protection, sans laquelle ils ne sauraient subsister. Il n'est pas moins certain que le chef et souverain de cet Etat ne peut leur donner cette protection s'ils ne lui en fournissent les moyens.

« D'où s'ensuit qu'un Etat ne peut se soutenir si les sujets ne le soutiennent, et que ce soutien comprend tous les besoins de l'Etat, auquel,par conséquent, tous les sujets sont obligés de contribuer, à proportion de leurs revenus ou de leur industrie, sans qu'aucun d'eux s'en puisse raisonnablement dispenser. Tout privilège qui tend à l'exemption de cette contribution est injuste et abusif et ne peut ni ne doit prévaloir au préjudice du public. »

« Qu'est-ce donc que l'impôt, disait à son tour Turgot dans son mémoire sur la suppression des corvées royales? Est-ce une charge imposée par la force à la faiblesse?

« Cette idée serait analogue à celle d'un gouvernement fondé uniquement sur le droit de conquête. Alors le prince serait regardé comme l'ennemi commun de la société ; les plus forts s'en défendraient comme ils pourraient; les plus faibles se laisseraient écraser... Les dépenses du gouvernement ayant pour objet l'intérêt de tous, tous doivent y contribuer. Et plus on jouit des avantages de la société, plus on doit se tenir honoré d'en partager les charges... Il est bien difficile de s'applaudir d'être exempt d'impôts comme gentilhomme, quand on voit exécuter la marmite du paysan. »

Voilà, en face du privilège et du bon plaisir, l'affirmation de l'égalité de tous devant l'impôt,et de la proportionnalité, conséquence de cette égalité.

C'est, je le répète, la doctrine qu'adopta la Constituante et qu'elle eut soin de développer et d'expliquer dans son avis aux contribuables en substituant officiellement au mot *impôt* celui de *contribution*. Pour elle, comme pour Vauban, pour Smith ou pour Turgot, les citoyens doivent contribuer aux charges publiques, à proportion de leurs facultés; et la contribution qui leur est demandée n'est justifiée que par le service qu'elle est destinée à leur procurer.

La Constituante entendait également, et c'était à ses yeux une condition de l'égalité et de l'impartialité de la contribution, que cette contribution fût réelle et non personnelle, perçue à raison de l'intérêt du contribuable à la payer, à raison de ce qu'on pourrait appeler sa surface contributive, et non à raison de sa qualité. Il faut bien toujours que ce soit l'homme qui paye; mais c'est à l'occasion de la chose qu'il possède ou de l'acte qu'il accomplit qu'il doit payer. Le taux de la taxe exigée de lui ne doit être en aucune façon modifié par des préoccupations de faveur ou de défaveur d'un caractère quelconque.

Tels sont les principes posés par la Constituante. Ils ne sont, à vrai dire, que l'application des règles formulées par Smith, et que j'aurai suffisamment rappelées, lorsque j'aurai dit que les charges imposées aux contribuables doivent être certaines, perçues sous la forme et aux époques les moins onéreuses pour les redevables,et qu'elles ne doivent point prêter à la fraude ou contrarier, par les gênes qu'elles entraînent et les formalités qu'elles exigent, le développement de la richesse individuelle et publique.

L'impôt sur le revenu, tel que l'entendent ses partisans, pèche précisément contre ces règles. Il cesse d'être impartial ; et c'est, à vrai dire, pour qu'il ne le soit point qu'on le réclame. Il suppose des mesures inquisitoriales et vexatoires. Il tend à provoquer, dans des proportions considérables, la dissimulation et la fraude. A plus forte raison en est-il ainsi de l'impôt progressif, que pour la plupart il est destiné à permettre.

Au premier abord, je l'ai dit, rien de plus spécieux, rien de plus simple même. C'est toujours, à moins d'en tarir la source, aux revenus des contribuables que l'on est obligé de s'adresser. Pourquoi, dit-on, les taxer isolément ? Pourquoi, au lieu de me faire payer comme propriétaire, sous le nom d'impôt foncier, comme locataire, sous le nom de cote mobilière, comme industriel ou commerçant, sous le nom de patente, comme possesseur d'actions ou de valeurs industrielles, sous un autre nom, ne pas former un bloc de mes diverses sources de revenus, et me demander, en une seule fois, ce que l'on aura à me demander ?

Pour beaucoup de raisons. D'abord, parce que, s'il n'est pas déjà toujours facile d'apprécier exactement l'importance des diverses sortes de revenus d'un contribuable, il l'est beaucoup moins d'arriver à déterminer exactement l'ensemble des ressources ou de la fortune de ce contribuable. On n'y parviendra qu'en exigeant des déclarations souvent inexactes, soit parce qu'il voudra dissimuler la vérité (en Allemagne et en Italie, la proportion des revenus qui échappent à l'impôt est considérable), soit parce que lui-même ne sera pas en état de l'établir avec précision. Comment, en effet, avant la fin de l'année et souvent même longtemps après, connaître le montant vrai du rendement de cette année ?

On sera dans l'obligation, pour contrôler ces déclarations qui donneront lieu à des réclamations de tout genre, de procéder à des vérifications d'un caractère inquisitorial, de violer le secret des affaires particulières, de faire produire les registres commerciaux et les relevés industriels. Et finalement, à supposer que l'on puisse arriver à des chiffres suffisamment approximatifs, on établira en quelque sorte, sous les yeux du public, le grand livre des fortunes privées. Qui ne voit quelles tentations l'on offrirait ainsi, soit aux convoitises particulières, soit aux appétits de la fiscalité ou aux passions politiques? Florence a connu l'impôt sur le revenu. L'historien Guichardin dit que c'était le bâton dont se servaient les Médicis pour assommer leurs adversaires. Si ce n'est pas, dans la pensée de ceux qui le réclament, un moyen de persécution politique, c'est tout au moins un moyen de proscription économique et une machine de guerre dirigée contre les grosses fortunes, la préface de l'impôt progressif. Et l'impôt progressif est un procédé de nivellement et d'égalisation des fortunes.

Il n'a pas eu ce résultat, dit-on, en Angleterre terre classique de l'*income-tax*. La raison en est bien simple : c'est que l'income-tax n'est pas, comme on le croit généralement, un impôt unique sur le revenu, mais une collection d'impôts différents sur diverses sources de revenus. L'income-tax se compose de cinq sortes de cédules, frappant sur des matières imposables distinctes, et, suivant l'expression employée dans son exposé des motifs par M. Peytral lui-même, ne faisant pas comparaître le contribuable devant le fisc en une seule fois pour l'ensemble de sa fortune imposable, mais l'y faisant comparaître à des heures et dans des lieux différents, par fractions, pour ainsi parler.

C'est un impôt fractionné ; l'impôt sur le revenu est un impôt global.

Et pourquoi, j'y reviens, veut-on faire ainsi sur chaque tête de contribuable masse de sa fortune? Pourquoi veut-on avoir, dans les registres officiels, l'état comparatif des situations particulières? C'est pour pouvoir faire de l'impôt non plus seulement un moyen d'assurer les services publics, mais un moyen de modifier légalement la répartition naturelle des fortunes. De grands esprits ont pensé que tel était le droit et même le devoir des gouvernements. Les lois, d'après Montesquieu, doivent tendre à diminuer les grandes fortunes et à accroître les petites, de façon à ce qu'il y ait le plus grand nombre possible de fortunes moyennes.

Il faut reconnaître qu'au premier abord cette idée est séduisante. C'est au nom de l'égalité même que l'on attaque la proportionnalité. La plus légère charge, dit-on, pèse lourdement à un homme faible. Un poids considérable peut être porté aisément par un homme très fort. Demandez à celui dont les ressources sont restreintes cinq pour cent de son revenu, vous le gênez, vous le privez même. Demandez-en dix, vingt ou davantage à celui qui a à dépenser chaque année des centaines de mille francs, il n'en restera pasmoins plus qu'à l'aise et n'en éprouvera aucune souffrance serieuse.

Soit. Mais d'abord, quel que soit le taux de la progression adoptée, il sera nécessairement arbitraire. Car s'il est possible de dire que l'on veut charger les fortunes de plus en plus à mesure qu'elles sont plus grosses, il est impossible de trouver une raison quelconque pour adopter une progression plutôt qu'une autre.

Or, l'arbitraire en matière d'impôts, c'est la porte ouverte à tous les abus et à toutes les spoliations. On a vu, dans tel canton de la Suisse, l'impôt progressif établi uniquement pour confisquer une partie de la fortune d'un très riche habitant. Il est vrai que le but n'a point été atteint; le capitaliste visé, qui dépensait en majeure partie sa fortune sur place et faisait beaucoup de bien dans le pays, n'a rien eu de plus pressé que de le quitter, et s'est dérobé à la spoliation en disparaissant.

En second lieu, cette progression, quelle qu'elle puisse être, arrivera fatalement, plus ou moins vite, mais arrivera toujours, à un certain moment, à absorber la totalité des revenus. Et, comme on ne saurait pousser la folie jusque-là, on s'arrêtera nécessairement à un chiffre plus ou moins élevé. D'où cette conséquence que les fortunes appelées grosses seront frappées de plus en plus lourdement, jusqu'à un certain chiffre, mais que les très grosses, supérieures à ce chiffre, cesseront d'être soumises à la loi commune.

Ce ne sont pas là cependant les objections les plus graves.

On voit la différence des fortunes; mais voit-on la différence des charges auxquelles ces fortunes doivent faire face? Un homme a vingt-cinq ou, si l'on veut, cinquante mille livres de rentes. Son voisin n'en a que cinq, le cinquième ou le dixième. On dira : celui-ci doit être ménagé, parce que ses ressources sont modestes; celui-là peut être taxé au double ou au triple, parce que ses ressources sont considérables. Mais le premier est célibataire, bien portant, sans besoins; et sur son revenu modeste il fait sans peine des économies. Le second est chargé de famille, si bien qu'en comptant le nombre des parties prenantes, les parts sont moindres que l'unique part de l'autre. Il a des enfants à élever, des éducations à payer, des frais de maladie à supporter; il est, en réalité, aussi gêné que son voisin est à l'aise. Si vous le surchargez parce que son revenu est plus gros, il vous demandera de le décharger parce que ses obligations sont plus lourdes. Et à la progression que vous aurez introduite dans la loi, vous serez, au nom de votre doctrine même, obligés d'opposer ce qu'on a appelé une dégression. Quelle est l'administration qui pourra se flatter d'arriver jamais à faire convenablement ces incessantes et innombrables corrections? Il le faudrait cependant, si l'on admet que l'impôt doit tenir compte de la situation des personnes.

Si, au contraire, comme je crois que cela doit être, on considère l'impôt comme une prime de sécurité sociale, tout se simplifie. Lorsque j'assure une maison contre l'incendie, un navire contre la perte en mer, un troupeau ou un champ contre la maladie ou la grêle, on ne me demande point si je suis riche pour augmenter ma prime, et il ne me vient pas à l'esprit d'alléguer que je le suis moins que mon voisin pour la faire diminuer. Le risque est de tant, de telle catégorie ou de telle autre; la maison est en pierres de taille ou en pans de bois; le navire est neuf ou fatigué : c'est tant; je paie en conséquence. De même, mon avoir, mon industrie, mon commerce, protégés par la société, sont de telle ou de telle importance; je paie le service; le reste ne regarde pas l'administration qui me le rend.

J'ajoute, en terminant, une dernière considération qui est, à mon avis, la plus importante de toutes. C'est que s'il peut être désirable de voir se multiplier les fortunes moyennes, si le contraste de certaines très grandes fortunes avec la pauvreté est regrettable et pénible, ce n'est pas par des procédés artificiels et en faisant la guerre à la richesse qu'il est possible d'y remédier. Que l'on fasse disparaître les monopoles et les privilèges qui troublent le libre jeu de la loi de l'offre et de la demande. Que l'on fasse disparaître, avec la prétendue protection du travail national, les atteintes portées à la liberté du travail et les entraves mises à la consommation. Rien de mieux. Mais faire la guerre à la richesse honnêtement acquise; mettre à l'amende, par les surcharges dont on les frappe, les fortunes à mesure qu'elles se forment, c'est, sous prétexte de philanthropie et sous couleur de démocratie, faire une œuvre antiéconomique et antidémocratique. Le capital est l'aliment du travail. Pour qu'il se forme et pour qu'il s'emploie, il faut qu'il y ait avantage à le former et profit à le bien employer. Toutes les mesures inspirées par l'envie, tous les essais de nivellement vont donc contre leur but. Liberté du travail, respect du capital, égalité de tous devant la loi fiscale comme devant toutes les autres, c'est à cela qu'avait visé la Constituante; et c'est à cela qu'il faut se tenir ou revenir.

MALTHUS ET SA DOCTRINE [1]

Il y a des sujets dont l'importance n'a pas même besoin d'être rappelée. Celui-ci est du nombre. Il n'en est guère sur lequel, depuis le début de ce siècle, on ait plus discuté; et il est peu de personnes qui n'aient eu parfois les oreilles rebattues du bruit de la polémique qu'a soulevée, que soulèvent encore de nos jours, le nom de Malthus et son ouvrage *sur la population*. C'est de cet homme, et de cet ouvrage, que je voudrais, quelque difficile que soit cette tâche, entretenir pendant quelques instants au moins mes lecteurs. J'espère, quelque rapides que soient les indications que je puis donner ainsi, qu'elles ne seront pas inutiles.

Malthus, on le sait, passe en général pour une espèce de vampire, altéré de sang humain. C'est, aux yeux de bien des gens, l'ange exterminateur de la science économique. On lui reproche surtout deux choses : la première, c'est d'avoir méconnu, combattu et condamné la charité; d'avoir tenté de faire disparaître d'entre les hommes toute bienfaisance et toute compassion; la seconde, c'est de s'être montré l'ennemi du genre humain, en représentant l'accroissement naturel de la population comme la source par excellence des maux et des souffrances qui affligent le monde. Evidemment, ce n'est pas dans les limites nécessairement restreintes d'une simple analyse que je puis songer à traiter complètement deux questions comme celles-là; j'essayerai du moins de dire quelques mots de l'une et de l'autre. Occupons-nous d'abord de la première.

---

(1) Article publié dans la *Revue Moderne*.

I

Malthus, dit-on communément, est un homme sec, dur, sans entrailles; interdisant à la compassion et à la charité d'abaisser les yeux et d'allonger la main vers les douleurs de cette terre, et se plaisant à montrer dans la misère et dans la souffrance une loi fatale qu'il faut laisser se développer en liberté. Voilà ce que l'on dit; voilà ce qu'on a tort,et grand tort,de dire : ce que cependant je ne m'étonne pas qu'on dise; car à toute erreur il y a presque toujours une cause, une excuse, un prétexte au moins. La cause de l'erreur que je relève, la voici; et voici en même temps la vérité.

Malthus étudiait la misère et ses causes. Il observait, il raisonnait, il réfléchissait. En raisonnant, il en vint à se demander (et il n'est pas le premier qui l'ait fait), si toute charité, toute aumône, pour mieux dire, était toujours utile et bien placée. Il se demanda si une main toujours ouverte, répandant avec une facilité banale ses largesses sur les bons et sur les mauvais, sur le paresseux et sur l'industrieux, sur l'homme misérable par sa faute et sur l'homme frappé par des malheurs immérités, était réellement une main bienfaisante ; et si une telle pitié n'était pas souvent, et très souvent, une mauvaise chose : mauvaise pour celui qui donne, et plus mauvaise encore pour celui qui reçoit et pour lequel elle devient comme un encouragement permanent à l'oisiveté et aux vices qui accompagnent l'oisiveté. Et il est très vrai qu'à cette question Malthus a répondu très énergiquement : oui. Oui, à ses yeux, l'assistance irréfléchie, indistincte, aveugle, est une chose dangereuse, et, qui, bien loin de soulager le mal, le perpétue et l'aggrave. Malthus a donc proscrit, et proscrit très sévèrement, ces secours sans discernement, qui dégradent à la fois (le plus souvent du moins) et celui qui les reçoit et celui qui les donne. Il a condamné cette aumône qui ne mérite pas, dit-il, le nom, de *charité*, car charité veut dire amour, et ce n'est pas le cœur, c'est la main qui la fait les yeux fermés ; qui ne mérite pas davantage le nom de *bienfaisance*, car elle ne fait pas le bien, elle fait le mal. Mais il ne l'a pas condamnée sans la remplacer. Il lui a opposé, au contraire, un autre genre d'assistance, un autre genre de bienfaisance et de charité vraiment digne de ces noms ; il s'est fait le patron et l'apôtre de la bienfaisance clairvoyante et de la charité réfléchie, de celle qui cherche à faire avec efficacité cette œuvre difficile et délicate entre toutes : soulager son semblable sans lui nuire, sans l'humilier, sans l'accabler, sans être pour lui une excitation à la paresse, en étant, au contraire, s'il est possible, une cause de force et d'énergie, de relèvement matériel et moral tout à la fois. Malthus a dit qu'il y a assurément une loi suprême, une loi de nature, qui dit à l'homme, suivant les propres paroles de saint Paul, que celui qui ne veut pas travailler n'est pas digne de manger. Mais il a dit aussi qu'il y a des accidents, des malheurs imprévus, auxquels les hommes dont le cœur n'est pas fermé doivent savoir compatir ; qu'il y a parfois (souvent si l'on veut), sans faute, ou sans faute grave, des malheurs réels ; et qu'il y a là beaucoup à faire pour soulager et aider son semblable. Il a dit surtout qu'il y a autre chose à faire que de donner à l'homme qui souffre un secours matériel et passager ; qu'il y a à s'enquérir de ses besoins, de ses affections, de ses habitudes, de ses douleurs personnelles. Et voici, à peu près textuellement comment il s'est exprimé à cet égard.

Il a recommandé d'abord la *charité volontaire et active*, cette charité qui ne reste pas étrangère à ceux dont elle soulage les peines, qui sait *par quels étroits liens sont unis le riche et le pauvre*, et *s'honore de cette alliance*, qui visite l'infortuné dans sa demeure, et ne s'informe pas uniquement de ses besoins, mais de ses habitudes, de

3.

ses dispositions morales; qui enfin, en imposant silence au mendiant effronté, sait soutenir, consoler, relever la faiblesse qui chancelle ou celle qui vient de tomber.

Tel est, en deux mots, le véritable programme tracé par Malthus dans un chapitre que je ne crains pas de qualifier d'admirable (je n'en dirais certes pas autant de tout son livre). Ce chapitre est intitulé : *De la direction à donner à notre charité*; et l'on ne saurait trop en recommander la lecture aux hommes de bien que touche le spectacle des maux de ce monde, et qui ne veulent pas se borner à une émotion stérile.

Est-ce tout? Non, Malthus va plus loin. Il permet, il conseille, il recommande à l'homme bienfaisant d'accorder, tout en se tenant en garde contre l'entrainement, un regard compatissant même au paresseux et à l'imprévoyant; d'essayer d'atténuer leur souffrance, sans s'exposer à en accroitre la cause; et pour cela, non pas de supprimer entièrement, parce que ce serait supprimer la responsabilité sans laquelle il n'y a pas de morale, mais d'adoucir, dans une certaine mesure, même la misère qui est un châtiment manifestement mérité.

Ce n'est pas tout encore. Malthus déclare que ces prescriptions, que ces conseils de charité raisonnable et raisonnée ne s'appliquent pas,et ne sauraient s'appliquer, aux cas extrêmes, aux accidents purement fortuits; et que lorsqu'un homme, par exemple, a le malheur de se casser le bras ou la jambe, ce n'est pas le moment de s'informer si cet homme est blessé par sa faute, mais de le relever et de le secourir. Voilà, dans sa substance, quel est le programme de la charité de Malthus. Il proscrit l'aumône indistincte et banale; il recommande la charité et la bienfaisance réelles, et il enseigne à les faire, jusque dans les plus délicats détails, avec un soin et une intelligence qui attestent une longue habitude de les pratiquer.

Le dirai-je? en esquissant ce programme, je ne puis m'empêcher de penser à un illustre archevêque irlandais, l'archevêque de Dublin, Whateley, qui semblait s'être proposé pour but d'y conformer sa conduite. Ce prélat, à son lit de mort, se félicitait, sait-on de quoi? Le lecteur va être surpris, scandalisé peut-être au premier moment; il ne le sera plus tout à l'heure. Whateley, à son lit de mort, au moment d'aller rendre compte à son Créateur d'une vie longue et chargée de responsabilité, se félicitait *de n'avoir jamais eu la faiblesse de mettre la main à la poche pour donner aux mendiants qui lui tendaient la leur dans la rue.* En revanche, il pouvait se féliciter d'avoir fait d'autres œuvres. Il pouvait se rendre ce témoignage qu'avec ces sous épargnés un à un il avait réalisé des créations utiles, secouru de vraies misères, relevé des faibles et consolé des affligés. Il avait notamment eu cette grande, cette véritable et cette durable charité d'ouvrir ou de patronner de son nom, de son talent, de son autorité, plus de quatre mille écoles dans lesquelles avait été éclairé et fortifié l'esprit de ses semblables (1).

II

En vérité, quelque rapide que soit cet aperçu des idées de Malthus sur la bienfaisance, il me semble qu'il est suffisant pour mettre le lecteur en garde contre les préventions qu'il peut avoir, et que presque tout le monde a au sujet des idées de cet écrivain sur la population.

Un homme si soucieux de la dignité et du véritable bonheur de ses semblables, si préoccupé de maintenir entre eux ces sentiments de respect mutuel et ces liens d'affection qui doivent unir celui qui assiste et celui qui est assisté; un homme qui a compris à ce point ce que c'est que cette *rencontre* salutaire *du riche et du pauvre* dont parlent les livres saints; un tel homme ne pouvait être, à aucun

(1) Whateley était particulièrement dévoué à la propagation des connaissances économiques dans les écoles primaires.

degré, l'ennemi du genre humain. Et cependant, je le disais tout à l'heure, il n'y a guère d'erreur sans cause ou du moins sans prétexte. Non, il n'est pas vrai, il est absolument contraire à la vérité, que jamais Malthus ait conseillé, comme on le dit de tous côtés, le meurtre et l'extermination; qu'il ait proposé entre autres l'asphyxie des nouveau-nés; ou qu'il ait réclamé même des mesures préventives contre le mariage et le développement de la famille. Il est complètement faux que jamais Malthus ait, je ne dis pas recommandé, mais accepté aucune espèce d'entraves à la liberté de ses semblables. A cet égard, il s'est prononcé cent fois dans son livre en termes qui ne souffrent pas d'équivoque. « Jamais, dit-il à tout instant, je n'ai demandé aux gouvernements aucune espèce d'interdiction ni aucune contrainte administrative ou légale. Je considère tout obstacle apporté à l'exercice de la liberté humaine, — de la liberté de se marier, notamment, — à la pleine disposition de soi et de son existence, en un mot, comme une faute et comme une iniquité. » Il a écrit cela vingt fois, cent fois, dans le cours de ce gros volume que j'ai là sous la main, et il ne s'est pas fait faute de dire et de répéter en propres termes : « *Je ne suis pas un ennemi de la population*, et c'est méconnaître entièrement mes principes que de me considérer comme tel. Je désire, au contraire, l'accroissement de la population; je veux, autant que possible, une population nombreuse. Le seul accroissement de population que je redoute, c'est celui qui devient une cause de misère, de vice et de souffrance. Je souhaite d'abord que les hommes soient heureux; et ensuite, s'il est possible, qu'ils soient nombreux. »

Voilà ce que Malthus a dit, je le repète, non pas vingt fois, mais cent fois.

Mais à côté de cela, il faut le dire aussi, à côté de ce vœu très net, très sincère et très fréquemment exprimé, de voir la population grandir en nombre, en même temps qu'en bien-être, il est vrai, et je m'empresse de le reconnaître, que Malthus a considéré comme très difficile, comme trop difficile, nous allons le voir, cet accroissement heureux et régulier de population qu'il désire. Il est très vrai qu'il a vu, dans l'accroissement naturel et normal de la population, non pas un mal absolu, mais au moins un danger fréquent et habituel. En cela, peut-être, il a été influencé à son insu par l'exagération d'erreurs inverses contre lesquelles il réagissait; et lui-même, dans le cours de la polémique à laquelle il a été entraîné, il a cru devoir écrire cette phrase qui peint bien sa sincérité : « J'ai trouvé l'arc trop courbé d'un côté; il est bien possible qu'en voulant le redresser je l'aie trop courbé de l'autre. »

C'était, en effet, dans les siècles passés, la doctrine à peu près universelle des hommes d'Etat, des politiques, des moralistes, que la force et la puissance d'un peuple se mesurait au nombre de ses habitants; et l'on ne songeait guère alors à se demander si parfois la qualité n'aurait pas été préférable à la quantité. Presque toutes les législations, imbues de cette préoccupation, contiennent des encouragements de diverses sortes à la multiplication des familles. Le roi Louis XIV, par exemple, et bien d'autres, donnent des primes, des exemptions d'impôts, des pensions, quelquefois des titres de noblesse aux pères de huit, dix, douze enfants et davantage. A lire ces dispositions, il semble qu'il n'y ait qu'une chose à désirer, que les naissances soient aussi multipliées que possible, comme si l'entrée dans la vie était tout; comme si des hommes honnêtes, vigoureux, probes, intelligents, ou des êtres chétifs et malingres qui vont mourir demain, et en attendant ne feront rien de bon, pouvaient se comparer au point de vue de la félicité commune comme de leur propre bonheur, et peser le même poids dans la balance de la puissance publique.

Ajoutons qu'à l'époque où Malthus écrivait son livre,

l'Angleterre, son pays, subissait une crise longue et douloureuse, et qu'il était difficile à un homme de cœur de n'en pas être troublé. Les causes de cette crise, ou du moins plusieurs de ses causes, il ne serait pas difficile peut-être de les indiquer. C'était d'abord la longue guerre que l'Angleterre venait de soutenir et soutenait encore avec la France nouvelle,et qui avait épuisé ses finances. écrasé son crédit et enlevé à son industrie la meilleure part de ses ressources; c'était la taxe des pauvres, c'est-à-dire l'application la plus large, la plus inconsidérée de ce principe fatal d'assistance aveugle et indéterminée contre lequel Malthus s'élevait avec raison, et qui avait érigé en quelque sorte la misère, le paupérisme, en institution nationale; c'étaient des impôts excessifs et ruineux,suite de la taxe et de la guerre. C'était enfin un système de douanes calculé de manière à faire arriver dans la main du petit nombre (on le croyait du moins, mais on se trompait fort) la plus grande partie de la richesse sociale, et qui faisait pour ainsi dire, ou du moins tendait à faire, d'une partie de la nation une espèce de marché forcé, réduit à consommer, aux prix voulus par les producteurs, les marchandises de l'aristocratie anglaise. C'était la loi sur les grains, pour l'appeler par son nom, cette loi qui a été abolie vers le milieu de ce siècle, et dont la seule abolition a procuré à l'Angleterre un soulagement égal à une réduction d'impôt de quelque chose comme un milliard par an; c'étaient toutes ces causes et bien d'autres. Toujours est-il que l'Angleterre souffrait, qu'elle souffrait beaucoup. Une nation qui est toujours en guerre, qui est accablée d'impôts excessifs, et sur laquelle pèsent des emprunts sans cesse renouvelés, ne peut manquer de souffrir cruellement. L'Angleterre souffrait, et Malthus, touché de pitié en face des souffrances de ses semblables, se demandait si la raison pour laquelle il n'y avait pas assez de pain pour toutes les bouches n'était pas tout simplement cette raison naïve, cette raison d'une évidence en apparence mathématique, qu'il y avait trop de bouches pour le nombre des pains.

Etait-ce vrai alors, à un moment donné, par suite des fautes de la société, par suite de ces fautes des hommes qui tôt ou tard retombent infailliblement sur eux? Je ne l'examine pas en ce moment. Ce que je dis, c'est que ce n'était pas assurément une loi universelle, nécessaire, permanente; et qu'il n'est pas vrai que la misère croisse avec le nombre. C'est ce que Malthus, malheureusement, en suivant dans son esprit les déductions de son sujet avec cette rigueur mathémathique qui quelquefois mène les hommes bien loin de la vérité, arriva à croire, à poser en fait, à formuler en axiome indicustable pour ainsi dire. Voici, dans toute sa simplicité, comment Malthus établit sa doctrine : Les hommes, dit-il, ont une tendance naturelle à multiplier, et cette tendance est, à proprement parler, illimitée. Ils peuvent doubler en nombre dans l'espace de vingt-cinq ans, et vingt-cinq ans après ils peuvent avoir doublé encore, c'est-à-dire avoir quadruplé; puis, après une autre période de vingt-cinq ans, avoir doublé de nouveau, c'est-à-dire être devenus huit fois plus nombreux. Et il exprime cela (je demande pardon d'employer un instant ces termes un peu abstraits), en disant que l'accroissement naturel des hommes s'effectue suivant *une progression géométrique*. Ceci est évident, disait Maltbus; et personne, je le reconnais, ne l'a jamais contesté.

Mais, d'un autre côté, il ajoutait : Les subsistances, les aliments, les moyens de vivre, en un mot, ne croissent pas et *ne peuvent pas croître* avec la même rapidité avec laquelle peuvent croître et tendent à croître les hommes. Les aliments, les subsistances, les produits du sol, ne peuvent croître, tout au plus, qu'en *progression arithmétique*, c'est-à-dire, pour prendre la même période de doublement, doubler en vingt-cinq ans, tripler en cinquante ans, quadrupler en soixante-quinze ans, quintupler en cent ans. Il est facile d'exprimer ces deux progressions par des séries de chiffres, et c'est ce qu'a fait Malthus. Tandis que l'on irait d'un côté, dit-il, de 2 à 4, de 4 à 8, de 8 à 16, de 16 à 32, et ainsi de suite, on irait, de l'autre côté, tout bonnement de 2 à 4, de 4 à 6, de 6 à 8, de 8 à 10. On voit combien vite l'écart se produit et s'accroît. Une comparaison, que j'emprunte à Malthus lui-même, exprime le phénomène sous une forme moins abstraite et moins aride. L'accroissement du nombre des hommes, dit-il, marche comme un lièvre lancé à toute vitesse ; l'accroissement des subsistances s'effectue avec la lenteur de la tortue.

Et la conclusion, la morale, c'était que, ne pouvant malheureusement faire courir la tortue, il fallait de toute nécessité amener le lièvre à flâner en route, à ralentir son allure, de façon à ce qu'il ne se trouvât pas trop en avance. De là cette préoccupation continuelle du nombre. De là cette idée que l'accroissement du nombre, bien que naturel et nécessaire, était redoutable, comme une eau toujours prête à déborder; qu'il constituait (à considérer les choses dans leur ensemble, dans leur tendance) un danger réel, un danger continuel et *imminent*, auquel on ne pouvait se soustraire que par la plus grande prévoyance, la plus grande prudence. Il fallait donc, *sans porter atteinte en rien à la vertu et à la morale* (cette restriction, qu'on ne fait pas en général, est indispensable quand il s'agit de Malthus et qu'on veut être juste); il fallait, dis-je, sans porter aucune atteinte à la vertu et à la morale, enrayer, autant que possible, le mouvement qui porte les populations à s'accroître sans cesse, sous peine de les vouer fatalement à la faim. Tel est, en deux mots, le fond de la théorie de la population de Malthus.

Un de nos plus célèbres contemporains, M. Proudhon, s'est permis de dire une fois (en plaisantant, je l'espère) : « J'ai réfuté Malthus, et je ne l'ai jamais lu, ce n'est pas nécessaire; j'ai lu ses deux progressions, cela suffit, puisque toute sa théorie est là. » Cela n'est pas exact, je le déclare. Et quand on juge les gens ainsi, il est inévitable qu'on les juge mal; qu'on soit, comme l'a été M. Proudhon, excessif et injuste. Mais il est vrai de dire tout au moins que c'est là que se trouve, en quelque sorte, en germe toute la théorie de Malthus. Le défaut radical de cette théorie c'est cette opposition, suivant lui nécessaire, entre l'accroissement des subsistances et l'accroissement des hommes; cet antagonisme, qu'il croit établi par la nature même, entre deux des principales lois de la nature.

Cet antagonisme existe-t-il véritablement? L'homme est-il véritablement, comme le pensait Malthus, et comme l'ont soutenu, après lui, beaucoup d'autres, condamné à marcher plus vite que les subsistances et à se voir, à chaque pas, arrêté par la souffrance, par la mort, par la famine, s'il ne sait s'arrêter lui-même en s'imposant le frein, je ne dis pas seulement d'une prévoyance et d'une vertu ordinaire, mais d'une vertu difficile, sinon même d'une vertu surhumaine? C est ce que nous allons essayer de voir en quelques mots.

Malthus veut-il parler d'une simple possibilité, d'une simple faculté, de la tendance naturelle des hommes à multiplier, en un mot? En ce cas il est bien clair qu'il a raison. Il est clair que les hommes peuvent, si rien ne s'y oppose, multiplier en progression géométrique; il est clair qu'un premier couple peut mettre au monde un certain nombre d'enfants, et que de ces enfants chaque couple à son tour pourra en mettre au monde un même nombre, et ainsi de suite. Je n'ai rien à dire contre cette possibilité, si ce n'est qu'en fait elle ne se réalise jamais, et qu'elle ne se réalise pas par mille causes également naturelles : par la stérilité des uns et par les occupations des autres, par les voyages, par les influences sociales ou morales, par l'économie, par la prévoyance, par la crainte des soucis et des tracas du ménage, par les travaux de la pensée qui éloignent des soins domestiques, ou par les préoccupations absorbantes de la religion ou du dévouement. Je n'ai rien à dire contre cette possibilité qui, je le répète, ne se réalise jamais,ou du moins ne se réalise que dans des conditions exceptionnelles. Mais, après l'avoir constatée et reconnue sous ces réserves, je demande si l'on peut dire sérieusement que la loi de multiplication et d'accroissement des subsistances soit autre? Est-ce que les animaux, est-ce que les plantes ne sont pas, eux aussi, doués de la faculté de se multiplier en progression géométrique? Est-ce qu'une graine ne peut pas reproduire l'individu d'où elle est sortie? Est-ce que l'individu dont elle aura été l'origine ne produira pas à son tour des milliers et des millions de graines, dont chacune produira ou pourra produire encore à son tour, si elle vient à lever, des êtres pareils à celui d'où elle sera sortie elle-même? Est-ce que les animaux ne sont pas, sous ce rapport, absolument semblables aux hommes? Qu'y a-t-il d'extraordinaire, d'anormal, je le demande, à voir une vache mettre au monde successivement un veau, deux veaux, trois veaux ou davantage, et ces veaux, à leur tour, en mettre autant au monde? Une brebis mettra bas chaque année un ou deux petits, et bientôt ceux-ci auront des petits comme elle. Qu'y a-t-il là de plus étrange que de voir un couple d'êtres humains donner naissance à des enfants qui, à leur tour, en procréeront d'autres? Et ne connaissons-nous pas tous des exemples, en quelque façon effrayants, de la multiplication possible des végétaux et des animaux? En voici deux ou trois que je prends au hasard pour donner un corps à l'affirmation. Un seul pied de maïs fournit 2.000 graines ; un soleil 4.000 ; un pavot 32.000 ; un orme 100.000. Une carpe pond 3 ou 400.000 œufs. On a calculé qu'une jusquiame couvrirait le globe de sa postérité en quatre ans, et que deux harengs rempliraient les mers en dix ans.

Je cherche en vain, en face de tels exemples, où est la différence essentielle, fondamentale, entre la tendance de reproduction de l'homme, et la tendance de reproduction des subsistances. Je vois ces subsistances, prises dans le règne végétal et dans le règne animal, douées comme nous de la faculté de se multiplier de plus en plus, et je vois, en outre, dans ces règnes cette faculté à un degré infiniment supérieur à celui de la multiplication de l'homme.

Et c'est en face de faits aussi éclatants, aussi universels, que l'on a pu écrire des phrases comme celle-ci : « Dieu, qui a rendu la terre assez féconde pour pourvoir abondamment aux besoins de tous les êtres de l'univers, n'a pas fait l'homme de pire condition que les animaux. Tous ne sont-il pas conviés au riche banquet de la nature ? Un seul d'entre eux en est-il exclu ? Les plantes des champs étendent l'une auprès de l'autre leurs racines dans le sol qui les nourrit toutes ; et toutes y croissent en paix, aucune d'elles n'obsorbe la sève d'aucune autre. » Cette phrase est de l'un de nos plus célèbres contemporains, M. de Lamennais. Probablement c'est dans son cabinet, loin, bien loin des champs, le regard profondément fermé à toute espèce de contemplation et de souvenir même de la nature, que ce grand rêveur écrivait ces lignes ; car il allait à l'encontre de la vérité la plus évidente, de celle qui crève les yeux du corps, de celle que connaît le dernier des enfants de la campagne accoutumé à voir les plantes trop serrées s'étioler, se nuire les unes aux autres, et qui sait que dans un bois, à mesure que les sommets s'élèvent, tout ce qui se trouve dessous dépérit faute de lumière et de sève.

La loi peut paraître dure ; je ne dis pas non. Mais c'est la loi ; et elle est la même partout. Les plantes, les animaux et les hommes sont égaux devant elle. Ils ne peuvent se multiplier, ils ne peuvent se développer, ils ne peuvent subsister qu'autant qu'ils trouvent à leur portée les éléments nécessaires à leur croissance, à leur multiplication ou à leur conservation. Il y a une différence toutefois, non pas au désavantage, mais à l'avantage de l'homme, et cette différence la voici : c'est que, tandis que les plantes et les animaux pullulent au hasard, tandis que les plantes et les animaux trouvent ou cherchent leur nourriture en quelque façon à l'aveugle, instinctivement, fatalement, et sans pouvoir jamais rien faire pour l'accroître, l'homme, lui, sait préparer sa nourriture ; l'homme, plus puissant que les animaux et que les plantes, sait faire parmi les animaux et les plantes un discernement fécond. Il sait écarter, faire disparaître les espèces inutiles,les espèces nuisibles, les espèces terribles. Il sait tirer du sol deux fois, dix fois, cent fois ce que ce sol donnait naturellement au début. Il sait obtenir des animaux plus de viande, plus de lait, plus de services de toute nature. Il sait, en armant ses mains d'organes nouveaux, en entourant sa personne de ces serviteurs infatigables qui s'appellent les outils et les machines, substituer à la terre inculte et malsaine une terre saine, cultivée, féconde, une terre productive, une terre dont la fécondité va croissant tous les jours ; et nul ne peut dire que sur aucun point cette terre ait atteint ou qu'elle soit près d'atteindre le terme de sa fécondité. C'est lui qui donne et la terre rend. En veut-on un exemple, et un exemple curieux ? Le bon Malthus écrivait, on ne l'ignore pas, dans le premier quart de ce siècle. Parmi les développements historiques et géographiques quelquefois fort intéressants (quelquefois fort ennuyeux aussi, je dois le dire, fort longs, en tout cas), par lesquels il a cherché à appuyer sa thèse, et qui du moins prouvent en lui beaucoup de conscience et des connaissances prodigieusement étendues, parmi cette espèce de revue du temps et de l'espace qui occupe la moitié de son ouvrage, il y a un passage consacré à ce pays que l'on appelait alors la *Nouvelle-Hollande*, et qui est devenu de nos jours l'*Australie*. Malthus, s'armant des récits des voyageurs, affirmait comme une chose parfaitement indiscutable la stérilité absolue de ce pays. Il déclarait impossible que la Nouvelle-Hollande nourrît jamais des hommes autrement que dans cet état misérable et précaire dans lequel un très petit nombre d'êtres à face humaine végétaient alors sur ce dernier venu des continents. Voilà ce que déclarait Malthus, et voici maintenant la vérité, telle que l'ont bientôt montrée les faits.

La vérité, c'est qu'il n'y avait pas sur cette terre stérile (disons plutôt sur cette terre inculte) assez de capitaux, assez d'intelligence, assez d'industrie, assez d'hommes. La vérité, c'est que le jour où une autre race, — la race européenne, la race intelligente, la race armée d'instruments, pourvue d'épargnes et en possession de connaissances, — a mis le pied sur cette terre inhospitalière, ce jour-là cette race, parce qu'elle était plus riche, plus industrieuse, plus active et plus nombreuse, a su faire jaillir du sol, et jaillir en abondance, la richesse et les éléments des subsistances. La vérité, c'est qu'aujourd'hui, sur cette terre qui ne nourrissait pas les sauvages, vivent, grandissent et prospèrent des colonies qui seront bientôt des empires aussi puissants que le grand empire d'où elles sont sorties, que l'Angleterre, leur mère-patrie.

On nous dit tous les jours, en nous montrant l'Amérique : « Savez-vous pourquoi l'Amérique grandit si vite ? C'est parce que les Américains ont cette fortune exceptionnelle d'être tombés sur un sol vierge. » En vérité ! Mais, ce sol vierge, c'était un sol épuisé pour les Hurons et les Iroquois qui l'habitaient avant eux. C'est qu'à chaque progrès de la culture et de l'industrie correspond une porportion nouvelle de force, d'intelligence et d'activité et que le nombre est un des éléments de cette puissance. C'est que les hommes, dans l'état sauvage, dans l'état clairsemé dans lequel ils végètent à l'état sauvage, ne sont pas assez audacieux, pas assez actifs, *pas assez nombreux* pour élever les subsistances au niveau de leur nombre, quelque restreint que soit ce nombre. D'autres hommes viennent, plus forts, plus habiles, *plus nombreux*, et ces hommes trouvent la richesse là où ces peuplades éparses ne trouvaient qu'une existence précaire et sans cesse menacée. Soyons-en bien convaincus, c'est l'homme qui fait la richesse, toute richesse. Oui, sans doute, il faut tirer de la terre les éléments de notre existence; mais nul ne sait quel est le terme de la production permise à la terre : nul ne sait combien, en croissant en intelligence, en force, en industrie, en vertu, en énergie morale, et *en nombre*, encore une fois, l'homme pourra obtenir de la terre qui le porte.

C'est une mine à peine ouverte, c'est une carrière dans laquelle la civilisation commence à peine à s'élancer; et si nous jetons un regard derrière nous sur l'histoire, nous sommes bien forcés de reconnaître que l'histoire tout entière le proclame. Je n'en veux d'autre témoignage que celui de Malthus, de Malthus presque toujours prévenu, mais, il faut le dire, toujours de bonne foi. C'est Malthus lui-même qui, à la suite de cette longue revue dont je viens de parler, arrive à constater que le plus souvent la population surabondante, c'est la population clairsemée; que très souvent, le plus souvent, au contraire, la population plus nombreuse est une population plus heureuse et plus riche.

« Plus une population *est rare*, dit-il en toutes lettres, *et plus elle excède.* » Si bien que partout, à mesure que les hommes ont grandi en nombre, ils ont, je ne dirai pas, dit adieu à la misère et à la souffrance, mais ils ont réduit considérablement la souffrance et la misère qui pesaient sur leurs têtes. Voilà, pour qui sait voir, ce qu'enseignent les faits. Il faut que les hommes s'élèvent, il faut qu'ils grandissent, il faut qu'ils se perfectionnent pour améliorer la terre et y pouvoir vivre en plus grand nombre. Mais il faut aussi qu'ils croissent en nombre. Il faut que la distance entre eux, — cette distance qui se traduit en perte de temps, cette distance qui ne permet ni les épanchements de l'amitié, ni la communication des connaissances et des idées, qui est comme une barrière dressée entre les hommes, — il faut que cette distance diminue et que les hommes, comme on dit vulgairement, arrivent à se sentir un peu plus les coudes. Il faut qu'ils se rapprochent par l'espace en même temps que par l'esprit et par le cœur. Il faut aussi qu'ils renoncent au vice, à la dissipation, au gaspillage, à toutes les causes de destruction. Il faut que d'homme à homme, et de nation à nation, ils s'étudient à faire prévaloir la concorde, l'affection à la place de la division, de la haine et de tout ce qu'elles entraînent. Il faut que tout ce qui est mauvais disparaisse, que tout ce qui est bon prenne le dessus. Il faut que partout les idées justes se répandent, que le niveau moral s'élève, que les hommes apprennent à se connaître, à se soutenir, à s'aider ; qu'ils comprennent qu'ils ont à remplir en commun une grande tâche sur la terre, que c'est une grande chose, et une chose sainte, que de tirer du sol, par le travail — par le travail des mains ou par le travail de l'intelligence — cette richesse qu'on méprise trop souvent à tort, mais qui est, en somme, la substance même de la pensée, de la vie et de la force morale de l'homme. Il faut qu'on arrive à cela. Et lorsque nous en serons là, ou à mesure que nous y viendrons, lorsque les hommes ne perdront plus leur existence et ne gaspilleront plus à l'envi leurs ressources, alors, si leur accroissement en nombre n'est pas accompagné d'une augmentation de bien-être, il sera temps d'accuser la Providence, et de dire avec Malthus que l'accroissement de la population est un danger toujours imminent, toujours suspendu sur nos têtes.

On va me répondre peut-être que, quel que puisse être le progrès, un jour viendra où la terre sera remplie comme le serait la mer si les harengs et les autres poissons pouvaient y pulluler en liberté ; qu'un jour viendra où l'espace manquera devant les pas des hommes. Eh ! mon Dieu, c'est bien possible ! On s'est préoccupé plus d'une fois déjà, dans ce siècle, nous le savons, du jour où manquera la houille, ce pain quotidien de nos industries, cette source précieuse de la chaleur et de la lumière. On a dit aussi que, puisque tout descend et que rien ne remonte, un jour viendra où, selon la parole de l'Evangile, toute vallée sera comblée et toute montagne abaissée, en sorte que la terre ne sera plus qu'une surface plane, sur laquelle l'eau ne circulera plus, où aucun mouvement ne sera plus possible. Tout cela peut arriver mais quand? Savons-nous ce que d'ici là la science nous réserve de transformations et de découvertes? Savons-nous seulement si notre globe atteindra cette époque incertaine et obscure? Quand le rôle de l'humanité sera terminé ici-bas, l'humanité disparaitra. A la bonne heure. Mais est-il bien urgent de se préoccuper de cet extrême avenir au lieu de vivre aujourd'hui? Et n'est-ce pas bien le cas de dire, comme ce héros qu'on veut détourner d'agir par la raison qu'au bout de l'action se doit rencontrer la mort :

Je ne sais pas prévoir les malheurs de si loin?

III

Je me résume. Evidemment, Malthus a raison sur un point. Il a raison quand il dit qu'il est du devoir de tout homme sage, de tout homme sensé, de tout homme qui comprend ce que c'est que la dignité humaine et la responsabilité qu'elle impose, de ne pas donner étourdiment le jour à des êtres nouveaux. Il a raison quand il dit que c'est une faute grave de contracter à l'étourdie cette union qui peut nous charger des obligations pesantes de la paternité. Oui! Malthus a raison quand il dit cela; lorsque, s'adressant au jeune homme que commencent à solliciter les instincts de la nature et de l'affection, il l'engage à réfléchir avant *d'entreprendre une famille*, comme dit Emile Souvestre dans ses charmantes « *Confessions d'un ouvrier* ». Avant d'entreprendre une famille, comme avant d'entreprendre quoi que ce soit au monde, il faut se demander si l'on a les ressources nécessaires, ou du moins si l'on a l'espoir raisonnable de se procurer ces ressources. Il est bon que le jeune homme comprenne bien cela; il est bon qu'il sache que le présent est le père de l'avenir, et que, pour assurer l'avenir, il faut souvent être sévère pour le présent. Il est bon qu'il ait un but élevé et honorable, et que, de bonne heure, pour atteindre ce but, il sache s'astreindre à la privation, au sacrifice, à l'effort sur lui-même; qu'il fasse, par raison, précéder le jour où il pourra devenir chef de famille, de quelques années de travail, d'épargne, de vertu même difficile; et que l'amour, — l'amour vrai, pur, chaste, prévoyant et dévoué, — soit pour lui comme une épreuve préparatoire et fortifiante, admirable et sublime portique, si l'on peut ainsi parler, au delà duquel se dévoile à ses regards le divin temple de la paternité.

Tout ce que je dis là, qu'on veuille m'en croire, Malthus le dit; et avec une délicatesse, une grâce dont je regrette de ne pas pouvoir, faute d'espace, donner un échantillon par des citations. Il est difficile, assurément, qu'il soit écouté de tous, et lui-même ne s'est jamais fait d'illusion à ce sujet. Il ne s'en est pas fait assez peut-être. Mais, si peu écouté qu'il soit, ce sera beaucoup, et il ne faut pas craindre de le dire : de telles prédications sont excellentes, et le jour où elles seront entendues sera un grand jour pour le bien-être comme pour la moralité humaine. Mais Malthus a tort, et je le dis non moins franchement, lorsqu'il exagère la nécessité de ce *renoncement vertueux*, — c'est ainsi qu'il l'appelle, et jamais il n'a prononcé le nom barbare de *contrainte morale* — jusqu'à faire, en quelque façon, de la pratique universelle de ce renoncement, une condition d'existence; jusqu'à faire du développement *naturel* de l'humanité un épouvantail toujours dressé devant l'humanité.

Non, l'homme a une tâche à remplir, mais il a les

moyens de la remplir. Il a une bouche qui consomme, mais il a deux bras qui produisent, et avec ces deux bras, l'intelligence et la volonté qui les dirigent. Eh quoi! il serait naturel de se réjouir de la naissance d'un veau, parce que ce veau deviendra un bœuf; et il faudrait pleurer à la naissance d'un enfant, parce que cet enfant deviendra un homme. Ce bœuf, dit-on, doit fournir l'équivalent de sa dépense; et il n'en serait pas de même de l'homme, de cet homme qui fait travailler le bœuf, et fournit lui-même au sol les éléments de sa subsistance!

La terre lui fait défaut, dit-on encore. Où voit-on cela? Je vois que la terre est grande, au contraire, et qu'elle est à peine effleurée; car nous sommes à peine au début de nos efforts pour la plier à notre usage. Je vois que de toutes parts croissent autour de nous l'intelligence, la force matérielle, et (on doit l'espérer aussi), la force morale. Et malgré trop de causes de souffrances, et trop de tristes symptômes souvent, je vois, ou du moins je crois voir, grandir également les sentiments affectueux et justes. Je vois, ou du moins je crois voir, jusque dans les bouillonnements quelquefois redoutables qui agitent une partie des sociétés modernes, le désir sérieux et sincère de la justice, de la concorde, de la paix et de l'amour entre les hommes et les nations. Si ces signes ne sont pas une aurore trompeuse; si les hommes, véritablement, croissent tous les jours en richesse, en force, en moralité; s'ils tendent à moins détruire et à produire davantage; ils s'apercevront bientôt que la multiplication de l'être producteur par excellence ne peut être un mal, et un mal permanent. En avant donc, c'est toujours là qu'il en faut revenir : en avant avec prudence, mais avec confiance aussi; et n'ayons garde, parce qu'on l'a travesti, de renier étourdiment le vieux précepte : *Croissez et multipliez*! Il est vrai, ce précepte; mais il faut le comprendre, et l'appliquer comme il convient. *Croissez*, dit-il, c'est-à-dire devenez plus forts, devenez plus vaillants, devenez plus capables de remplir votre tâche ; et lorsque vous serez devenus plus forts, alors *multipliez*, afin de devenir plus forts encore et de soumettre de plus en plus votre domaine. Croissez d'abord, multipliez ensuite ; et croissez de nouveau, afin de multiplier encore davantage. Soyez des hommes, des hommes dignes de ce nom, des *producteurs*, non des *destructeurs* ; et ne craignez pas, à cette condition, que la grande famille humaine devienne jamais trop nombreuse ! Des hommes pour détruire, pour ravager, pour gaspiller ; — je le dis bien haut, et j'espère que personne ne me démentira ; — de ces hommes-là, il y en aura toujours trop. Mais des hommes honnêtes, des hommes laborieux, des hommes qui produisent, qui épargnent, qui reproduisent, et qui après eux tâchent de laisser en plus grand nombre d'autres générations d'hommes meilleurs qu'eux, de ces hommes-là il n'y en aura jamais de trop, il n'y en aura jamais assez. C'est la substance même de la richesse, du progrès, de la civilisation, de toute élévation matérielle, intellectuelle, morale ; c'est la splendeur de cette vie et l'espérance de l'autre ; et la plus grande œuvre, assurément, que l'on puisse faire en passant ici-bas, c'est d'y laisser après soi une image, une représentation accrue et améliorée de ce qu'on a été, afin que les générations qui suivent soient plus nombreuses, meilleures, et plus heureuses en même temps, que celles qui ont précédé et que celle à laquelle on appartient soi-même.

Je n'ai fait qu'indiquer, mais j'ai indiqué aussi nettement qu'il est possible de le faire en si peu de pages, ce qu'il y a, suivant moi, de mauvais et de faux, ce qu'il y a de vrai et de bon, dans la théorie et dans les idées de Mathus. Puissent ces rapides indications donner à quelques lecteurs le désir de les vérifier par eux-mêmes, et contribuer ainsi à faire disparaître des confusions qui n'ont que trop servi à exciter et à entretenir les divisions dont souffre depuis longtemps la société française ! Puissent-elles aussi, dans une certaine mesure, contribuer à faire rendre, à une mémoire calomniée, un peu de tardive justice! Si je ne me trompe, voici quelles devraient être ces conclusions de l'impartiale étude.

Il faut reconnaître en Mathus un homme de bien, dans toute la force du terme, un homme d'une haute et pure moralité, souvent aveuglé par une idée préconçue, mais toujours sincère ; et dans sa théorie il faut signaler une part de vérité profonde, mêlée, malheureusement, à des erreurs regrettables. Ces erreurs ne sont pas de nature, comme on l'a dit, à avilir l'humanité ; mais elles seraient de nature, si elles se répandaient, à la décourager, à l'inquiéter, à lui enlever une partie de la confiance et de l'énergie dont elle a besoin pour marcher en avant d'un pas toujours plus ferme et plus soutenu. Honorons le savant, estimons l'homme ; mettons à profit, chacun dans notre sphère, les conseils du moraliste ; mais gardons-nous des terreurs de l'économiste et de l'historien. Sachons bien, en un mot, que ce n'est pas en vain que l'espace a été ouvert devant la race humaine. Sa tâche est de le remplir, et il dépend d'elle de ne pas faillir à cette tâche.

UN PRIX DE MÉRITE

Il y a une vingtaine d'années, en 1879, un habitant de Neuilly, qui ne voulut point que son nom fût publié, fondait un prix annuel de 1.200 francs, dit **Prix de mérite**, *à attribuer, après de soigneuses enquêtes, à la jeune fille de la commune qui en aurait été trouvée le plus digne.*

Ce prix fut décerné, au printemps de 1879, d'un avis unanime, à Mlle Genti,l qui, demeurée, toute jeune encore, chef d'une famille nombreuse, s'était montrée, en toutes circonstances, à la hauteur de cette lourde tâche.

C'est à cette occasion que fut prononcé le petit discours que l'on reproduit ici.

Mademoiselle, Mesdames, Messieurs,

M. le maréchal de Turenne, qui était assez brave pour n'être pas fanfaron, se trouvait un jour en face d'un fanfaron qui, croyant se faire ainsi passer pour brave, osait se vanter devant lui de n'avoir jamais eu peur. « Jamais! monsieur, lui dit le maréchal, vous n'avez donc jamais mouché une chandelle avec vos doigts? »

J'ai fait pas mal de discours en ma vie, et quelques-uns dans des circonstances qui n'étaient pas commodes. Vous, de votre côté, Mademoiselle, vous avez fait preuve plus d'une fois (je pourrais dire toujours, et je le dis), d'une énergie de caractère qui n'est pas commune ; c'est pour cela que vous êtes ici. Et cependant vous tremblez en ce moment, et vous avez tremblé à l'approche de ce moment. Et je ne me sens pas, s'il faut le dire, beaucoup plus à l'aise que vous.

C'est que ce n'est pas chose facile, quoi qu'il en semble, que de recevoir ainsi, à la face du public, un prix de vertu...

quand on le mérite. Quand on ne le mérite pas, c'est différent. Une heure d'effronterie de plus,et le tour est joué.

Et ce n'est pas chose facile non plus que de louer la vertu, quand on sent qu'elle doit être louée comme on la comprend, c'est-à-dire quand on la respecte... avec discrétion. Que de gens, pour nous faire admirer un papillon, commencent par l'écraser! Il faut toucher délicatement ces choses délicates, et la modestie demande des éloges modestes. C'est déjà presque trop pour elle que d'être ainsi solennellement proclamée. Aussi ne manque-t-il pas de gens qui n'approuvent qu'à demi, c'est-à-dire qui n'approuvent pas du tout, ces récompenses décernées sous des noms divers, à la pratique du bien : rosières, prix Monthyon et le reste. Les inconvénients, à leur avis, surpassent les avantages, et ce sont là des exhibitions plus propres à développer la vanité qu'à encourager la vertu. Est-ce qu'on encourage la vertu, d'ailleurs? Elle est par elle-même et pour elle-même. Et si l'appât des honneurs ou de l'argent pouvait quelque chose sur elle, elle cesserait d'être la vertu.

Des inconvénients, Messieurs, il y en a ; des dangers même, peut-être, et des difficultés assurément. On estime pourtant, en général, que les avantages sont supérieurs aux inconvénients ; et ce n'est pas, d'ailleurs, pour ceux qu'on récompense, c'est pour les autres, auxquels l'exemple est bon, c'est pour nous-mêmes, qui avons besoin d'exprimer tout haut les sentiments que ce bon exemple éveille dans nos cœurs, que nous aimons, de temps à autre, à mettre un peu la lumière sur le chandelier, « afin qu'elle luise devant les hommes ».

Telle a été du moins, si je ne me trompe — sauf en ce qui le concerne pourtant, puisqu'il a voulu demeurer inconnu — la pensée du généreux anonyme, auquel nous devons la donation qui a été l'occasion de cette fête. Il a pensé que le mal se voyait trop, le bien pas assez; et il a voulu qu'à côté de tout ce mal qui s'étale, qui s'affiche, et qui par sa contagion en engendre tant d'autre, on essayât de mettre sous nos regards à tous un peu de ce bien qui se cache, qui s'ignore, mais qui n'en existe pas moins, et qui doit, lui aussi, pour être complet, exercer autour de lui sa salutaire contagion.

Il n'a pas eu tort, Messieurs, car le monde vaut mieux, au fond, qu'il ne pense. Le monde périrait si le mal y était aussi dominant que les apparences nous le font craindre parfois. Et si, au lieu de périr, il grandit comme nous le croyons, c'est que le bien, en somme, y est supérieur au mal. Mais le mal crève les yeux, encore une fois, et fait scandale et tapage ; le bien passe inaperçu et ne dérange personne sur son chemin.

Et tenez, ne parlons que de Neuilly, puisque nous sommes à Neuilly. Une récompense est offerte, dans certaines conditions sagement déterminées, pour la jeune fille la plus méritante. Aussitôt on se trouve n'avoir que l'embarras du choix. Il n'y a pas eu, vous le savez, moins d'une quinzaine, je ne dis pas de *concurrentes* — on ne concourt pas pour cette distinction, parce qu'on ne court pas après — mais de personnes *proposées* par des témoins honorables et sérieux de leur vie. Et toutes, nous sommes heureux de le dire bien haut, étaient dignes de l'honneur qu'on leur faisait en les signalant à la commission d'enquête. Mlle Denise Gentil a été choisie à l'unanimité. Elle méritait donc de passer la première. Mais elle ne fait qu'ouvrir la marche; d'autres suivront ; elle n'est pas, quelque grands que soient ses titres, une exception ; elle est le chef de file d'une troupe d'élite.

Et qu'a-t-elle fait, cette troupe d'élite; que fait-elle tous les jours; et que fait à sa tête son chef de file? Son devoir, tout simplement; elle l'assure du moins. Je vous le montrerais par le simple récit de sa vie au lieu de me borner à l'énoncer, si le ciel, qui décidément manque de courtoisie à notre égard, ne me forçait de jeter à l'eau la moitié de mon discours, et la meilleure, celle que Mlle Gentil a faite, sans l'écrire. Oui, le devoir, mais quel devoir ! Se trouver seule, à 17 ans, avec une mère malade, d'abord, puis sans mère, à la tête d'une famille de cinq sœurs, sans autre ressource que son travail, et ne pas succomber sous la charge ! Le devoir, dans de telles circonstances, mais c'est le travail et l'effort obscur de chaque jour, le ménage entretenu, le conseil et l'exemple donnés aux jeunes, la dignité personnelle, la prévoyance, l'épargne ; l'épargne sur le nécessaire, le miracle incessamment renouvelé des centimes coupés en quatre et des minutes ajoutées aux minutes pour faire des heures, et garder autour de soi ce qu'il y a de plus difficile en ce monde à garder : l'ordre et la tenue au milieu du dénuement, et le courage sous le flot incessant de difficultés qui renaissent à mesure qu'on les surmonte et semblent ne permettre d'autre espoir à la plus opiniâtre persévérance que de n'être pas submergé aujourd'hui et de recommencer demain ! Voilà, en deux mots, la vie de Mlle Gentil depuis des années. Voilà, plus ou moins, la vie de celles qui sont ses émules dans le bien.

Petites choses, diront quelques-uns. Soit ; mais petites choses sur lesquelles reposent les grandes, dont se composent les grandes, pour mieux dire, comme c'est de petites gouttes d'eau ajoutées les unes aux autres que se forme la masse immense des fleuves et de l'Océan lui-même, et par de modestes pierres, assises les unes sur les autres, que s'élèvent les imposants édifices de nos villes et que s'élancent vers le ciel ces flèches hardies qui semblent une expression visible de ce qu'il a de plus haut dans les pensées et les aspirations des hommes. Ainsi, n'en déplaise aux amateurs de bruit et de frou-frou, c'est au foyer, dans la pure atmosphère de la famille et dans le modeste exercice des vertus de chaque jour, que se préparent et se développent les grands sentiments, les fortes habitudes, et que s'entretient ce feu sacré de l'honneur et du sacrifice qui fait les sociétés laborieuses, fières et libres.

On a donné à ce prix le nom de récompense *civique*. On n'a pas eu tort. Ce sont les vertus domestiques qui font les vertus civiques. Et voilà pourquoi, Mesdames et Messieurs, je ne crains pas de prononcer en terminant le nom de Cendrillon. Je suis pour Cendrillon, moi, je l'avoue, plus que pour tous ces étalages vivants de luxe, vrai ou faux, auxquels tant de gens se laissent prendre, sauf à apprendre tôt ou tard, à leur dépens, que tout ce qui reluit n'est pas or.

Et, puisque j'ai parlé de Cendrillon, un dernier mot, un dernier souhait, que la pluie, quoiqu'elle en ait, ne noiera pas tout à fait, je l'espère. Je suis assez vieux, je pense, et assez père de famille pour me le permettre. Je ne souhaite pas à Mlle Gentil et à ses compagnes de trouver des princes dans leurs pantoufles; il n'y en a plus assez. Mais j'imagine qu'il pourra se trouver un jour ou l'autre, quelque honnête homme, regardant plus à la main qu'au pied, — ceci soit dit sans faire de tort au pied de Mlle Gentil, — qui se dira qu'une brave fille doit faire une brave femme, et que celle qui a su être si admirablement la mère de ses sœurs serait une bonne mère pour ses enfants. Si celui là se rencontre, et s'il se fait juger digne d'une telle compagne, nous n'y trouverons pas à redire, soyez-en sûrs, ni Monsieur le Maire, ni moi, ni l'inconnu qui aura par avance doté un bon ménage; et nous ne penserons pas qu'en donnant à la société, qui en a besoin, quelques bons citoyens de plus, les lauréates du prix de vertu de Neuilly aient diminué leurs titres à notre affection et à notre estime (1).

(1) Ce vœu a été réalisé. Mlle Gentil est devenue la compagne d'un honnête instituteur et une mère de famille élevant ses enfants comme elle avait élevé ses sœurs.

LE VRAI ET LE FAUX AMOUR (1)

C'est de l'amour que je voudrais, puisque l'Académie m'y autorise, l'entretenir pendant quelques instants.

Le sujet est délicat, et il peut, au premier abord, paraître peu sérieux pour un tel auditoire. Je crois qu'il l'est. Je serais même tenté de penser qu'il n'en est pas qui le soit davantage et qui touche de plus près non seulement à la dignité et au bonheur de la vie privée, mais à l'honneur et à la prospérité de la vie sociale. C'est assez dire qu'il n'est pas étranger à ces grands intérêts moraux et politiques qui sont, ainsi que l'indique le nom même de notre Compagnie, l'objet propre de nos préoccupations et de nos études.

Je ne chercherai pas à définir l'amour. Autant vaudrait, pour faire admirer plus à l'aise les couleurs d'un papillon, essayer de le saisir par les ailes et commencer par les dépouiller de la poussière brillante qui les décore. On regarde voltiger le papillon. On n'a de même qu'à ouvrir les yeux pour voir agir l'amour et pour mesurer la place qu'occupe, dans ce monde qu'il charme et trouble tour à tour, le sentiment qui depuis l'origine n'a cessé de porter l'une vers l'autre les deux moitiés de l'espèce humaine.

La Bible enseigne que Dieu, au commencement, créa l'homme mâle et femelle. Platon, dans une de ses poétiques fictions, représente les deux sexes comme deux parties d'un même tout qu'a séparées jadis quelque douloureux déchirement, et qui, travaillées d'un obscur ressouvenir de leur primitive unité, aspirent à le reconstituer. Franklin, par une image plus vulgaire, mais non sans grâce, les compare aux deux lames de la paire de ciseaux

(1) Lecture faite à l'Académie des Sciences morales et politiques.

Détachées l'une de l'autre, dit-il, ce ne sont que de mauvais grattoirs. En quoi, je le dis bien vite, Franklin ne me paraît juste ni pour les grattoirs, qui enlèvent les taches (c'est bien quelque chose), ni pour les vieilles filles, qui ne le sont bien souvent que par dévouement. Quant aux vieux garçons, je les lui abandonne volontiers... sauf exception. Assemblées et prenant l'une sur l'autre leur point d'appui, ces mêmes lames sont aptes à mille besognes utiles ou charmantes, notamment, ajoutait un jour mon camarade Deschanel, à tailler de petites layettes.

Que l'on adopte, selon son gré, telle ou telle de ces allégories ou de ces légendes, une chose est certaine, c'est que l'homme et la femme sont faits l'un pour l'autre; qu'entre l'un et l'autre, la nature, non en vain sans doute, a mis un attrait puissant (je ne veux pas dire irrésistible, ce serait méconnaître la liberté et le devoir); et que cet attrait est une des conditions fondamentales de la sociabilité qui distingue notre espèce, comme de son existence même et de sa durée.

Béranger, dans un refrain célèbre, l'a dit en termes peut-être un peu lestes : c'est l'amour qui fait le monde, et le monde fait l'amour. Incontestablement, cher chansonnier. Mais encore faut-il qu'il le fasse bien; et ce n'est pas toujours le cas. Je n'en veux d'autre preuve que telle ou telle de vos chansons.

Il y a dans les *Nouvelles genevoises*, de l'aimable Topffer quelques lignes, mêlées de mélancolie et de sourire, qui m'ont autrefois, je m'en souviens, vivement frappé. Selon, dit-il, que l'idée de la mort, lorsque pour la première fois elle se présente à nous, se présente sous un aspect ou sous un autre, la vie entière s'en trouve différemment impressionnée. A celui-ci la mort est apparue comme la sombre porte d'un triste et effrayant abîme, et il en conserve en lui-même, à travers les vicissitudes de l'existence, un fonds de terreur, de découragement, de mysticisme parfois. Mais le mysticisme lui-même est-il autre chose qu'une forme de découragement ? Cet autre l'a vue comme une perspective sérieuse, grave, inévitable, mais naturelle, terme logique auquel aboutissent tous nos pas et tendent tous nos actes; et, pareil à un voyageur qui sait où il va, il marche vers elle, quels que soient les embarras ou les agréments du chemin, sans précipitation comme sans faiblesse. Un troisième, enfin, la prend pour une dérision de la destinée, à laquelle il faut répondre par l'ironie. Et pour avoir un jour, encore enfant peut-être, entendu sous la tonnelle des buveurs avinés chanter en ricanant ce mauvais refrain :

> Et quand la camarde à l'œil cave
> Viendra nous vêtir du linceuil,
> Encore un coup, et de la cave
> Sautons gaiement dans le cercueil.

il sera, le malheureux, à jamais incapable de considérer la fin de la vie, et le cours de la vie par conséquent, comme une chose sérieuse. Ce ne sera qu'une épave qui se laissera aller sans résistance au hasard des flots, en attendant la lame dernière qui la doit engloutir.

Ce qui est vrai de la mort est vrai de l'amour, et non moins vrai, hélas ! de l'ambition, ces deux démons qui, au dire de La Fontaine, « partagent notre vie ». Il y aurait fort à dire sur tous deux. Mais c'est assez d'un pour aujourd'hui, et je laisse de côté l'ambition.

Un poète incomparable, le plus poète peut être de tous les poètes français (le seul La Fontaine excepté), Alfred de Musset, a écrit un jour :

> Le cœur de l'homme vierge est un vase profond.
> Lorsque la première eau qu'on y verse est impure,
> La mer y passerait sans laver la souillure ;
> Car l'abime est immense et la tache est au fond...

C'était le cri de son propre cœur. C'était un retour mélancolique sur lui-même et sur sa malheureuse existence, si riche et si douloureusement gâtée par de tristes faiblesses et de misérables attachements. Car c'est un des éléments du talent de Musset, l'une des raisons de ce qu'il y a dans ses plaintes de si pénétrant et de si poignant. On y sent à la fois et la dégradation incurable d'une nature supérieure, et le tourment, sinon peut-être le remords, de cet état déplorable. On assiste à une lutte, à une révolte, sincère, mais impuissante, contre un abaissement dont l'infortuné se rend compte, qu'il maudit, qu'il secoue par instants, mais dont il n'espère plus s'affranchir :

> Au sein des vains plaisirs que j'appelle à mon aide,
> J'éprouve un tel dégoût, que je me sens mourir.

Il le voit, il le dit, il le crie au vent d'octobre qui passe et à la muse qui lui prête encore pour peindre ses angoisses de nobles et parfois d'inimitables accents. Puis il retombe, vaincu par le poids de la chaine qu'il a bien pu soulever une heure, mais qu'il n'a pas réussi à briser.

D'autres n'ont pas même gardé ce dégoût et saigné de ce tourment. Ils ont tué en eux le ver qui ne doit pas mourir. Ils en sont venus à accepter sans honte, et parfois avec une sorte d'orgueil malsain, leur chute et ses conséquences. C'est, pour n'en citer qu'un, et parmi les plus illustres, le cas de Rousseau, qui a eu, lui aussi, cet incomparable malheur d'apprendre à connaître l'amour par des leçons et sous des formes qui n'étaient pas pour lui en donner une bien haute idée.

J'en demande humblement pardon à ceux dont mes appréciations pourraient froisser les admirations et les sympathies; mais je ne saurais me retenir d'exprimer un peu crûment ce que je pense de ce qu'on a appelé l'idylle des Charmettes. Le hasard mettait sous mes yeux, récemment encore, une pièce de vers sur ce sujet. Et j'y lisais, avec une véritable stupéfaction, une glorification en règle de cette harpie de l'amour qui, non contente de prendre, comme l'araignée, l'inexpérience médiocrement candide de son jeune hôte dans ses vieux filets, lui impose, sous des noms sacrés qu'elle déshonore, la plus ignominieuse domination et les plus honteux compromis.

Bonheur d'un amour chaste au sein de la nature.

ose dire l'auteur! Et cet auteur est une femme. Je n'en fais pas compliment à son sexe.

Ce n'est pas ici le lieu de m'appesantir sur les caractères particuliers de cette chasteté étrange et de ce bonheur trop partagé, non plus que de remuer la fange dans laquelle s'est traînée plus tard la vieillesse inquiète du solitaire d'Ermenonville, et de montrer le farouche réformateur des abus sociaux portant, la tête haute, aux *Enfants-Trouvés* la progéniture de Thérèse Levasseur. Mais ce que je n'hésite pas à affirmer, parce que je le crois utile à dire, c'est que cet amour si facilement amnistié par les uns, si audacieusement célébré par les autres, cet amour auquel on n'a pas craint d'attribuer l'éclosion du génie de l'écrivain et les généreuses aspirations du penseur, ce triste et honteux amour a moralement empoisonné la vie de Rousseau. Il a été le germe de la corruption irrémédiable qui a pesé sur cette existence tourmentée. Il a faussé cette intelligence puissante, et égaré, en l'exagérant, cette sensibilité naturellement délicate. Il a abaissé à de déplorables complaisances cet admirable talent de raisonner et de peindre. Il a, en un mot, dévoyé dans toutes les directions un homme fait pour agir sur ses semblables, et qui a agi sur eux, en effet, mais d'une action irrégulière, contradictoire, malfaisante en somme, je le crois; qui, à certaines heures, grâce à sa popularité, a servi utilement des causes justes, mais qui trop souvent aussi, sans s'en rendre compte (car il n'avait pas gardé ce sentiment de sa déchéance qui relevait Alfred de Musset), n'a fait que fournir au sophisme et à la perversité des excuses et des apologies dont on ne s'est pas fait faute de profiter. On a dit, et non sans raison, que l'influence de Rousseau avait perdu la révolution française. J'ai peur qu'elle n'ait fait pis ; je crains qu'elle n'ait, à plus d'un égard, altéré le sens moral de l'humanité.

Je pourrais produire d'autres exemples, prononcer d'autres noms, et montrer, par des citations singulièrement expressives (elles le seraient trop) où peut conduire certaine façon d'entendre l'amour. Que ceux qui en auraient la curiosité et le courage lisent, pour n'en pas indiquer d'autres, les *Considérations sur la propriété et le vol*, de Brissot de Warville, le véritable auteur de la formule qui a commencé la réputation de M. Proudhon. Ils verront ce que les apôtres de la prétendue morale de la nature font de l'amour, et dans quels bas-fonds de cynisme et de brutalité ils se plaisent à noyer toutes les délicatesses et toutes les pudeurs sans lesquelles ce sentiment sublime n'est plus que le dernier des appétits de la bête. Je n'ai garde de rien emprunter à ces tristes peintures. Je me borne à constater qu'il y a, de par le monde, mille choses affublées du nom de l'amour que, sans être bien sévère, on peut regretter de voir prises pour lui. Il y a un amour grossier, comme celui du sauvage qui abat d'un coup de massue, dans les solitudes de l'Océanie, la malheureuse dont il veut faire sa proie ; et il y a un amour raffiné, comme celui de la charmeuse civilisée, vénale ou non, qui, dans le bruit et l'éclat de nos villes, prend au piège le malheureux dont elle fait la sienne. Il y a un amour de fantaisie, un amour de passage, un amour de convention et de commande, qui n'est qu'une des servitudes de la mode et de la pose ; et ce n'est pas le moins dangereux, non plus que le moins bête. Que de gens, que la nature n'avait pas absolument destinés à n'être que des crétins, semblent n'avoir en ce monde, comme l'a dit spirituellement M. Jules Claretie, d'autre vocation que de « chercher à perdre les femmes qui sont honnêtes ou à se faire jouer par celles qui ne le sont pas ! »

Ce que ces diverses parodies ou contrefaçons de l'amour font de mal, ce qu'elles consomment de richesses et de forces, ce qu'elles détruisent de facultés brillantes, ce qu'elles anéantissent d'activités fécondes, ce qu'elles éteignent de flammes qui auraient pu être des foyers de chaleur et de lumière et qui ne sont plus que des lumignons fumeux, nul ne le calculera jamais. Peut-être parmi les innombrables causes de désordre, de misère et de criminalité qui troublent le monde, n'y en a-t-il pas de plus funestes et de plus redoutables. N'est-ce pas aux sources mêmes de la vie, de la vie physique et de la vie morale, qu'elles s'attaquent pour les tarir et pour les vicier? Remontez, si vous le pouvez, à l'origine des folies, des infirmités, des imbécilités, des vices mêmes; cherchez d'où vient, sur telle existence ou sur telle race, ce stigmate de dégradation ou de souffrance, cette douloureuse et inexpiable hérédité de faiblesse, de maladie, d'aberration du sens moral; demandez-vous pourquoi celui-ci est venu échouer dans un hôpital, et cet autre dans une prison ou dans une maison d'aliénés : huit fois sur dix peut-être, vous arriverez à des réponses, à des doutes tout au moins en face desquels vous serez tenté de maudire ce qu'on appelle l'amour.

Mais il y a, Dieu merci, une autre façon d'entendre l'amour, et c'est la vraie.

Il y a un amour pur, sincère, constant, complet parce qu'il est unique, auquel, ainsi que d'une belle fleur destinée à produire des fruits succulents et savoureux, sortent toutes les félicités et, ce qui vaut mieux, toutes les vertus du foyer domestique. C'est ce goût d'abord vague et mystérieux qui porte l'un vers l'autre, comme à leur insu, le jeune homme, la jeune fille qui se rencontrent honnêtement dans les sentiers permis; puis les amène à se demander s'il ne serait pas bon, autant qu'agréable, d'y marcher ensemble plus longtemps; puis peu à peu, par l'estime, par la réflexion, par l'habitude, se fixe, se précise, s'éclaircit, se consolide, se tourne en une affection d'autant plus profonde et plus tendre qu'elle est plus raisonnée, plus raisonnable et plus contenue; et enfin, agrandi par les perspectives sévères et douces d'un avenir dont on ne craint pas d'envisager dans toute leur étendue les devoirs et les charges, devient, suivant l'expression d'un homme dont je suis loin d'accepter toutes les idées, mais dont j'honore la haute moralité, l'austère et bienveillant Malthus, le noble et sévère portique du temple divin de la paternité. Qu'il me soit permis, pour ceux qu'étonnerait mon langage, de le justifier par quelques citations :

« Après le désir de la nourriture, dit Malthus, la passion la plus générale et la plus impérieuse est celle de l'amour, en donnant à ce mot le sens le plus étendu. L'amour vertueux et ennobli par l'amitié semble offrir ce juste mélange de plaisirs purs et sensibles qui convient à tous les besoins du cœur. Il tend à éveiller toutes les passions sympathiques, et donne par cela même à toute la vie plus d'intérêt et plus de charme... »

« Ce serait s'en faire une bien fausse idée, continue-t-il, que de borner cette passion aux plaisirs des sens. Un plan de vie que l'on se trace et auquel on s'attache avec constance a toujours été envisagé avec raison comme un grand moyen de bonheur ; mais je ne crois pas qu'on forme souvent un tel plan sans que l'amour y entre pour quelque chose, sans qu'on y mêle les plaisirs de la famille et ceux que les enfants nous procurent. Le repas du soir, un bon feu, une agréable habitation, sont des biens dont on ne jouit qu'à moitié si on en sépare l'idée des personnes chéries avec qui on se plaît à les partager. » — Et un peu plus loin :

« La passion de l'amour tend à former le caractère, et porte souvent aux actions nobles et généreuses ; mais ces heureux effets n'ont jamais lieu que lorsque cette passion se concentre sur un seul objet, et d'ordinaire que lorsqu'elle rencontre des obstacles. Jamais peut-être le cœur n'est plus disposé à la vertu. Jamais il ne lui est moins difficile de demeurer chaste et pur, que lorsqu'il est sous l'influence d'une passion de cette nature... Le but du Créateur paraît être de nous détourner du vice par les maux qu'il entraîne, et de nous engager à la pratique de la vertu par la félicité qui marche à sa suite ». Entendues de cette façon, « les premières années de la vie ne seraient pas étrangères à l'amour, à un amour chaste et pur, qui, loin de s'éteindre par la satiété, se soutiendrait avec constance pour briller avec plus d'éclat et ne finir qu'avec la vie. Le mariage ne serait pas envisagé comme un moyen de suivre avec plus de liberté ses goûts par une mutuelle tolérance ; il paraîtrait la récompense du travail et de la vertu, le prix d'un attachement constant et sincère ».

Ainsi parle, dans un chapitre qui est une merveille de délicatesse et de sensibilité, ce monstre que l'on appelle Malthus. Et tel est, en effet, dans sa grandeur et dans sa pureté, le véritable amour, celui qui fait les adolescences heureuses et fortes, les maturités saines et vigoureuses, les vieillesses respectées et satisfaites, les familles fécondes, laborieuses et unies ; et qui projette sur la vie entière, de son aurore à son couchant, comme un inaltérable reflet de dignité et de tendresse. C'est cet amour qu'un poète contemporain, M. Eugène Manuel, dans sa belle pièce *le Viatique*, a peint d'un mot quand il nous a montré ces tendresses infinies,

Pour la terre et le ciel également bénies
Par un serment sacré qui survit à la mort.

Et c'est lui que le grand Dante, dans des paroles qui sont plus ou moins au fond de toutes les mémoires, a personnifié dans son culte pour Béatrice : cette Béatrice, en qui se résumait pour lui ce qu'il y a de plus noble, de plus généreux, de plus divin, pour ainsi dire, dans la vie humaine. Dès qu'elle paraissait, dit-il, « enveloppée de son honnêteté comme d'un voile », elle faisait taire dans tous les cœurs tous les sentiments mauvais, et l'on sentait s'allumer en soi une flamme de charité et d'honneur.

« Voilà de la grande poésie », dit un de nos honorables confrères, M. E. Naville. « Mettons cela en prose plus simple. Cela veut dire que, de même qu'une jeune fille qui est l'objet de l'attachement d'un jeune homme a une grande puissance pour le mal, par cela seul qu'elle est coquette et frivole, de même, si elle est modeste, pure et appréciant par dessus tout l'accomplissement du devoir elle a une grande puissance pour le bien. »

Mais le poète florentin ne nous montre l'amour, en le transfigurant, que dans sa fleur. Celui qu'on a pu appeler le Dante parisien, le poète du dix-neuvième siècle, Victor Hugo, dans une pièce que lui-même n'a pas surpassée, nous l'a montré dans son épanouissement, je veux dire arrivé à son éclosion naturelle dans le mariage et dans la maternité. *Date lilia*, jetez des fleurs à pleines mains aux pieds bénis de l'épouse et de la mère, tel est le titre expressif de cette incomparable pièce. Je ne puis résister au plaisir d'en rappeler au moins quelques vers :

Oh ! si vous rencontrez quelque part sous les cieux
Une femme au front pur, au pas grave, aux doux yeux,
Que suivent quatre enfants, dont le dernier chancelle ;
Les surveillant bien tous ; et s'il passe auprès d'elle
Quelque aveugle indigent que l'âge appesantit,
Mettant une humble aumône aux mains du plus petit :
Si, quand la diatribe autour d'un nom s'élance,
Vous voyez une femme écouter en silence,
Et douter, puis vour dire : Attendons pour juger,
Quel est celui de nous qu'on ne pourrait charger ?
On est prompt à ternir les choses les plus belles ;
La louange est sans pieds, et le blâme a des ailes. »

Ainsi débute le poète, je devrais dire l'époux et le père, car le poète ici ne fait que prêter sa langue au cœur de l'époux et du père.

Et, après avoir marqué tour à tour tous les traits de cette sainte figure de la mère et de la femme, après nous l'avoir fait voir au foyer, au temple, au cimetière, au milieu des vivants et au milieu des morts, tantôt penchée sur une tombe, auprès de laquelle

> On dirait que son cœur n'a pas encore choisi
> Entre sa mère au ciel et ses enfants ici ;

et tantôt jetant de loin sur l'autel

> ... un regard voilé d'ombre
> Où se mêle, plus doux encore que solennel,
> Le rayon virginal au rayon maternel.

il s'écrie, dans un admirable élan :

> Oh! qui que vous soyez, bénissez-la; c'est elle,
> La sœur visible aux yeux de mon âme immortelle,
> Mon orgueil, mon espoir, mon abri, mon recours,
> Toit de mes jeunes ans qu'espèrent mes vieux jours!

Et il achève cette pièce, véritable apothéose de l'amour conjugal et de l'amour paternel, dans un enthousiasme que ceux-là seuls trouveront excessif qui ne sont pas assez heureux pour avoir été à même de le comprendre.

Je le répète, voilà le véritable amour; l'amour complet et l'amour durable, l'amour qui fond l'une dans l'autre deux existences et les agrandit l'une par l'autre; l'amour qui commence par les ravissements de la jeunesse et qui se termine, non, qui s'achève, après les vicissitudes partagées de l'âge mûr, au milieu de ces autres ravissements non moins ineffables que l'on pourrait appeler la lune de miel de la vieillesse. Ravissements qui déjà commencent à dépasser la terre, et, dont un autre poète, La Fontaine en personne (ô ironie de l'inspiration, ou retour vengeur de la nature!) oui, La Fontaine, le mari volage et le père insouciant, nous a laissé une si merveilleuse peinture dans sa belle fable de Philémon et Baucis :

Tout vieillit; sur leurs fronts les rides s'étendaient;
L'amitié modéra leurs feux sans les détruire,
Et par des traits d'amour sut encore se produire.

Quel trait charmant! pour emprunter la langue du Bonhomme. Et quel tableau que celui de ces deux vieillards desséchés par l'âge et ne vivant plus que de leur affection mutuelle, qui ne redoutent qu'une chose, de se survivre l'un à l'autre, et qui se voient, par une grâce suprême, changés en arbres, mais ensemble, mais à côté l'un de l'autre, mais leurs racines mêlées et confondues dans le même sol, et jusqu'au dernier soupir ne cessent de tendre l'un vers l'autre leurs bras et leurs âmes :

Elle devenait arbre, et lui tendait les bras :
Il veut lui tendre aussi les siens, et ne peut pas.
Il veut parler, l'écorce a sa langue pressée.
L'un et l'autre se dit adieu de la pensée.
Leur corps n'est plus bientôt que feuillage et que bois.

. . . .

Même instant, même sort à leur fin les entraîne.
Baucis devient tilleul, Philémon devient chêne.
On va les voir encore, afin de mériter
Les douceurs qu'en hymen amour leur fit goûter.

Toute prose paraît froide après de telle poésie. Voici pourtant une page que je demande la permission de citer encore. Elle est de Stuart Mill, le célèbre publiciste anglais, celui dont on a pu dire, et qui lui-même s'est plu à dire que sa femme était la meilleure moitié de son cœur et de son talent. J'ai, je l'avoue, contre ce grand champion de l'égalité des sexes, à propos d'autre chose, un grief que je ne cherche pas à atténuer. Je ne lui pardonnerai jamais d'avoir, dans un emportement de zèle qui n'est ni selon la science, ni selon la morale, ni, nous venons de le voir, selon Malthus lui-même, exagéré ce qu'on a si faussement appelé la doctrine de Malthus jusqu'à dire qu'on devrait regarder les familles nombreuses avec le même mépris que l'on professe pour l'ivrognerie habituelle. Mais l'insanité d'une page n'enlève rien à la haute sagesse d'une autre, et je n'ai que des éloges à donner à celle-ci :

« Que serait le mariage de deux personnes instruites, ayant les mêmes opinions, les mêmes visées, égales par la meilleure espèce d'égalité, celle que donne la ressemblance des facultés et des aptitudes, inégales seulement par le degré de développement de ces facultés; l'une l'emportant par celle-ci, l'autre par celle là; qui pourraient savourer la volupté de lever l'une vers l'autre des yeux pleins d'admiration et goûter tour à tour le plaisir de se guider et de se suivre dans la voie du perfectionnement? Je n'essayerai pas d'en faire le tableau. Les esprits capables de se le représenter n'ont pas besoin de mes couleurs, et les autres n'y verraient que le rêve d'un enthousiaste. Mais je soutiens, avec la conviction la plus profonde, que là, et là seulement, est l'idéal du mariage, et que toutes les opinions, toutes les coutumes, toutes les institutions qui en entretiennent un autre, ou tournent les idées et les aspirations qui s'y rattachent dans une autre direction, quel que soit le prétexte dont elles se colorent, sont des restes de la barbarie originelle. La régénération morale de l'humanité ne commencera réellement que le jour où la relation sociale la plus fondamentale sera mise sous la règle de l'égalité, et lorsque les membres de l'humanité apprendront à prendre pour objets de leurs plus vives sympathies un égal en droit et en lumières. »

Oui, Stuart Mill a raison là, et là seulement, je veux dire dans l'affection profonde, entière, inaltérable de deux êtres unis par l'estime, par le respect mutuel, par l'intelligence des mêmes devoirs, par le souci des mêmes préoccupations, par le partage des mêmes espérances; là, et là seulement, est l'idéal du mariage, et par conséquent l'idéal de l'amour, dont le mariage ne devrait être que la consécration et l'achèvement. Et l'idéal, ici comme partout, bien loin d'être, comme se plaisent à le dire les sceptiques, un fantôme perdu dans les nuages ou le contre-pied de la nature, n'est autre chose que l'expression la plus haute, la plus sincère et la plus vraie de la nature.

Telle n'est pas, malheureusement, je n'ai pas à le redire, la réalité; et trop souvent l'idéal, qu'il ait été rêvé ou non, ne se trouve pas atteint. Je n'en voudrais d'autre preuve, si j'avais à en donner, que la passion avec laquelle a été agitée, dans les milieux parlementaires et autres, la grosse question de la révision des lois constitutionnelles... du mariage. C'est le seul genre de révision dont je puisse me permettre de parler ici.

Pourquoi cela? Et d'où vient que nous ayons chaque jour à déplorer tant d'écarts, tant de déviations, tant de perversions de l'attrait charmant qui pousse l'une vers l'autre (pour leur bien, non pour leur mal, encore une fois; pour la formation de la famille et pour la propagation régulière de l'espèce, non pour des égarements qui déshonorent la famille et compromettent le recrutement normal de l'espèce), les deux inséparables moitiés de l'humanité?

Je ne puis songer à entreprendre, en ce moment, (il y faudrait trop de temps et j'y réussirais probablement trop mal) cette importante et délicate analyse. Je dirai seulement que la cause principale du mal me paraît être dans une conception imparfaite de la vie et dans un défaut de préparation convenable à ses douceurs comme à ses charges. Deux erreurs, fort différentes, assurément, mais non moins funestes l'une que l'autre, contribuent, à mon sens, à cette déplorable éducation de la jeunesse. Je ne puis que les signaler. Je voudrais au moins les signaler.

L'une est ce que j'appellerais, si je ne craignais de froisser des susceptibilités respectables, la pruderie niaise. On raconte que la censure, au temps de la domination autrichienne en Italie, avait interdit, sur les théâtres, le mot de liberté. On devait, partout où il se rencontrait, le remplacer par celui d'honneur, *lealta*. L'acteur Ronconi, ayant, dans une pièce, à dire qu'il s'était enrôlé par désespoir, malicieusement fidèle à la consigne, chante à plein gosier qu'il avait vendu son honneur en se faisant soldat. On voit d'ici l'esclandre. La censure mondaine aussi intelligente que l'autre, n'aboutit pas à de moins beaux résultats; et je n'ai pas besoin de rappeler qu'elle aussi a ses synonymes et ses rimes de convention. On professe, dans certains milieux, à l'égard des choses les plus naturelles et les plus inévitables, une sorte de terreur superstitieuse qui interdit en quelque sorte de les voir ou d'avouer qu'on les voit. De tous côtés, par peur de la lumière et des courants d'air, on tire autour de soi d'épais rideaux et l'on ferme à double serrure de lourdes portes. On fait ainsi des éducations de cave ou de serre chaude, ignorantes des dangers de la vie, cela est vrai, mais par là même ignorantes de ses nécessités et de ses obligations. Un jour vient où il faut bien que se déchirent les rideaux et que s'ouvrent les portes de cette prison dans l'ombre salutaire de laquelle on avait tenu enfermés les intelligences et les corps. Et alors ces natures faibles, sans transition, de plein saut, passent de l'obscurité à la lumière, de la vie artificielle à la vie réelle. Elles y tombent, en quelque façon, comme dans un précipice. Elles sont éblouies, étourdies, et, suivant les cas et les caractères, enivrées ou terrifiées. Bien des exagérations d'ascétisme, mais bien des dévergondages aussi, n'ont pas d'autre origine. Sous prétexte d'éviter le danger, on l'a accru en énervant les âmes. Combien (sans aller peut-être jusqu'à l'extrême liberté américaine, qui a du bon cependant, mais du mauvais aussi), j'aime mieux le clair regard et la sereine franchise de cette aimable Henriette, vrai modèle de sagesse simple et de bon sens pratique, qui envisage d'un œil ferme l'idée d'avoir « un mari, des enfants, un ménage », et avoue sans rougir qu'elle n'est pas insensible à l'estime de l'honnête homme que sa sotte pécore de sœur feint de refuser et qu'elle voudrait bien lui reprendre !

L'autre système n'est ni moins faux ni moins funeste. C'est celui qui, au lieu de présenter la vie comme une vallée de larmes, le monde comme un lieu de perdition et le mariage comme une déchéance, présente la vie comme une partie de plaisir, le monde comme une cohue où il faut jouer des coudes, et le mariage comme une loterie à laquelle il faut tâcher de gagner un bon numéro, sauf à se rattraper ailleurs, si l'on en a tiré un mauvais. Education sans principes, sinon toujours sans élégance, dont le mot d'ordre est ce qu'on appelle, par antiphrase sans doute, le *comme il faut*, et qui est complète quand elle a bien dressé un jeune homme à poursuivre avant tout, sans détriment pour ses plaisirs, ce qu'on appelle une alliance *avantageuse*, et la jeune fille à pêcher un mari (*fish a husband*), fût-ce en eau trouble, et sans se préoccuper outre mesure de ce que sera ce mari et de ce qu'elle ressentira pour lui.

Cette jolie éducation porte ses fruits ; elle nous donne en guise d'hommes et de femmes, les diverses poupées à ressorts (sans aucun ressort d'ailleurs), que l'on sait ; en fait de costumes et de toilette, les élégances de bon goût que l'on voit. « Avez-vous remarqué, disait un jour notre regretté confrère Laboulaye, que les honnêtes femmes, à force d'étendre outre mesure leur crinoline et de se mettre derrière la tête une botte de cheveux, arrivent tout simplement, après avoir dépensé l'argent du ménage, à ne plus ressembler à des femmes honnêtes? » Tout a changé depuis le jour où Laboulaye disait cela On ne porte plus de crinolines, et quant aux cheveux, demandez aux marchands s'ils en vendent encore. Ce qui était ridicule hier est aujourd'hui le dernier mot du bon ton ; et telle coiffure ou telle chaussure, que l'on ne pouvait se dispenser de suivre sous peine d'excommunication majeure, suffirait à perdre à jamais celui ou celle qui au-

rait l'air de s'en souvenir. Mais n'est-ce pas bien le cas de redire que plus ça change plus c'est la même chose, puisque le fond reste? Et le fond, c'est la frivolité; c'est le manque d'équilibre; c'est l'absence de personnalité, d'indépendance et de volonté propre; c'est l'impossibilité de prendre rien au sérieux, ou rien dans sa juste mesure, même la vie, même l'amour, qui, bien ou mal entendu, y tient tant de place.

Voilà ce qu'il faudrait changer; et l'on n'y parviendra qu'en s'accoutumant à regarder en face, sans fausse pudeur, comme sans sotte légèreté, les réalités de la vie. L'amour est une de ces réalités, une des principales. Ne jouons pas avec lui, et n'ayons pas peur de lui. N'en faisons pas pour la jeunesse, à l'heure où, quoi que nous fassions, elle commence à deviner le soleil derrière l'horizon qui blanchit, un épouvantail qui peut devenir aisément un fruit défendu. N'en faisons pas davantage une fleur éphémère et stérile, charme ou plutôt illusion de quelques jours, que suivent les désenchantements, les regrets et les reproches. Faisons-en, comme il le doit être, un sentiment réfléchi, profond, durable, qui, après s'être épanoui librement et honnêtement entre des êtres faits pour se comprendre, devient pour eux la source et le centre des plus douces affections et des plus graves devoirs. Et soyons assurés qu'en agissant ainsi nous ne travaillerons pas seulement pour le bonheur individuel de ceux au foyer desquels nous aurons appelé et retenu l'amour; mais nous aurons travaillé aussi pour la société entière, pour la patrie, pour l'humanité, pour la science, en élevant les cœurs, en fortifiant les énergies, en vivifiant les intelligences, en faisant, en un mot, (ce qui est le fond de tout même de la force et de la puissance nationale, et ce dont l'amour est l'âme) des familles dignes de ce nom, des familles où l'on pense, où l'on sent et où l'on aime.

LE LUXE [1]

Mesdames et Messieurs,

Ce n'est pas, je dois le dire, sans quelque hésitation que je cède aujourd'hui, comme à l'ouverture de ces cours, à la gracieuse invitation qui m'est de nouveau adressée. Nous venons d'entendre des paroles d'une portée qui n'a pu échapper à aucun de nous, et ce n'est pas au moment où nos esprits sont tout pleins des sérieuses réflexions qu'elles y ont appelées, que je puis me sentir bien tenté d'en faire entendre d'autres.

Si je l'essaye, pendant un petit nombre de minutes peut-être, c'est que je suis heureux, pour mon humble part, de m'associer à la fois, comme publiciste depuis longtemps préoccupé de ces questions, à des vues aussi élevées que réellement pratiques, et comme professeur chargé d'un cours qui a été une innovation trouvée hardie par quelques-uns, au témoignage si justement rendu à l'intelligence aussi bien qu'au zèle de nos chères élèves. C'est aussi, — mais n'est-ce pas la même chose? — qu'il m'est doux de me faire, en ouvrant encore une fois la bouche devant elles, l'illusion que ma tâche n'est pas terminée et que je n'ai pas cessé d'être de ceux dont elles aiment à écouter la voix.

Oui, nous ne saurions trop le dire, l'expérience faite ici, sous la direction de M. Hippeau, par mes honorables collègues et par moi, est de nature à porter une grave atteinte à ce vieux préjugé de l'infériorité fatale des intelligences féminines, sur lequel on s'est trop longtemps appuyé pour maintenir dans une infériorité relative l'éducation de la moitié de l'espèce humaine. Je ne veux rien exagérer, et je ne dirai pas, assurément, que les devoirs

(1) Discours prononcé, en 1870, à la mairie du 1er arrondissement, pour la clôture d'un cours de jeunes filles.

dont j'ai eu à juger m'aient paru toujours irréprochables je ne dirai pas non plus qu'ils dénotent toujours exactement les mêmes qualités, — ou les mêmes défauts, — que des devoirs de collège; mais j'affirme qu'on y trouve des qualités au moins équivalentes.

On peut prendre, dans les classes supérieures de nos lycées, un nombre d'élèves, non pas tout à fait au hasard — cela ne serait pas équitable, puisque les élèves des lycées n'y sont pas tous entrés de leur plein gré, tandis qu'on ne vient guère par force à nos cours — mais parmi ceux que paraissent recommander leur travail et leur conduite; et je doute qu'on obtienne mieux que ce qui nous est donné ici. J'ai eu personnellement, et pour les mêmes matières, l'occasion de faire cette comparaison, m'étant trouvé, il y a quelques années, sur la demande d'une quinzaine de jeunes rhétoriciens et jeunes philosophes, appelé à faire, dans un de nos grands établissements universitaires (1), des conférences élémentaires d'économie politique.

Certes, je n'ai eu qu'à me louer de cet essai; et je ne puis assez m'étonner, soit dit en passant, que l'exemple n'ait pas été imité et généralisé. Mais je prie ces demoiselles de bien croire que je ne leur fais pas de vains compliments en déclarant qu'elles m'ont donné, pour le moins, autant de satisfaction que leurs prédécesseurs.

Je me permets de penser qu'elles n'en ont pas retiré moins de fruit; et je n'en veux pour preuve que le progrès notable que, de quinzaine en quinzaine, il m'était impossible de ne pas constater dans leurs rédactions, à mesure que les idées et les faits, d'abord un peu nouveaux pour la plupart d'entre elles, leur devenaient moins étrangers. Je crois savoir qu'elles ont senti elles-mêmes, mieux que personne, cet élargissement graduel de leur intelligence par l'ouverture de nouveaux horizons; et, il suffirait, j'en

(1) Au lycée de Nice, en 1865.

suis certain, de quelques questions non pas même sur des sujets directement abordés dans nos entretiens, mais sur des sujets plus ou moins voisins, pour manifester de la façon la moins équivoque ces excellents résultats.

J'avais, je l'avoue, songé un instant à tenter cette épreuve au fond peu redoutable; et lorsque j'ai su, presque au dernier moment, que j'aurais la charge d'occuper une partie de cette séance, ma première pensée avait été de prier ces demoiselles de m'aider dans cette tâche. J'ai vu, en entrant dans cette salle, qu'il n'y avait guère moyen de donner suite à cette pensée : un interrogatoire devant tant de monde, quelque assurés que nous soyons de la bienveillance de tous ici, serait bien solennel, et je risquerais de me faire des ennemies là où j'ai le moins d'envie d'en avoir. Mais il y a peut-être, si vous le voulez bien, Mesdemoiselles, un moyen de tout arranger : je poserai les questions; vous ferez les réponses tout bas et je les ferai tout haut. Cela ne vous embarassera pas beaucoup, et cependant vos parents et vos amis verront bien, soyez-en sûres, à votre air si nous disons la même chose.

Voilà qui est entendu, n'est-ce pas? et je commence. Je prends pour texte, à dessein, un sujet qui passe pour intéresser tout spécialement les femmes, et qui est en même temps un de ceux sur lesquels les hommes, sans en excepter les hommes qui se piquent d'économie politique, sont le moins d'accord : c'est le LUXE. Vous savez que nous ne nous en sommes pas occupés ensemble; il ne s'agit donc pas de faire preuve de plus ou moins de mémoire, mais de reconnaître si, de ce que vous avez étudié, vous êtes en état de tirer, à l'occasion, des conséquences justes sur ce que vous n'avez pas étudié.

Et d'abord (c'est toujours par là qu'il faut débuter), posons la question. Il y a, personne ne l'ignore, deux systèmes, parfaitement contradictoires, en fait de luxe. Il y des gens aux yeux desquels tout ce qui, par quelque côté, paraît mériter ce nom, tout ce qui dépasse le niveau courant de la dépense commune, tout ce qui a le moindre caractère de rareté, d'élégance, de distinction seulement, est mauvais et coupable. Le moindre raffinement, presque la moindre délicatesse ou la moindre commodité dans l'arrangement de la vie, est à leurs yeux un crime, une violation de l'égalité naturelle, une insulte à la condition moins bonne de ceux qui ne peuvent se traiter de même ; ce n'est pas assez dire, une atteinte directe à leurs droits et une cause de souffrance et de dénuement pour eux. « C'est parce que les uns dépensent plus, dit cette école, que les autres ont moins à dépenser ; » et volontiers ils chargeraient la loi, comme on l'a maintes fois essayé dans les siècles passés, comme Fénélon le faisait faire si minutieusement à Mentor dans son royaume idéal de Salente, de fixer à chacun les limites au delà desquelles ne pourront s'étendre ses dépenses, ni ses désirs non plus, apparemment.

Il y a une autre école qui ne se contente pas d'amnistier le luxe, qui le glorifie, qui le sanctifie presque. A l'entendre, les dépenses les moins contenues ne sont pas seulement une satisfaction légitime accordée à des instincts naturels et souvent élevés, un emploi avouable ou même honorable de la fortune, un moyen de faire circuler plus activement les capitaux et de susciter, avec des aptitudes nouvelles, de nouvelles occasions de travail et de bien-être : c'est une obligation, un devoir, un service, aussi réel et aussi méritoire pour le moins que les sacrifices de la charité la plus ingénieuse ou les plus actifs labeurs de l'industrie. C'est une source de richesse pour la société, une manne pour le pauvre ; et à l'appui de cette thèse on ne manque pas d'invoquer l'autorité de Montesquieu et de Voltaire ; le premier déclarant, avec sa gravité sentencieuse, que : « Si les riches ne dépensaient pas beaucoup, les pauvres mourraient de faim ; » et le second jetant, dans son poème du *Mondain*, avec cette grâce aisée dont il avait le secret, ces vers si souvent cités par les amis de la morale facile :

> Cette splendeur, cette pompe mondaine,
> D'un règne heureux est la marque certaine.
> Le riche est fait pour beaucoup dépenser ;
> Le pauvre est fait pour beaucoup amasser.

Voilà les deux systèmes en présence. Lequel est le bon ? Lequel doit être, au nom de la science économique (c'est d'elle que nous parlons en ce moment), recommandé comme conforme aux véritables besoins des sociétés ? Lequel est de nature à favoriser le développement de la richesse et le progrès du bien-être général ? Est-ce le premier ? Est-ce le second ? Ou ne serait-ce, par hasard, ni l'un ni l'autre ?

Le premier ?... oh ! il est bien sévère, et je vois d'ici qu'il n'est pas précisément de votre goût. Jamais rien en dehors de la moyenne, jamais un extra, jamais une fantaisie, jamais un caprice, si vous voulez ; en vérité, cela ne serait pas seulement peu gai, cela serait aussi peu propre à stimuler l'imagination et à exciter au travail. « L'esprit humain, a dit Montaigne, va d'espérance en espérance ; » mais c'est à la condition que l'espérance, avec le temps, puisse devenir une réalité. Ainsi, à mesure que de nouvelles étoiles disparaissent derrière nous, d'autres étoiles devant nous se lèvent à l'horizon. Ainsi, à mesure que des satisfactions, d'abord difficiles et coûteuses, cessent de l'être à mesure que ce qui était rare devient commun, de nouvelles satisfactions sont désirées et poursuivies, et de nouvelles raretés deviennent le point de mire de nouvelles convoitises.

Toutes ces convoitises sont-elles donc si coupables, après tout ; et ouvrir ainsi, par la dépense que permet la richesse, la voie où passera plus tard la pauvreté, n'est-ce point, en effet, remplir parfois, qu'on le sache ou non, un utile et important office ? Voyez combien de choses ont été luxe, et luxe réservé aux plus grands, qui sont devenues, avec le temps, besoins vulgaires, même pour les plus petits.

Un vieux chroniqueur raconte que la femme d'un doge de Venise, au lieu de porter, comme on l'avait fait jusqu'alors, les aliments à sa bouche avec l'instrument naturel que le bon Dieu nous a mis au bout des bras, importa de Constantinople le détestable usage de se servir de petits ustensiles d'argent et d'or ; « ce qui attira sur elle, dit-il, un châtiment bien manifeste de la Providence outragée : de son vivant, ainsi que tout le monde a pu le remarquer, elle exhalait une odeur de cadavre. » Que dirait ce bon chroniqueur s'il voyait aujourd'hui, jusque dans le plus modeste ménage, le couvert d'argent, ou tout au moins d'un métal aussi propre et aussi sain que l'argent, substitué à la fourchette primitive du père Adam?

L'empereur Charlemagne avait, comme on sait, beaucoup d'ordre, et l'on a encore l'inventaire de quelques-uns de ses châteaux. Il y avait dans l'un d'eux une paire de draps, deux nappes et un mouchoir de poche. La reine Ysabeau de Bavière, si célèbre par son goût effréné de la toilette, possédait deux chemises de toile, et elles lui ont été bien reprochées. Les anciens n'en portaient pas du tout, non plus que de bas ; car c'est un fait tout à fait exceptionnel que les bas et la chemise de soie portés, dit-on, par l'empereur Alexandre Sévère. La reine Elisabeth, plus près de nous, est la première qui, en Angleterre, ait porté des bas tricotés ; les plus riches ne connaissant encore que les bas de drap. Au siècle dernier, en France, les chemises, les souliers, les vêtements de laine et le savon n'étaient pas, bien s'en faut, à la portée de tout le monde. Quant aux étoffes de coton peintes, appelées *indiennes*, du nom du pays d'où on les tirait, c'étaient des merveilles qui se payaient un louis l'aune, et il fallait être duchesse, ou à peu près, pour oser s'en parer. Je ne parle pas des schalls, qu'à aucun prix il n'eût été possible de se procurer, par la bonne raison qu'ils étaient absolument inconnus : « les deux premiers qui aient été vus en Europe, dit M. Moreau de Jonnès, furent rapportés d'Egypte par le général Bonaparte, qui en fit don à Joséphine, » et l'on ne peut se faire une idée de ce que coûtèrent, aux quelques femmes jalouses d'imiter la femme du vainqueur des Pyramides, le petit nombre de ceux qui purent être alors trouvés.

Nous savons tous comment, de demande en demande, et de modification en modification, tout cela, sous des formes diverses, est entré dans l'usage général. On en pourrait dire autant des vitres aux fenêtres, des cheminées, de la vaisselle, des montres, et de presque tout. Il n'a donc pas été mauvais que ces choses, au temps où elles n'étaient abordables que pour quelques-uns, fussent désirées et payées par ces quelques-uns, afin qu'elles pussent, en se multipliant, être obtenues par beaucoup, et quelquefois par tous; le luxe, dans nombre de cas, au lieu d'exclure le pauvre de la jouissance atteinte par le riche, n'a fait, en quelque sorte, que pousser cette jouissance vers lui, en la plaçant sur le versant d'une pente qui se descend et ne se remonte pas.

D'autres fois, et nous en avons les exemples sous les yeux, c'est par une action moins directe, mais plus rapide et plus accusée encore que les gracieuses recherches de l'élégance tournent au profit de la science, de la santé ou de l'industrie. On veut, à l'exemple des tables opulentes, avoir de l'argenterie sur des tables moins riches; mais l'argenterie coûte cher : il faut que le prix s'abaisse et se mette à la portée des petites bourses. La chimie et la physique entendent l'appel qui leur est adressé et elles réalisent cette ingénieuse découverte qui permet de revêtir d'une couche légère de métal la surface d'un autre métal.

Bientôt le procédé se généralise, et du même coup le procédé meurtrier de la dorure au mercure tombe à l'état d'exception ; les moulages et les reproductions galvanoplastiques des objets les plus délicats enrichissent à l'envi es collections et les ateliers ; et la marine se trouve dotée, pour le doublage des navires, de ressources qu'elle ne soupçonnait pas. Qui sait où s'arrêtera le progrès ; et si quelque jour, comme le dit M. Figuier, « le travail rude encore des métaux ne deviendra pas, pour une grande part, une œuvre de savants et d'artistes, paisiblement accomplie, sous leur regard intelligent et leur main habile, par de silencieux appareils commodément installés au milieu de beaux laboratoires. »

Ou bien dans les résidus impurs de la houille, un chercheur ingénieux découvre un jour des éléments de teinture inconnus et il fait apparaître ces belles couleurs d'anyline dont on s'est tant occupé il y a à peine dix ans. La mode s'en empare, et pendant deux ou trois saisons, c'est un luxe que ces étoffes nouvelles. Puis, sans être moins belles, elles sont moins chères, et ce n'est plus à cause de leur prix, c'est à cause de leur beauté que vous les portez. Et en même temps d'autres trésors se trouvent au fond de la mine une fois ouverte, et un agent de désinfection et de pansement précieux, le phénol, sort à son tour, avec ses dérivés, de ces résidus naguère sans valeur. Et l'on en vient à faire un livre, et un livre bien rempli, de la seule description de ce monde nouveau que renferme un morceau de charbon.

D'autres considérations encore, j'en suis sûr, se présentent à votre esprit ; car vous savez qu'en toute chose il y a *ce qu'on voit* et *ce qu'on ne voit pas*. La dépense coûte, vous dites-vous. Mais ne rapporte-t-elle pas aussi ? On voit la somme mise en objets dont on discute l'utilité ; on ne voit pas toujours les efforts excités par le désir de se procurer ces objets. Franklin raconte qu'ayant reçu d'un pauvre batelier un petit service qu'il ne pouvait payer avec de l'argent, sa femme donna à la fille de ce brave homme un joli bonnet comme on n'en avait jamais vu dans son village. Ce fut une véritable révolution ; toutes les autres jeunes filles en voulurent avoir de pareils. Et que firent-elles dans ce but? Elles cherchèrent le moyen de les gagner, et elles y réussirent en tricotant des bas pour les marchands de Philadelphie, ce à quoi elles n'avaient jamais songé. Voilà une industrie nouvelle pour leur pauvre pays. Double profit par le fait, puisque pour orner la tête des unes on commençait par couvrir les pieds des autres. Aussi Franklin, qui n'est pas tendre pour la vanité et la dépense inutile, se garde-t-il bien d'y trouver à redire ; et je crois bien voir encore, Mesdemoiselles, que vous ne seriez pas plus rigoureuses que lui. L'essentiel n'est-il pas, en effet, d'abord, de pouvoir suffire à la dépense que l'on fait, et, ensuite, de ne pas la prélever, comme cela arrive trop souvent, sur la satisfaction d'autres besoins plus importants ?

Et voilà pourquoi, j'en jurerais également, vous vous sentez bien moins de sympathie encore pour le second système, pour celui qu'on pourrait appeler le système de la dépense. Vous savez très bien, sans avoir besoin de lire Montesquieu, qu'il est utile que la richesse soit dépensée, puisque le but du travail est la satisfaction ; mais vous savez aussi qu'il n'est pas indifférent qu'elle soit dépensée d'une façon ou d'une autre. Et vous savez, en outre, quoiqu'en paraisse penser Voltaire, *qu'épargner c'est dépenser*, puisque l'épargne est la source où le capital se puise et qu'avant de manger le grain il faut le semer et le laisser mûrir. Aussi parierai-je bien que lorsque vous entendez, comme cela arrive tous les jours, exalter la prodigalité aux dépens de l'économie et faire littéralement appel à la profusion pour accroître la richesse publique, vous vous dites que les personnes qui soutiennent cette thèse (quand elles sont de bonne foi, ce qui est l'ordinaire), sont dupes d'une étrange illusion, et vous les renvoyez tout doucement, à part vous, de ce qu'elles voient à ce qu'elles ne voient pas.

C'est justement le cas où je me trouvais, il n'y a pas quatre jours, et c'est peut-être un peu pour cela que je vous en parle. Une dame, fort aimable du reste, mais qui oubliait un peu trop qu'il ne faut pas toujours juger des choses, non plus que des gens, sur l'apparence, et quelques hommes non moins aimables peut-être, mais, comme dit le bon La Fontaine, un peu trop « femmes sur ce fait », voulaient absolument me faire déclarer que rien n'est plus utile et plus productif, — plus *productif*, entendez-vous, — que les fêtes, les bals, les parures, et tout ce que vous pouvez imaginer en ce genre, voire le temps et l'argent perdus, comme aujourd'hui précisément, dans le tourbillon des courses par une foule de gens qui n'y ont que faire et qui auraient fort à faire ailleurs.

C'est indispensable pour faire aller le commerce, me disaient-ils ; et, sans cela, que deviendraient le travail et ceux qui en vivent ? Et comme je ne paraissais pas absolument convaincu : « Comment, ajoutait-on, mais vous niez l'évidence ! Est-ce que l'argent dépensé n'est pas une bonne aubaine pour celui qui le reçoit, par quelque voie qu'il lui arrive ? Est-ce que 100.000 francs semés en toilettes, en chevaux, en festin, en fleurs ou en pierreries, ne sont pas 100.000 francs qui retombent en pluie féconde sur les boutiques des fournisseurs et sur les ateliers des ouvriers ? C'est donc autant de richesse qui serait perdue pour eux si la main bienfaisante d'où elle s'échappe demeurait fermée. » — « Eh ! mon Dieu ! répondais-je un peu timidement, car je n'aurais pas voulu trop effaroucher mes interlocuteurs, il ne s'agit pas précisément de cela ; mais de ce qui arriverait si ces 100.000 francs, au lieu d'aller au coiffeur, au glacier ou au maquignon, gens fort respectables, je n'en doute pas, allaient ailleurs, par exemple au laboureur, ou au fabricant, ou au commerçant

Une pièce de cent sous est une pièce de cent sous, et un billet de mille francs est un billet de mille francs, rien de plus vrai ; et celui qui les reçoit ne fait pas de différence de l'un à l'autre. Votre dépense, quelle qu'elle soit, est toujours agréable à quelqu'un, c'est clair encore ; et à ce quelqu'un-là, s'il fait bon usage de ce qui lui en revient, elle est profitable. Autant en serait-il, avouez-le, si vous jetiez votre argent par la fenêtre, pourvu qu'il se trouvât quelqu'un pour le ramasser ; ou même si on vous le prenait tout simplement dans votre poche ; car, ainsi que le dit un refrain de romance : « Ça n'est pas perdu, perdu pour tout le monde. » Mais pour vous qui, en retour de votre dépense, n'avez eu peut-être qu'un plaisir fugitif ou menteur ; qui, parfois même, comme le disait Démosthènes, n'avez fait autre chose qu'acheter bien cher un regret ; pour vous qui, en employant autrement la même somme, auriez pu, sans que cette somme fût moins bien reçue de ceux de qui elle aurait payé les services, obtenir en échange des biens durables ou des ressources nouvelles, c'est-à-dire le moyen de vous procurer d'autres satisfactions en faisant de nouveau et plus largement d'utiles dépenses, non moins bienvenues que les premières ; est-ce que c'est la même chose, et êtes-vous bien fondés à dire qu'il n'y a rien de perdu ? Ceci vous regarde, direz-vous ; et chacun, je le reconnais, a le droit de bien ou mal entendre ses intérêts et ses jouissances. Dites donc que cela vous plaît ainsi, soit ; mais, par grâce, ne nous faites pas toute une théorie pour transformer en philantropie éclairée votre épicuréisme de bon ou de mauvais goût, et ne nous parlez plus de la nécessité de favoriser l'essor de la richesse publique, de l'activité donnée au travail, et du développement du bien-être général ; car ici je serais obligé de vous arrêter, et de vous prouver que vous allez directement à l'encontre de votre prétention.

Dépenser 100.000 francs, savez-vous ce que c'est, en bon

français ? C'est consommer le nombre de journées de travail, autrement dit la quantité de vie humaine dont on dispose pour cette somme. Et comment pourrait-il être, je ne dis pas seulement indifférent de consommer bien ou mal la vie humaine, la sienne ou celle d'autrui, mais avantageux de la mal consommer ? Qu'un homme puise de l'eau à la rivière pour l'y rejeter aussitôt ou qu'avec cette eau il arrose un jardin ou alimente sa maison ; dans le premier cas, vous dites qu'il perd son temps et dans le second qu'il l'utilise. Qu'une famille, au lieu de calculer ses dépenses sur ses ressources, et de songer d'abord aux plus nécessaires, puis aux utiles, puis, si elle le peut encore, aux agréables, donne le pas à ces dernières et se préoccupe plus des yeux d'autrui que de l'état dit de sa bourse ou des exigences de son estomac ; elle s'appauvrit, elle se ruine, elle se déconsidère, elle se dégrade souvent, et après avoir, comme le dit encore Franklin, dîné de fumée, elle risque fort de souper de mépris. Par quel privilège, s'il vous plaît, les sociétés, composées d'individus et de familles, échapperaient-elles à cette loi; ou plutôt (car c'est là ce que vous prétendez ériger en principe, ni plus ni moins), par quelle contradiction ce qui appauvrit les membres serait-il indispensable pour enrichir le corps? Les sociétés sont soumises, tout comme les particuliers, à l'obligation de régler leur satisfaction sur leurs besoins; et tout ce qui les en détourne les affaiblit d'autant. Vous vous apitoyez sur la souffrance, sur la misère, sur la nudité, sur la faim, sur le chomage ; mais qu'est-ce que tout cela, je vous prie, sinon le résultat de l'insuffisance de la production ou de celle du capital qui l'alimente ? Il n'y a pas assez de blé, c'est-à-dire pas assez de bras, de machines ou de science appliqués à la terre; pas assez de vêtements, c'est-à-dire pas assez de laine, de coton et de métiers; pas assez de travail, c'est-à-dire pas assez de ressources et d'activité consacrées à mettre en œuvre les forces humaines. Et vous croyez sérieusement remédier à tout cela en faisant fondre la majeure partie de vos fortunes, comme la perle de Cléopâtre, dans des dissipations qui ne mettront ni un écu, ni un bras, ni un outil au champ, au métier ou au comptoir; qui en détourneront, au contraire, et changeront en éclairages de fête la chaleur et la puissance fécondes de la houille, en toilettes d'une nuit le fumier d'une métairie, et en valets envieux et malfaisants l'ouvrier et le laboureur.

Décidément nous en sommes toujours à l'histoire de la comtesse de Fiesque, immortalisée par Saint-Simon. « Comment avez-vous fait pour vous procurer cette merveille », lui disait une de ses amies en contemplant avec envie une glace de Venise dont elle paraissait très fière? — « Oh! c'est bien simple, répondit-elle. J'avais une mauvaise terre *qui ne me rapportait que du blé*; je l'ai vendue et j'en ai acheté ce miroir. » Il y a des peuples, et j'en connais, qui n'ont pas assez de blé, mais qui ont des miroirs et du bric-à-brac à revendre.

Voilà ce que je disais ou à peu près; et voilà ce que vous dites aussi, n'est-ce pas, mesdemoiselles, sans faire fi d'un joli miroir ou d'une toilette de bon goût à l'occasion? En somme (et il est prodigieux qu'on s'obstine à ne pas le comprendre), les sociétés n'avancent que par l'épargne et par le bon emploi de l'épargne; tout comme les récoltes sont en raison, non pas du blé mangé ou gaspillé, mais du blé soustrait à la consommation immédiate et réservé pour l'œuvre sacrée des semailles. Tout se sème, et tout demande du temps pour pousser, depuis les maisons jusqu'aux connaissances et aux vertus. Et voilà pourquoi les gens qui font avancer le monde; les gens qui développent la richesse, le bien-être, le travail; les vrais amis du pauvre et les vrais bienfaiteurs de l'ouvrier, par conséquent, ce ne sont pas les prodigues ou les professeurs de prodigalité, ce sont les économes et ceux qui soutiennent les économes.

Un homme illustre, dont les paroles ont été longtemps recueillies comme des oracles, Royer-Collard, prononçait un jour, m'a-t-on assuré, ce mot étrange : « Les paresseux sont l'espoir de la France. » Il faut entendre ce mot, évidemment ; et je ne vous demande pas de le prendre trop à la lettre. Ce n'était pas au vrai travail, au travail sérieux et modéré qu'en voulait le célèbre philosophe ; c'était à ce prétendu travail, excessif et machinal tout à la fois, qui fait trop encore le fond de notre éducation et par lequel on s'abrutit plus que l'on ne s'instruit. C'était à cette prétendue science, entonnée de force dans de jeunes cerveaux qui n'en peuvent mais, absolument comme on entonnait autrefois de l'eau aux patients dans la plus affreuse des formes de la torture, la question de l'eau. Royer Collard protestait contre la *question de l'étude*, tout simplement, comme M. de Laprade a protesté depuis contre l'*éducation homicide* : il voulait dire qu'à ces précoces prodiges qui font naïvement l'orgueil des maîtres et des familles, et ne donnent trop souvent plus tard à la société que des bêtes plus ou moins lettrées, il préférait du tout au tout ces natures moins dociles ou plus réfléchies qui se replient sur elles-mêmes pour échapper à la compression extérieure et gardent leurs facultés pour le jour où elles pourront s'en servir librement. En vérité, si j'étais sûr que vous ne prissiez pas le mot trop à la lettre non plus, je dirais volontiers à mon tour, en réponse à tous nos apologistes de la dissipation, que les avares sont la Providence du genre humain. Mais j'ai mieux à faire, c'est de citer tout simplement une phrase d'Adam Smith, qui caractérise de la façon la plus agréable et la plus précise à la fois les rôles contraires de l'économie et de la prodigalité. L'économe, dit le grand Ecossais, est le créateur d'un atelier public, l'instituteur d'une véritable fondation pieuse destinée à fournir après lui, de génération en génération, des ressources aux hommes de bonne volonté et des aliments à leur activité. Le prodigue est l'héritier indigne qui, violant la volonté de celui dont il tient la place, ferme l'atelier et jette aux vents, avec les cendres du fondateur, les fonds de cette œuvre qu'il était chargé de faire valoir.

En somme, et pour nous résumer, nous reconnaissons qu'il est excessif de condamner sans examen les jouissances que permet la richesse ; et qu'il est abusif de prétendre édicter contre le débordement de ce qu'on appelle le luxe des lois somptuaires : de telles lois n'ont jamais eu que de mauvais effets, et elles ne seront jamais autre chose que ce que Bentham appelait plaisamment « des bureaux de bonnes d'enfants pour des hommes faits ». Mais il est plus excessif et plus déraisonnable encore de prêcher le luxe (que ce soit au nom de la morale ou au nom de l'intérêt) comme si la nature humaine n'y était pas assez portée par elle-même. Le luxe n'est en réalité, a très bien dit mon collègue M. Batbie, un *devoir* pour personne ; il est un *droit* pour ceux qui peuvent se le permettre ; mais un droit dont il est bon qu'ils usent avec ménagement ; et la modération et la simplicité seront toujours des vertus. Si j'osais essayer de compléter ces sages conclusions par une indication, je dirais que le luxe honnête et permis est celui qui n'est que l'épanouissement naturel de la richesse, ce qu'on pourrait appeler la splendeur de l'utile, comme Platon appelait le beau la splendeur du vrai, celui dont on peut se dire, sans arrière-pensée, qu'on le souhaite aux autres et qu'ils en auront peu à peu leur part, ainsi que cela a lieu réellement pour les choses de bon goût ou d'élégance, pour les tableaux, pour l'installation commode du logement, et pour tout ce qui, graduellement, tend à se répandre en rapprochant les hommes. Le luxe qui éloigne les hommes, au contraire, qui les divise, qui tend à les froisser, et dont le principal mérite, aux yeux de ceux qui s'en prévalent, est d'éblouir ou de blesser les yeux d'autrui ; le luxe d'ostentation et non de convenance personnelle, en un mot; le luxe qui n'est, comme les œufs brouillés aux perles d'Héliogabale ou le billet de 100.000 livres sterling encadré dans le cabinet d'un millionnaire idiot, qu'une débauche de superflu ou une insulte à la condition d'autrui ; ce luxe-là est coupable autant que ridicule : il est meurtrier souvent et démoralisant toujours ; et puisque c'est de la vanité qu'il vit, c'est par le mépris qu'il faut le combattre et le tuer s'il est possible.

Mais je m'arrête ; car voilà bien des choses sérieuses et mes quelques minutes ont duré aussi longtemps au moins que le discours capital dont elles n'auraient dû être qu'un appendice. Pour m'excuser je suis bien forcé de vous confesser maintenant que j'avais, plus que je ne l'avais dit, mes raisons pour n'être pas trop court. Nous n'avions pas encore, il n'y a qu'un instant, les médailles qu'il nous reste à vous remettre ; et j'étais un peu chargé, comme Mme de Maintenon à un dîner qui n'était pas en règle, de faire attendre le rôti. Le rôti vient d'arriver, et nous n'avons plus qu'à vous le servir.

Un mot seulement à ce sujet, pour celles de vous, s'il y en a, qui ne se trouveraient pas servies comme elles le méritent ou comme elles l'espèrent. Nous avons fait, tous tant que nous sommes, vos autres maîtres et moi, de notre mieux pour être équitables dans nos appréciations et rendre justice à tout le monde ; et il se trouve, ce qui est une garantie bien précieuse, que sans nous être concertés, nous avons fourni à M. Hippeau des notes ou identiques ou analogues. Mais ici encore, mesdemoiselles, il y a *ce qu'on voit* et il y a *ce qu'on ne voit pas*. Ce qu'on voit, ce sont les qualités extérieurement manifestées dans vos devoirs, la netteté ou la clarté de l'exposition, l'élégance ou la propriété du style. Ce qu'on ne voit pas, c'est ce que le travail a coûté à chacune, et ce qu'elle a, par conséquent, de mérite réel. Or, là où le résultat est moins satisfaisant pour qui ne voit que lui, il se peut très bien que l'effort, que le progrès même, à raison du point de départ, de l'âge, du milieu, de la préparation antérieure, de l'esprit enfin, soit en réalité plus considérable et plus recommandable. Nous n'y pouvons rien, car nous ne jugeons pas l'insaisissable; mais notre devoir est de dire du moins, à celles qui n'auraient rien obtenu devant le public, que ce qu'on obtient devant sa conscience est encore ce qu'il y a de plus précieux. Un livre ou une médaille, c'est quelque chose ; cela satisfait à bon droit le jour où on le reçoit, et cela reste ensuite comme un doux souvenir qu'on retrouve et qu'on montre plus tard à de plus jeunes. Mais l'effort accompli et les bonnes habitudes acquises, c'est davantage encore; car cela dure et sert toute la vie ; et cela prépare, au-delà de la vie même, pour la grande distribution dont celles d'ici-bas ne sont que des emblèmes bien imparfaits, des récompenses mieux en rapport avec le vrai mérite de chacun. On a dit, vous le savez, que l'enfer est pavé de bonnes intentions; c'est bien le moins de penser qu'il n'en est pas seul pavé et qu'il se trouvera pour elles, — lorsqu'elles n'auront pas été de simples velléités de bien faire noyées dans l'indolence ou dans le mal, — une petite place dans le paradis.

LE PRIX DE LA GLOIRE [1]

QUELQUES TRAITS D'HISTOIRE RÉTROSPECTIVE

On a essayé plus d'une fois de calculer ce que les guerres de ce siècle ont coûté en hommes et en argent. Notre savant confrère, M. Paul Leroy-Beaulieu, l'a fait dans un travail intitulé *Les guerres contemporaines*, pour les douze années allant de 1854 à 1866, de la guerre de Crimée à la guerre de Sadowa. On se rappelle les chiffres : 1.800.000 morts et près de 50 milliards. Il ne s'agit, bien entendu, — il ne se peut jamais agir en pareil cas, — que des morts constatées et des pertes évaluables. Des conséquences indirectes, maladies, infirmités, morts à longue échéance, deuils, ruine des familles, bouleversement des industries et le reste, aucun compte n'est possible ; et c'est peut-être là que se trouve la plus grosse perte.

On avait cherché précédemment à faire le bilan des guerres de la République et de l'Empire. Pour les premières, Francis d'Ivernois a donné le chiffre de 1.500.000 morts. M. d'Hargenvilliers, directeur de la conscription sous Napoléon Ier, a donné comme officiel, à mon oncle, M. Hippolyte Passy, celui de 1.750.000 pour la France seulement, dans les dix années de l'Empire, en y comprenant, il est vrai, des levées extraordinaires, complémentaires et supplémentaires. Ce chiffre a été mentionné dans une discussion de cette Académie ; et M. Guizot, qui l'avait entendu énoncer à M. d'Hargenvilliers, a joint son témoignage à celui de M. H. Passy.

Si l'on réfléchit que, pendant cette période qui embrasse toute l'épopée impériale, la France avait des alliés — qu'elle

(1) Lecture faite à l'Académie des sciences morales et politiques.

ne ménageait pas plus que les Prussiens n'ont ménagé les Bavarois en 1870, et des ennemis qu'elle ménageait encore moins, puisqu'ils étaient habituellement vaincus et que les vaincus perdent toujours plus de monde que les vainqueurs, — on arrive à cette conclusion que, pour approcher de la réalité et faire un total plausible des victimes de ces dix années de guerre, il faut quadrupler le chiffre de M. d'Hargenvilliers et arriver au bas mot à 6 ou 7 millions. Voilà, par un de ses côtés, le plus apparent, le plus brutal, pas toujours le plus douloureux et le plus funeste, ce que coûte la guerre. Voilà à quel prix s'achètent la gloire, la victoire et, à leur suite, la défaite et l'invasion.

Et ces levées gigantesques, cette décapitation des nations, ce rassemblement de troupeaux humains poussés vers l'abattoir, à quel prix s'obtiennent-ils eux-mêmes? Par quels procédés arbitraires et tyranniques, par quelle violation de la liberté civile, par quelles séries de vexations, d'inquisitions, de délations et de tortures, arrive-t-on à arracher aux familles, lasses de mettre au jour des malheureux et de n'élever des fils que pour les livrer à la boucherie, jusqu'aux derniers restes, jusqu'aux rebuts des jeunes générations?

Un document, peu ou point connu, permet de s'en faire une idée. C'est une lettre adressée, sous le second Empire à M. Thiers par un témoin oculaire, à tous égards digne de la plus grande confiance, M. Doniol, père de notre confrère. C'est lui-même qui, il y a vingt-cinq ans, à la fin de 1867, m'en a adressé la copie de sa main, à l'appui de diverses lettres dont il m'avait honoré. Il m'avait autorisé à en faire usage et à le nommer, en m'indiquant, d'ailleurs, parmi ses contemporains, d'autres témoins prêts à certifier les mêmes faits. J'use un peu tard de la permission. Peut-être la citation n'aura-t-elle rien perdu de sa valeur pour être passée dans la catégorie des documents posthumes, étrangers à toute polémique du moment. Voici comment, après d'autres réflexions qui ne touchent pas directement au même sujet, s'exprimait M. Doniol père.

« Vous avez dit, Monsieur, que Napoléon avait dépeuplé « et accablé la France par l'exagération de son recrute- « ment militaire; mais vous n'avez pas donné de détails. « En voici quelques-uns qui se sont passés sous mes yeux « et dont je vous certifie l'exactitude.

« Il ne prenait pas seulement un à un au père de fa- « mille tous ses fils; il vidait aussi sa bourse... celle du « riche par le haut prix des *remplacements* qui s'était « élevé jusqu'à douze mille francs — le mien en avait « coûté *huit mille*, en 1811, — celle du moins aisé par le « système de spoliation suivant, que j'avais vu pratiquer « dans les départements du Puy-de-Dôme, du Cantal et « de la Haute-Loire.

« On fixait, comme le veut la loi actuelle du recrute- « ment, un contingent à chaque canton; mais, ce chiffre « rempli par les premiers numéros, les suivants n'étaient « libérés que provisoirement et en apparence, soit qu'ils « eussent été d'abord ainsi dispensés, soit qu'ils l'eussent « été *par des réformes qui se vendaient ouvertement* dans « ces départements. Pour bien régulariser cet infâme tra- « fic, on était allé jusqu'à faire faire annuellement, aux « directions des contributions directes, des relevés pour « connaître la position de fortune de chaque père de « conscrit; et ainsi une réforme coûtait de 800 *à* 1.500 *fr.* « selon l'aisance, et on arrivait souvent à épuiser la liste. « — Elle n'était épuisée que fictivement et, à l'apparition « d'un sénatus-consulte ordonnant une levée sur les cons- « criptions antérieures, on faisait un nouvel examen, un « nouveau triage; on réformait de nouveau les fils des « pères qui se présentaient les goussets bien garnis, et on « formait le nouveau contingent avec les autres. On « atteignait encore plus tard les premiers à un nouvel

« ordre de sénatus-consulte, *toujours servilement obéi*, en « sorte que les familles un peu aisées, sans être riches, « se voyaient enlever tous leurs fils après les avoir ra- « chetés plusieurs fois, à moins qu'ils ne se fussent ma- « riés. Ceux-là avaient été respectés, *en qualité de pour- « voyeurs de l'avenir*, jusqu'après la déroute de Moscou, « sur la fin de 1812. Messieurs composant les conseils de « recrutement de cette triste et mémorable époque, « avaient exploité si en grand cette riche mine qu'un de « leurs membres, un général bien connu, avait acquis, « avec sa quote-part de la curée, une des meilleures « terres de l'Auvergne au prix de 300.000 francs. Elle en « vaut aujourd'hui plus de 600.000 et a passé en héritage « à son neveu, un des honorables satisfaits du dernier « gouvernement parlementaire. Ce fait est de notoriété « publique dans le département du Puy-de-Dôme.

« Les jeunes gens remplacés, *quelques-uns plusieurs « fois*, appartenant aux familles riches, n'avaient été, pen- « dant quelques années, que simples spectateurs de tous « les méfaits : ils furent atteints à leur tour, et, sous la « dénomination aussi hypocrite que ronflante de *gardes « d'honneur*, on en fit des soldats à cheval. Pour que la « jonglerie fût complète, on exigea que chaque père, à « son défaut un de ses oncles, fournit l'équipement com- « plet du cavalier. Les frais de cet équipement furent en « moyenne de 1.500 francs.

« Vous avez dit, Monsieur, rapidement, quelques mots « des moyens employés à la poursuite des conscrits *ré- « fractaires* — expression de l'époque; mais vous n'avez « pas dit, je crois, que la punition qui n'avait d'abord « frappé que l'insoumis, atteignit ensuite, d'après un code « infâme, dit *Instruction générale sur la conscription*, « publié au commencement de 1811 et déposé dans toutes « les sous-préfectures, atteignit, dis-je, *son père, sa mère, « puis ses frères, sœurs, et beaux-frères, toute sa famille*,

« tous ceux chez lesquels, exténué de faim, de froid, de « fatigue, de misère, il avait *bu*, *mangé*, *travaillé* ou « *dormi*; qu'elle s'étendit,enfin,à toute sa commune. Vous « n'avez pas dit que les garnisaires et leurs exactions « n'ayant pas suffi à la ruine de tous ces solidaires, Napo- « léon expédia, pour l'achever, dans cette même année « 1811, sous la dénomination de *colonne mobile*, que nos « paysans appelèrent *colonne infernale*, des détachements « de sa garde. Ces nouveaux prétoriens, dits gendarmes « d'élite, arrivèrent dans les départements du Puy-de- « Dôme et de la Haute-Loire sous le commandement d'un « certain général Simmer. Ils étaient coiffés de grands « bonnets à poils, pour terroriser sans doute davantage « les populations rurales. Ils étaient distribués au nombre « de *trente* par chaque canton renfermant un ou plusieurs « insoumis ; s'adjoignaient quelques mauvais sujets du « pays ; allaient s'emparer de tous les meubles, bétail et « récoltes des parents ; les vendaient, *puis abattaient les* « *maisons*, dont ils cherchaient aussi à vendre les maté- « riaux, *quelquefois les incendiaient*. Trois furent ainsi « détruites dans le canton d'Auzon, arrondissement de « Brioude, Haute-Loire, département alors administré par « le préfet Cahouet, que j'ai nommé précédemment.

« On ne m'a pas dit tout cela, Monsieur; j'en ai été « témoin.

« Après ces expéditions, qui ne duraient que *cinq jours* « par chaque canton, et qui ne faisaient pas arriver sous « les drapeaux un seul réfractaire, cette troupe d'ignobles « satellites se faisait gratifier par leurs parents, à leur dé- « faut par leurs communes, d'une somme de cinq mille « francs, et allait en exploiter ainsi d'autres. Son appari- « tion dans le canton d'Auzon coûta plus cher que 50 Au- « trichiens qui y séjournèrent six semaines en 1815, après « Waterloo. La dépense de ceux-là, tout compris, ne fût « *que de 4.165 francs*. Je fus commissaire à cet effet, et

« j'avais vu compter *les cinq mille francs* aux gardes im-
« périaux, dits *colonne mobile*.

« Les trois départements ci-dessus du Puy-de-Dôme, du « Cantal et de la Haute-Loire furent alors ainsi traités. Il « y en eut vraisemblablement bien d'autres; l'Auvergne « et le Velay ne furent pas seuls à supporter de sem- « blables méfaits ».

Dans une autre lettre M. Doniol père raconte, d'après M. Jouvet, ancien député du Puy-de-Dôme, que dans une commune rurale du département, celle de Bumble, canton de Vicq-le-Comte, arrondissement de Clermont, les gendarmes dits d'élites ayant trouvé plus expédient d'incendier la maison d'un conscrit réfractaire, la population nombreuse, craignant pour elle les résultats de ce feu barbare, se révolta, désarma ces bandits et les chassa du pays à coups de pierre; mais que le lendemain les habitants furent contraints d'ajouter 3.000 fr. à l'ordinaire de la colonne mobile, sous peine de l'envoi d'un bataillon qui les traiterait militairement.

Je ne veux faire de ces documents aucun commentaire. J'ajoute seulement qu'en me l'envoyant, M. Doniol m'avait envoyé également l'Instruction relative à la poursuite des réfractaires, dans laquelle se trouvent rappelées toutes les mesures de rigueur auxquelles il fait allusion dans sa lettre : garnisaires, solidarité des communes, sommes à payer pour l'entretien des hommes, à partir d'un franc cinquante centimes pour les simples soldats, pour les chevaux et le reste.

Voilà donc comment on s'y prenait pour avoir des hommes. Veut-on savoir comment on s'y prenait pour avoir l'argent, sans lequel on n'aurait pu envoyer ces hommes se faire tuer et en tuer d'autres?

Un autre document, non moins authentique, on pourrait dire plus authentique encore, puisqu'il est officiel, va nous l'apprendre. C'est une lettre adressée à un percepteur du département des Deux-Sèvres par un sous-préfet de ce département, à l'effet d'obtenir de lui le versement immédiat du cinquième des réquisitions de son canton. Je dois communication de cette lettre à M. Edmond Thiaudière, neveu de ce percepteur. La voici, sans un mot de changé.

Melle, 23 août 1813,

« Le sous-préfet à Monsieur le percepteur d'Aubigné.

« Monsieur, les réquisitions demandées à mon arron- « dissement sont d'une telle urgence, qu'au reçu de la « présente vous aurez à percevoir le cinquième de la « somme assignée à chaque commune de votre perception « pour le prix de ces mêmes réquisitions. Les dix plus im- « posés seront passibles d'en faire les avances, et de suite, « c'est-à-dire au plus tard le 28 de ce mois. Ce cinquième « sera versé à la caisse du receveur particulier de mon « arrondissement.

« Je vous rends responsable, Monsieur, en votre propre « et privé nom, de l'exécution de cette mesure qui doit « être exécutée ponctuellement au jour que je viens de « vous fixer, 28 août présent mois.

« Ne vous endormez point sur ce que je vous prescris, « Monsieur. Quand il est question du salut de la patrie, on « ne peut plus dormir; et, si dans votre position vous « apportiez le plus petit retard au versement du cinquième « que je vous demande pour à-compte, vous en seriez « pour la perte de votre place et peut-être de votre tête.

« Ce ne sont pas des menaces vaines, Monsieur, que je « vous fais; c'est son Excellence le Ministre directeur gé- « néral de la guerre qui les fait lui-même. Aussi réflé- « chissez-y bien.

« J'ai l'honneur de vous saluer.

« (Signé) : J. C. Jard. »

Aubigné	1.400 fr.
Crezière..................	350
Loubigné..................	700
Soubillé..................	1.100
Couture..................	1.060
Guillemain..................	600
La Bataille..................	590
	5.800 fr.
Le 1/5 est de..............	1.600 fr.

Notre section d'histoire, à raison de l'importance de ces documents, m'excusera peut-être d'avoir, pour un instant, mis le pied sur son domaine. Je ne m'excuse point auprès de nos sections d'économie politique, de morale et de philosophie : elles auraient toutes leur mot à dire si, depuis longtemps, elles ne l'avaient dit sur cette horrible coutume des temps barbares, dont nos âges civilisés ont tant de peine à se défaire, le recours à la force brutale.

Dieu merci, grâce à des efforts auxquels ont pris part plusieurs des membres de cette Académie et que l'Académie elle-même a couverts de son patronage par le remarquable concours qu'elle a ouvert et couronné, on commence à comprendre que d'autres voies peuvent être suivies pour la solution des conflits internationaux; et la France, en ce moment même, au ministère des Affaires étrangères, donne officiellement asile à un tribunal arbitral devant lequel se plaident, sous la présidence d'un Français, les intérêts et les prétentions contradictoires de deux des plus grandes nations du monde. A la même heure, au Parlement italien, le ministre des Affaires étrangères, répondant à une question du marquis Pandolfi, déclare que les sociétés de la paix et les comités internationaux d'arbitrage font une œuvre de la plus haute importance, à laquelle est due le concours le plus bienveillant des gouvernements. A la Chambre des communes,

M. Gladstone, appuyant une motion de M. Cremer en faveur de la conclusion d'un traité général d'arbitrage avec les Etats-Unis, signale, comme éminemment désirable et comme d'une réalisation peut-être prochaine, l'institution d'une cour internationale d'arbitrage, appelée à donner d'utiles et pacifiques conseils aux puissances européennes A Nantes, dans une réunion où l'on ne s'occupe ordinairement que de questions ecclésiastiques, un pasteur lit un rapport très étudié sur l'arbitrage international. Et, dans une petite ville de France, à Felletin, un simple prêtre, l'abbé Pichot, fondateur d'une société locale de paix et d'arbitrage, écrivant au Pape pour lui soumettre ses intentions, reçoit du cardinal Rampolla avec l'autorisation de la publier, une lettre qui, toute brève qu'elle soit, est d'une grande signification, puisqu'elle lui apporte les encouragements et la bénédiction du Souverain Pontife.

Je ne dis rien, parce que j'en ai fait l'objet d'une communication spéciale, de ces réunions annuelles de membres des différents Parlements qui ont reçu le nom de Conférences interparlementaires. Mais je dois noter que, sous ce nom même de Conférence interparlementaire et par les soins du comité permanent constitué à Berne en août dernier, a commencé à paraître, le 1er de ce mois de juillet, une Revue mensuelle destinée à servir de lien et d'organe à toutes les bonnes volontés éparses dans les Assemblées législatives de l'Europe et de l'Amérique.

On trouvera peut-être que ce sont là des signes du temps, et qu'il y a quelque différence entre les actes et le langage du gouvernement impérial en 1811 et 1813 et ceux des gouvernements et des autorités morales des deux mondes en 1893.

LE RESPECT[1]

Ce n'est pas la première fois que j'ai l'honneur de prendre la parole pour la Ligue contre l'athéisme. Dès les premiers temps de cette Ligue, sous la présidence de mon vénérable confrère M. Franck, j'ai fait une conférence sur l'idée de Dieu et la liberté. Plus tard, j'ai parlé à Versailles, pour la Ligue contre l'athéisme encore, sur la paix sociale. Je vais ce soir essayer de vous parler du respect.

Les titres diffèrent, et j'espère que ce ne sont point de simples redites que j'ai portées à Versailles et que je vous apporte ce soir. Mais la cause est la même, et c'est la même préoccupation, la même pensée maîtresse qui domine pour moi ces trois sujets : la liberté!

La liberté, qu'est-ce en somme? La définition étonnera peut-être bien des gens, mais je n'en connais pas de meilleure. La liberté, c'est le respect mutuel, c'est le respect du droit des autres comme la garantie de notre propre droit. Aussi a-t-on pu dire, par une formule très paradoxale en apparence et très vraie au fond : la liberté, c'est le respect d'autrui. Or, sur quoi peut se fonder ce respect de soi-même et des autres, sinon sur le sentiment de quelque chose de supérieur à nous mêmes, de quelque chose qui dépasse ces réalités passagères et variables, d'un droit qui domine nos intérêts mobiles et incertains et d'une juridiction suprême à laquelle seule, lorsque ce droit dont nous avons la conscience est violé, nous puissions en appeler?

La paix sociale! Mais comment la paix pourrait-elle exister, sinon par le respect mutuel encore, par la reconnaissance et par l'observation de certaines règles, de

1. Conférence faite, en 1895, à la *Ligue contre l'athéisme.*

certaines lois qui empêchent le choc trop violent des intérêts et des appétits individuels? C'est encore, par conséquent, dans le respect mutuel, je dirai plus, dans la bienveillance mutuelle, dans cette amitié qui, suivant une parole de Laboulaye, est le ciment des sociétés humaines, que nous pouvons trouver les éléments sérieux et durables de la paix sociale.

Le respect donc, le respect toujours. Et, dès lors, je ne puis faire autre chose, dans les paroles que je vais vous adresser, que commenter en quelque sorte ce que j'ai pu dire ailleurs et ce que je viens de rappeler dans ces réflexions préliminaires. Oui, tout se résume dans le respect de la personnalité humaine, fondé sur ce sentiment que la personnalité humaine est sacrée, parce qu'elle n'est pas un accident passager. Mais si c'est toujours au respect qu'il faut en revenir, il n'est pas mauvais, après avoir établi ces premières assises, ces prémisses, d'examiner la question sous différents aspects, à divers points de vue, et d'entrer quelque peu dans les détails pour nous rendre compte de ce que commande, en fait et en pratique, ce respect sur lequel nous faisons reposer tout le reste.

On dit, Mesdames et Messieurs, que le respect s'en va. Est-ce vrai; dans quelle mesure, et si cela est vrai, qu'y a-t-il à faire pour réagir? On dit qu'il n'y a plus de respect ni dans la famille, ni dans la société, ni dans dans cette sphère supérieure qui s'appelle la société des nations.

Je ne suis pas pessimiste ; je me défends, autant que je le puis, d'être pessimiste ; je serais plutôt optimiste par raison, par expérience et par conviction, bien plus peut-être que par sentiment. Je serais plutôt de ceux qui se souviennent de cette belle parole de Guizot : « Il n'y a que les optimistes qui fassent quelque chose en ce monde », parce qu'il n'y a que les optimistes qui voient plus loin que le point auquel ils sont arrivés et qui croient qu'il est encore possible de faire quelque chose.

Cependant, l'optimisme ne doit pas nous rendre aveugles; peut-être même, précisément parce que nous essayons de voir haut et loin, parce que nous tendons vers un avenir meilleur, sommes-nous plus sensibles à ce qui manque encore aux conditions dans lesquelles nous nous trouvons appelés à vivre. Peut-être voyons-nous mieux, sentons-nous plus que d'autres ce qui manque à ce temps, à ce pays, que nous voudrions plus grand, plus parfait, plus heureux qu'ils ne sont. Et la meilleure manière d'arriver à les rendre moins imparfaits, moins malheureux, n'est-ce pas de leur dire franchement, sincèrement ce qui leur manque : non pas certes pour les moins aimer, mais pour leur prouver que nous les aimons comme on aime ceux à qui l'on ne craint pas de dire la vérité.

Voyons donc ce qu'il en est, dans la famille, dans la société, dans les relations diverses de la famille et de la société. Vous savez quelles sont les deux thèses contraires soutenues au sujet de la famille. Les uns regrettent ce temps où la famille était gouvernée par une discipline forte et sévère, où l'enfant n'approchait qu'avec une certaine déférence, ce n'est pas assez dire, avec une sorte de terreur religieuse de la personne de ses parents, où l'on disait et écrivait cérémonieusement à son père : monsieur mon père, où quelquefois on ne voyait que de loin en loin, comme des Dieux, qui laissent de temps en temps ouvrir la porte du sanctuaire, les parents qui vous avaient donné le jour. On regrette ce temps : il est certain qu'il y avait bien dans ces mœurs quelque grandeur, et qu'elles trempaient parfois énergiquement les caractères. Il y avait aussi, malheureusement, une trop fréquente absence d'affection, d intimité, de familiarité. Sous ce rapport, j'avoue que je préfère, lorsqu'on ne passe pas la mesure (ce que nous allons rechercher), les relations habituelles des parents et des enfants de notre temps. Je les préfère, lorsqu'elles sont ce qu'elles doivent être; lorsque le père et la mère sont sans doute les amis de leurs enfants; lorsqu'ils ne leur épargnent pas les preuves d'affection; lorsqu'ils ne craignent pas de leur laisser voir tout ce qu'il y a dans leur cœur de sollicitude et de tendresse pour eux; mais aussi lorsqu'ils savent ne pas leur passer, à côté de ces vétilles auxquelles quelques-uns attachent trop d'importance et qui ne sont rien, les fautes vraiment graves, le manque de sincérité, de droiture, les défauts qui sont la défaillance et la déchéance du cœur et de l'esprit.

Est-il bien sûr que nous ayons aujourd'hui, tous tant que nous sommes, gardé cette juste mesure? Est-il bien sûr que les enfants aient conservé à l'égard de leurs pères dans un trop grand nombre de cas, et de leurs mères aussi, hélas! le respect, la déférence et, par suite, l'affection vraie qu'ils doivent avoir? Est-il bien sûr que, sous les apparences de la tendresse et de la câlinerie, ils ne se fassent pas trop souvent les tyrans de leurs parents et n'obtiennent pas d'eux de fermer les yeux, non pas seulement, je le répète, sur des peccadilles sans gravité, mais sur des fautes graves, sur des habitudes qui s'enracinent dans leurs cœurs et feront d'eux, pour toute leur vie, des êtres sans énergie morale, peut-être des malheureux et des misérables ?

Vous savez à quel point est poussé dans un trop grand nombre de familles l'oubli des obligations et des précautions les plus élémentaires. Oui, on aime ses enfants, mais on les gâte. On les aime, mais on n'a aucun souci de les préserver de leur propre faiblesse et des mauvaises influences; mais on oublie que la meilleure manière de les aimer et de les élever, que la meilleure des leçons, c'est l'exemple. On ne songe ni à leurs yeux ni à leurs oreilles, et devant eux, sans préoccupation aucune, devant eux comme devant d'autres qui ne sont pas des enfants, mais qui sont de la maison, qui autrefois étaient de la famille, devant les serviteurs qui sont là debout autour de la table, on ne fait jamais attention à aucune des paroles qu'on prononce ou à aucune de celles qu'on laisse prononcer.

Et alors peu à peu l'habitude de ne plus rien respecter, pas même ses parents, se répand, et l'on entend — nous en avons tous entendu — des enfants, des jeunes gens à qui l'on parle du respect qui est dû aux personnes âgées, à leurs familles, à leurs parents, vous répondre tranquillement : du respect? de la déférence? Mais non! nous ne connaissons plus ça ! On a ses droits et on en jouit.

Que voulez-vous que devienne une société dans laquelle dès l'enfance, dès la jeunesse, on s'est habitué à ne plus penser qu'à ses droits, ou du moins à ce qu'on appelle ses droits, c'est-à-dire à ses intérêts et ses fantaisies, sans se préoccuper des droits et des intérêts des autres, des égards qui sont dus aux autres! Et cela se répand de proche en proche dans toutes les branches de la société. Cela commence par le sans-gêne, par l'oubli des simples égards, de cette politesse que Laboulaye appelait si bien « la bonté dans les petites choses », et cela finit par l'égoïsme, par le mépris des obligations les plus sacrées, et par l'habitude de tout sacrifier à la satisfaction de ses désirs et de ses caprices. Oh! si j'avais le temps de me laisser aller à dire tout ce qui pourrait être dit ; si j'avais le temps de suivre avec vous l'enfant dans toutes les classes de la société, dans la famille, à l'école, dans la rue, dans l'atelier! Mais partout, nous trouverions ce manque de respect de l'enfance, l'oubli de cette vieille parole du poète latin : *si quid turpe paras, pueri ne spreveris annos*, si tu as le malheur de commettre ou de préméditer quelque action qui soit déshonnête, pense au moins à l'écarter des yeux et des oreilles de l'enfant! Est ce qu'aujourd'hui on ne semble pas avoir le souci contraire? Et alors qu'arrive-t-il? Vous voyez cette jeunesse habituée à ne pas être respectée et à ne rien respecter, adonnée à tous les vices à un âge où autrefois on était encore à l'école, emportée par tous les excès, tantôt par les excès bas et crapuleux, si la situation de fortune ne comporte que ceux-là, tantôt par les excès du luxe, de la richesse, par les prodigalités et les folies de toutes sortes, si malheureusement un héritage a mis dans les mains de ces jeunes gens mal élevés les moyens de satisfaire tous leurs caprices et de se passer toutes leurs sottes fantaisies.

De la famille passons-nous à l'atelier, dont je parlais tout à l'heure, à l'usine, aux rapports de ceux qui travaillent et de ceux qui font travailler, suivant l'expression vulgaire, comme si ceux qui font travailler ne travaillaient pas aussi, ou comme si le travail de tête, la responsabilité de la direction, les soucis de préparer l'avenir et d'organiser le présent n'avaient pas une valeur bien souvent égale et même supérieure à celle de la tâche même la plus laborieuse de la main? Que voyons-nous? La même absence de respect trop souvent. Je dis trop souvent; je me garde bien de dire toujours. Je suis de ceux qui savent ce qui se fait de bien, de bon, de beau, d'admirable à la fois dans les rangs des ouvriers et dans les rangs des patrons. Je sais combien il y a chez les uns et chez les autres, dans bien des cas, de courage, de résignation, d'énergie, de bienveillance mutuelle, de justice réciproque. Ce n'est pas en vain qu'il y a quelques années, en 1889, j'ai fait partie du jury de cette exposition d'économie sociale qui a fait apparaître une quantité d'institutions admirables et de dévouements exceptionnels qu'on ne soupçonne pas parce que le bien ne se montre pas, tandis que le mal se montre. Ce n'est pas en vain que je me suis trouvé en relations, tantôt avec des chefs d'industrie, tantôt avec des familles ouvrières chez lesquels j'ai pu constater le zèle, l'équité, le dévouement, la bienveillance mutuelle, encore une fois. Il n'y a pas bien longtemps qu'un des hommes qui ont fait le plus dans un pays voisin pour la conciliation entre le capital et le travail, entre ce que les Anglais appellent les employeurs et les employés, M. Julien Weiler, ingénieur des charbonnages de Mariemont et de Bascoup, me disait, et il l'a écrit, puis dit dans des conférences devant de grands industriels de son pays : « On ne sait pas ce qu'il y a de patience, de résignation, de sentiments trop souvent mal compris, — parce que d'abord nous ne parlons pas suffisamment la même langue, ensuite parce que nous ne nous mêlons pas assez, — dans ces masses ouvrières qu'à certaines heures on agite et on pousse à des désordres qui sont en dehors de leur pensée ».

Il aurait pu ajouter, et l'exemple des grands établissements dans lesquels il occupe une place importante est là pour le prouver aussi bien que d'autres : on ne sait pas assez ce que les grands industriels très souvent se donnent de peine, font de sacrifices pour arriver à améliorer la condition du personnel qu'ils emploient. Oui, il y a des exemples admirables de part et d'autre ; mais il y a une contre-partie. Mais nous serions sourds et aveugles si nous n'entendions pas les cris qui se poussent, si nous ne voyions pas ce qui se fait, si nous ne savions pas combien trop souvent les uns considèrent la masse ouvrière qu'ils emploient comme une partie de leur matériel dont il y a à tirer simplement le plus de production possible, et les autres considèrent ceux qui les paient, les font vivre et sont obligés de veiller jour et nuit pour entretenir l'activité de leur usine, comme des ennemis nés contre lesquels tout est permis à titre de représailles, et non seulement permis, mais commandé. Nous serions aveugles si nous ne savions pas qu'il y a, au milieu de nos sociétés qui se prétendent civilisées, des hommes qui ne sont pas tous des ignorants ou des inintelligents, n'ayant pas tous l'excuse de ne pas savoir ce qu'ils font, qui sont occupés à toute heure à exciter ces animosités et ces haines et qui ont pris pour drapeau, plus de cent après la révolution de 1789, la lutte de classes et la liquidation sociale !

Eh bien, Mesdames et Messieurs, qu'y a-t-il encore au fond de tout cela ? Une absence de respect mutuel, une absence d'équité, une absence de justice, une absence de cette bienveillance dont il faut toujours quelque peu pour que la justice soit véritablement la justice. Il y a peut-être surtout, excepté chez un petit nombre, espérons-le, l'ignorance, l'ignorance des véritables conditions de la direction qui permet le travail. Il y a cette pensée, chez les uns, qu'ils sont par leur situation placés à un degré supérieur qui les dispense à l'égard de leurs inférieurs de tout respect, et il y a, chez les autres, cette pensée que leur tâche est à la fois la plus rude et la plus nécessaire, que ce sont eux qui font non seulement le plus, mais bien souvent que ce sont eux qui font tout. N'avez-vous pas entendu cent fois ce sophisme qui, cent fois répété et cent fois réfuté, a séduit cent et cent une fois ceux devant lesquels on le débite : l'ouvrier avec son salaire peut-il acheter son produit ? Les maçons qui ont bâti cette maison peuvent-ils en devenir propriétaires ? Le cordonnier qui reçoit 3 francs pour faire une paire de souliers qu'on vend 12 ou 15 francs peut-il avec son salaire acheter cette paire de souliers ? Comme s'il n'y avait dans la construction de la maison que le travail du maçon, dans la confection de la paire de souliers que le travail de l'ouvrier qui a coupé et cousu le cuir ! Comme s'il n'y avait pas eu avant et après eux une multitude de travaux et d'opérations indispensables ! Comme si, pour que les usines soient élevées, pour que les métiers battent, pour que la matière première, laine, coton, chanvre ou cuivre arrive à l'usine ou à l'atelier, et que l'ouvrier puisse les mettre en œuvre, il n'avait pas fallu que des hommes aient élevé des animaux, aient cultivé, récolté, chargé sur des navires, construit des chemins de fer, que l'art de l'ingénieur et une multitude infinie d'opérations et de travaux divers, qui ont mêlé ensemble les cœurs et les pensées de générations et de générations, se soient solidarisés, aient fraternisé, si j'osais dire, dans ces œuvres matérielles grâce auxquelles cet homme va pouvoir s'asseoir sur son banc à broche, ou diriger son métier à tisser !

On oublie tout cela, on ne sait pas tout cela ; et par suite on se figure que cet autre homme qui travaille dans un cabinet ou qui inspecte ses ateliers, qui fait sa ronde, qui envoie des lettres à la poste, qui fait passer des dépêches par le télégraphe, est un oisif auquel on ne doit rien. Lui aussi, je le répète, oublie trop souvent ce qu'il doit à ces modestes, mais nécessaires artisans de sa fortune, de son bien-être et de son influence. Et alors, comme on ne se respecte ni de supérieur à inférieur, ni d'inférieur à supérieur, on en vient à un état d'hostilité habituel qui engendre cette guerre de classes, ces animosités, ces haines, ces frottements, ces violences enfin, dont nous sommes trop souvent les témoins. Et, faute d'un peu d'huile dans les rouages, les pièces diverses de la mécanique sociale, comme les machines dont on n'a pas su adoucir les frottements, grincent, crient et parfois éclatent et se brisent.

Il faut réagir, mesdames et messieurs, contre cette double erreur. Il faut apprendre aux uns le respect qu'ils doivent à l'intelligence, à la direction, à la responsabilité, au courage avec lequel on affronte les risques et on engage ses capitaux dans des entreprises qui peuvent les doubler, sans doute, mais aussi les perdre. Et il faut apprendre aux autres le respect de ses inférieurs qui, pour être à un échelon plus bas dans la société humaine, n'en sont pas moins des hommes, n'en ont pas moins une âme, n'en connaissent pas moins les sentiments de pères de famille, d'époux, de citoyens, et quelquefois, sous leur rude enveloppe, cachent un cœur plus généreux, parfois même une tête plus intelligente que ceux qui les regardent de haut avec dédain.

Il ne faut avoir ni le mépris du travail manuel, ni le mépris du travail intellectuel. Il faut se pénétrer de cette admirable parole de saint Paul qui a dit — que l'on me permette de m'en prévaloir — deux ou trois des choses les plus vraies, les plus fortes qu'on puisse dire en économie sociale : Le pied n'est pas l'œil, l'œil n'est pas le pied; le membre n'est pas le corps et le corps n'est pas le membre; mais l'ensemble des membres forme le corps, et le pied a besoin de l'œil, comme l'œil a besoin du pied. Il faut, par conséquent, que l'œil ne regarde pas avec dédain le pied parce qu'il est plus bas, parce qu'il touche à la boue, mais qu'il se souvienne que c'est lui qui le porte et qui lui permet de regarder loin et haut. Il faut que le pied, de son côté, n'en veuille pas à l'œil, n'envie pas l'œil d'être placé plus haut, à la condition que cet œil le conduise où il doit aller et qu'il ne le mène pas dans les fondrières et et dans les abimes.

Ecoutez encore — je l'ai citée plusieurs fois, mais je n'ai pas peur de me répéter, parce que l'un de mes maitres a dit que la répétition était la plus puissante des figures de rhétorique — écoutez cette autre parole que j'emprunte à un saint prélat, mort archevêque de Reims et cardinal, mais qui n'était, lorsqu'il l'a prononcée, que l'évêque de la Rochelle et de Saintes. Il bénissait une nouvelle église et prononçait à cette occasion le discours d'usage. Après avoir promené ses regards et dirigé les regards des assistants sur les diverses parties extérieures de l'édifice, après leur avoir fait admirer les colonnes et les statues qui les surmontaient, il pénétra par la pensée jusque dans les fondations, et, s'adressant aux pierres cachées qui les composaient : O vous, petites pierres perdues dans les entrailles de la terre, leur dit-il, ne soyez pas jalouses de ces orgueilleuses qui sont là-haut; car vous aussi, vous avez votre tâche à remplir, et elle n'est pas la moindre. C'est vous qui, sans être vues, soutenez tout ce qui se voit et paraît au dehors. Et si par malheur vous manquiez à cette tâche, si vous veniez à faiblir sous le poids de ces lourdes murailles, si vous vous dérobiez sous elles, aussitôt tout s'écroulerait. Et de ces orgueilleuses statues qui surmontent les colonnes, de ces clochetons et de tous ces ornements, il ne resterait plus que des débris épars sur le sol et désormais sans valeur.

Il en est ainsi, je le répète, de notre société. Sans doute, toutes les situations ne peuvent être égales. Sans doute il est permit, il est bon, que chacun cherche à améliorer la sienne. Il est naturel de désirer monter, pourvu que ce soit honnêtement, par l'effort, par l'intelligence, par l'économie, par le travail. Le désir de monter est louable, lorsqu'il est contenu dans les limites de la justice. Mais en même temps il faut savoir se contenter du possible et il faut avoir le sentiment que toutes les tâches sont bonnes; que toutes ont leur importance et leur nécessité, que toutes sont dignes de respect lorsqu'elles sont bien accomplies; que celui qui mérite, n'importe où, ce beau titre d'hommes de conscience que l'on donne, si je ne me trompe, à certains ouvriers dans les ateliers d'imprimerie, que celui-là, où que ce soit, sous quelque forme qu'il mérite ce titre d'homme de conscience, est digne de tout notre respect. Il faut que nous nous déshabituions et des préjugés de l'orgueil et des préjugés de l'envie. Nous avons une œuvre commune à accomplir, écrivait autrefois le plus distingué des disciples de mon maître Bastiat, M. Roger de Fontenay. Nous avons à jeter bas d'un même effort ces murs mitoyens de l'orgueil et de l'envie qui nous séparent en classes diverses, qui transforment en étrangers et en ennemis des compatriotes, des Français, des citoyens, des membres de la même famille sociale, et j'ajoute, sauf à y revenir tout à l'heure, de la même famille humaine. Car il y a, comme le disait ici même il y a quelque temps, mon ami M. le sénateur Trarieux, une famille humaine. Il y a, au-dessus de ces sociétés particulières qui s'appellent des nations, une société supérieure qui s'appelle le genre humain, dans laquelle le respect mutuel, la justice, la bienveillance ne sont pas moins nécessaires que dans chacune de ses parties, et pour laquelle le grand orateur romain, Cicéron, n'a pas prononcé en vain cette belle parole : la charité du genre humain, *caritas generis humani.*

Est-ce que ce n'est pas saint Paul encore, qui, commentant en quelque sorte cette parole, proclamait comme un mystère nouveau, inconnu, disait-il, aux générations précédentes, mais désormais révélé, la solidarité, ce n'est pas assez dire, la concorporalité et la fraternité des nations? Ni Juifs, ni Gentils, ni Grecs, ni Romains, ni Scythes : tous frères et appelés au même héritage.

Donc pas de mépris de la pauvreté, lorsqu'elle est honnête ; pas de mépris et pas d'envie de la richesse, lorsqu'elle est bien gagnée. Il y a des gens qui ont pour la richesse je ne sais quel sentiment d'amertume qu'ils ne peuvent dissiper. Je sais bien qu'il y a eu des circonstances dans lesquelles ce sentiment pouvait être plus ou moins excusable. Il y a eu des périodes dans l'histoire où la richesse était trop habituellement le prix de la violence. C'est un père de l'Eglise (je crois bien que c'est saint Jérôme) qui a dit en son temps, presque avec vérité (pas tout à fait cependant même dans son temps), que tout riche était injuste ou héritier d'un injuste. Bastiat, que je nommais tout à l'heure, écrivait dès l'âge de 20 ans, à l'un de ses amis, à l'un de ses condisciples : « C'est un fort sot préjugé, mon ami, que nous puisons dans les collèges, que celui qui nous apprend à mépriser la richesse. Sans doute Cincinnatus faisait bien de se contenter de manger des raves et des fèves, puisque, pour se mieux nourrir, il aurait dû vendre son pays. La richesse alors était le fruit de l'oppression et de la conquête ; aujourd'hui, elle est dans la plupart des cas le fruit du travail, de l'industrie et de l'intelligence. En ce sens, le monde n'a pas tort d'honorer le riche ; son tort, c'est d'honorer également le riche honnête homme et le riche fripon. »

Bastiat disait vrai. Le riche est souvent honorable. Celui qui s'enrichit honnêtement ne le peut faire que par un travail utile à ses semblables. Son succès même est la preuve et la mesure des services qu'il leur rend, puisque c'est librement qu'ils lui en payent le prix. Quant à la richesse, en elle-même, elle est toujours bonne. La richesse, c'est-à-dire l'abondance des choses utiles, la science, l'intelligence, la force, l'adresse sont toujours bonnes par elles-mêmes. Elles peuvent être bien ou mal employées; mais elles sont faites pour être bien employées. Et l'abus qu'on en fait n'enlève rien à leur valeur. Le mal qui en résulte, ce n'est pas à elles qu'il faut le reprocher; c'est à ceux qui en font mauvais usage. Si, à supposer que mon poing fût d'une force extraordinaire, je m'en servais pour assommer mes voisins, je ferais un mauvais emploi de ma force. Ma force n'en serait pas moins une bonne chose que je pourrais employer utilement. Il en est de même de la richesse, de la science, de toutes les facultés. Et c'est encore ici l'un des points sur lesquels je me permets de dire que nous ne savons pas suffisamment respecter ce qui est respectable. Quand je dis nous, je dis tous ceux qui déblatèrent contre des choses qui sont bonnes en elles-mêmes; qui, par exemple, sous prétexte qu'il y a des fortunes mal acquises ou mal employées, font la guerre à ce qu'ils appellent le capitalisme, crient contre le capital, c'est-à-dire contre le fruit et la semence du travail, et s'imaginent défendre les intérêts du travail en lui refusant à la fois sa récompense et son aliment. Malheureux qui, comme Samson, s'enseveliraient sous les débris de l'édifice qu'ils auraient abîmé sur leurs têtes !

Non, ces prétendus réformateurs ont tort d'en vouloir à la richesse et de la mépriser chez les autres. Mais combien n'ont pas plus tort peut-être encore, ceux qui la font mépriser chez eux-mêmes parce qu'ils ne savent pas la respecter et la faire respecter ! Ils ont tort, d'abord parce qu'ils rendent inutile ou nuisible ce qui devrait être utile. Ils ont tort, surtout, parce qu'ils compromettent par leur conduite la richesse elle-même. Prenons, par exemple, parmi les formes extérieures de la richesse, celle qu'on appelle le luxe. Le luxe, au fond, est une chose absolument impossible à définir, une chose dont je défie les plus habiles de dire la limite, car il n'y a pas un objet qui n'ait commencé par être une rareté et, par conséquent, un luxe. Moi qui vous parle (et ce que je vais dire prouve que je ne suis pas jeune; mais on s'en aperçoit assez), j'ai vu poser rue Vivienne, chez le chocolatier Marquis, la première devanture de glace qui ait paru dans la ville de Paris. C'était alors un luxe insensé qui devait fatalement amener la ruine de ce fou de Marquis. Aujourd'hui, il y a partout des devantures de glace; il y en a dans les boutiques, il y en a dans presque toutes les habitations, sans que ce soient pour cela des hôtels princiers ou même de riches demeures bourgeoises; mais la première posée a été un luxe. De même, les chemises de toile de la reine Isabeau étaient un luxe qui a contribué pour beaucoup à faire d'elle l'objet de l'exécration publique. Henri IV disait plaisamment qu'il n'avait que six chemises, et encore étaient-elles déchirées. La reine Elisabeth avait reçu comme présent magnifique du roi Philippe II d'Espagne, par l'entremise de son ambassadeur, une paire de bas tricotés; c'est la première qu'on ait vue en Angleterre. L'indienne coûtait un louis au siècle dernier, et jamais un châle n'avait paru en Europe avant les deux cachemires de l'Inde que Bonaparte trouva dans son butin en Egypte et qu'il envoya à sa femme Joséphine. Des châles, plus modestes il est vrai, ont plus tard couvert toutes les épaules. La vérité c'est qu'il n'y a rien, je le répète, absolument rien qui n'ait été un luxe. Ce n'est pas, par conséquent, parce qu'une chose n'est pas encore à la portée de tout le monde qu'il est condamnable de se la procurer, quand on a travaillé pour cela. Ce qui est condamnable et ce qui fait condamner même ce luxe honnête et légitime, gagné par ceux qui peuvent se le procurer, même ce luxe qui est, si l'on peut ainsi parler, un introducteur du bon marché dans le monde par la rareté et le haut prix, ce qui le fait condamner, c'est le luxe d'apparat, le luxe d'ostentation, le luxe dont le principal objet est de frapper et d'étonner les yeux d'autrui. Laissez-moi, pour me faire mieux comprendre, emprunter un passage à un prédicateur qui parlait sur ce thème. Madame, s'écria-t-il tout à coup, comme s'il s'adressait à l'une de ses auditrices, vous vous plaignez d'être malheureuse. Vous pleurez sur votre foyer désert, et sur votre vieillesse sans consolation. Voulez-vous savoir d'où viennent vos malheurs? Un jour, il y a déjà longtemps, vous portiez une toilette non seulement de bon goût, non seulement riche, mais éclatante et faite pour attirer tous les yeux. Et en effet, tous les yeux se portaient sur vous, car vous étiez belle, très belle. Mais derrière vous, marchait une pauvre ouvrière à peine vêtue. Elle était belle aussi, elle était même plus belle que vous. En voyant tous les regards se porter sur vous et sur votre toilette, elle comprit qu'il pouvait dépendre d'elle d'en avoir une semblable; et, bientôt en effet, elle l'avait. Et voilà pourquoi votre mari a déserté la maison conjugale. Voilà pourquoi votre fils, suivant les exemples de son père, fait le désespoir de votre vieillesse. Voilà pourquoi vous traînez vos derniers jours auprès de l'âtre désert, au milieu des larmes !

Mesdames et Messieurs, il y a du vrai, et beaucoup, dans cette rude apostrophe du prédicateur. Oui, il y a deux espèces de luxes, si tant est que toutes deux méritent le même nom : un luxe qui coûte, c'est possible, mais qui procure des satisfactions réelles, délicates, élevées même; un luxe qui n'est, comme on l'a bien dit, que la splendeur et l'élégance de l'utile. Mais il y a aussi un luxe qui n'a d'autre but et d'autre résultat que d'attirer l'attention des autres, d'exciter leur étonnement et leur envie, d'allumer leur convoitise et de soulever leur colère. Franklin, le sage Franklin, dont, si je traitais ce sujet plus spécialement, j'aurais plusieurs passages à vous citer, Franklin dit quelque part : ce sont les yeux des autres qui nous perdent. Les nôtres, de quoi ont-ils besoin? Tout au plus plus d'une mauvaise paire de lunettes, quand ils ne sont plus bons; mais les yeux des autres! C'est pour les yeux des autres que l'on fait toutes les sottises. Pourquoi cette dépense, pourquoi ceci, pourquoi cela, pourquoi cette robe, ce meuble, cette folie coûteuse? Ah! à cause des yeux de Monsieur celui-ci ou de Madame celle-là. Et voilà comment les yeux des autres nous perdent; et voilà aussi comment, vous venez de le voir, nous perdons les yeux des autres.

Il y a, dans une société telle que la nôtre, des nécessités dont il faut savoir tenir compte. Il y a des sentiments qui n'existaient pas ou n'existaient guère autrefois, dont il est impossible de ne pas se préoccuper. Il y a eu un temps où toutes les difficultés et les misères de la vie étaient acceptées avec une sorte de fatalisme; où le pauvre bûcheron, tout couvert de ramée, que La Fontaine nous montre, cherchant à gagner sa cabane enfumée, succombant sous le poids du fagot aussi bien que des ans, pouvait bien songer à se plaindre du sort, ce qui ne l'empêchait pas de demander à continuer à vivre; mais il n'aurait jamais songé à se plaindre des riches et des grands, et à s'étonner que son sort ne fût pas pareil au leur.

Nous n'en sommes plus là; la diminution même du mal a rendu plus sensible à ce qui en reste, et les inégalités sont devenues plus choquantes en devenant moins tranchées et moins immuables. Il faut savoir respecter ces délicatesses nouvelles. Il faut savoir respecter les hommes, même en ce qu'il y a d'excessif peut-être dans ce qui les froisse. Je vais plus loin : ce ne sont pas les hommes seulement qu'il faut respecter dans les choses, ce sont les choses elles-mêmes. Car, en somme, les choses, elles sont faites pour qu'on en use, elles ne sont pas faites pour qu'on en abuse. Et dès lors, elles ne doivent pas être traitées sans ménagements. Les choses, elles sont sacrées, car elles sont les éléments de notre travail et la condition de notre existence. Elles sont, alors même qu'elles nous paraissent sans vie, les dépositaires de la vie. Ce blé, qui ne peut parler de ses droits, il est fait pour nourrir les hommes ; il va se transformer dans leur corps en forces vives, en sang, en muscles, en chaleur vitale, en pensée, en volonté, en affection, lorsque la circulation en aura fait passer la substance à travers le cœur et le cerveau. Cette houille, cette pierre noire tirée par le mineur des entrailles de la terre, elle va devenir la flamme qui vous préservera du froid et peut-être de la mort; la lumière qui éclairera vos salles de réunion ; l'agent jusqu'à présent principal, en attendant qu'il soit remplacé par un autre, de la force motrice, et, comme on l'a dit avec raison, le pain quotidien de l'industrie. Et les forces que nous tirons de tout cela ? Et nos facultés, et nos talents ? Et le temps lui même, ce temps qui, suivant l'expression de Franklin, n'est autre que l'étoffe dont la vie est faite, est-ce que nous les respectons comme nous devrions les respecter ? Est-ce que nous n'employons pas beaucoup de nos instants à des œuvres non seulement vaines, mais mauvaises ?

Ne perdez donc pas le temps ; respectez les choses, c'est-à-dire respectez la vie, cette vie dont tout cela est fait, cette vie qui est en quelque sorte le résumé de tout ce qui nous a été départi de plus précieux sur cette terre. Je veux relever à ce propos une erreur dans laquelle on tombe souvent, notamment à l'occasion de ces dissentiments nationaux dont vous a parlé ici M. Trarieux; une parole qu'on emploie à propos de la guerre et des sacrifices qu'elle entraîne. On parle sans cesse, pour exalter le courage militaire, du mépris de la vie. On dit que la guerre ou la perspective de la guerre habitue les hommes à mépriser la vie Si l'on veut dire qu'il est bon de savoir affronter le danger et faire son devoir jusqu'à la mort, certes on a raison. Mais il n'y a pas que la guerre qui nous mette en face de l'effort, de la souffrance et de la mort. La vie entière est un combat et un combat meurtrier. Si l'on veut dire que la vie est méprisable et qu'il en faut faire peu de cas, c'est pis qu'une erreur, c'est un blasphème. Non, il n'est pas permis de mépriser la vie, car, je le répète, c'est le don suprême qui nous a été départi d'en haut et dont toutes les fractions sont tellement précieuses qu'il nous sera demandé compte de la moindre d'entre elles. Il vous sera demandé compte d'un verre d'eau, a-t-il été dit. Il vous sera demandé compte d'une parole, d'un acte, d'un mot, d'un sentiment, d'une minute, parce que tout cela est précieux, tout cela est la vie, tout cela est la substance de tout ce qui se fait de grand, de beau, et aussi, hélas! de tout ce qui se fait de bas et de mauvais. Non, il n'est pas permis de mépriser la vie. Il faut la respecter par-dessus tout, il faut la respecter en soi, autour de soi, aussi loin qu'il est possible d'en étendre le respect, en se mettant autant qu'on le peut à la place des autres, en ne jugeant pas tout seul, afin de ne pas être jugé tout seul, en tenant compte des faiblesses et des passions des autres, si l'on veut qu ils tiennent compte de nos faiblesses et de nos passions.

Le mépris de la vie! Mais c'est précisément parce que la vie est respectable, parce qu'elle est la plus précieuse de toutes les richesses, le premier de tous les trésors, qu'il peut être beau, admirable, lorsque le devoir le commande, de faire le sacrifice de sa vie elle-même. Ce sacrifice, encore une fois, on le fait de bien des façons : sur le champ de bataille, pour le drapeau de la patrie, lorsque le devoir l'exige, dans l'atelier, en s'épuisant, quand cela est nécessaire pour soutenir la famille qui attend après le pain; dans les hôpitaux, en allant soigner et guérir ceux qui sont malades en s'exposant à toutes les contagions; dans les incendies, sur les vaisseaux, en affrontant la mort par le feu ou la mort par l'eau. On fait le sacrifice de sa vie sous mille formes, quelquefois sous des formes absolument obscures qui ne sont pas les moins grandes, sous la forme de ce dévouement de tous les jours, de toutes les heures qui constitue la trame entière de l'existence de tant de pauvres femmes, acharnées depuis le premier jour jusqu'au dernier à soutenir par leur dévouement, leur travail, leur économie et leurs exemples la santé physique et morale des trésors dont elles sont les gardiennes.

Oui, il faut respecter la vie. On peut être dans l'obligation de la donner, mais quand on la donne, il faut qu'on sache ce qu'elle vaut. Il ne faut pas se jouer de sa vie en disant : la vie, qu'est-ce que c'est? Et surtout il ne faut pas se jouer de la vie des autres; ni de la nôtre, ni de celle des autres. Respectons-les; respectons tout. Et par dessus tout, Mesdames et Messieurs, — c'est à cela que doit aboutir, si je ne me trompe, cet entretien dont votre bienveillance a paru apprécier quelques parties par dessus tout, et pour conclure, respectons l'âme, respectons cette flamme intérieure qui est en nous. Et pour la respecter comme nous le devons, n'oublions pas à quel flambeau sacré elle a été allumée, de quelle flamme supérieure elle est une étincelle, descendue, nous ne savons comment, mais descendue dans ce faible corps qui nous a été donné. Respectons cette flamme intérieure, sachons ce qu'elle vaut, sachons ce qu'est ce peu de chose que nous sommes, cet être en apparence passager, jeté pour quelques années sur la terre, faible, dénué, désarmé, le plus misérable à ce qu'il semble des animaux, mais ayant, suivant la parole du poète antique, reçu ce privilège de se tenir droit et d'élever ses yeux vers le ciel, d'où il sent qu'il a reçu quelque chose et vers lequel il doit regarder.

Donc ce peu de chose que nous sommes, n'oublions pas que c'est quelque chose de sacré et d'impérissable. Ne nous disons pas comme un trop grand nombre se le disent, regardant l'homme qu'ils sont et l'homme que sont les autres comme un accident passager, comme une combinaison quelconque de matières, de gaz, de liquides et de solides, ne nous disons pas : l'homme n'est qu'un point perdu entre deux néants, dont il n'y avait rien hier, dont il n'y aura rien demain. Disons-nous, ce qui est vrai, que tout infime que soit cet homme, il n'y a pas un de ses actes, pas une de ses paroles, pas un des traits de son existence qui n'aient des conséquences infinies et éternelles; que comme ces pierres jetées sur la surface de l'eau et qui engendrent des cercles concentriques de plus en plus faibles, mais allant en s'affaiblissant jusqu'à l'infini, il n'y a pas un seul fait qui n'ait de proche en proche des conséquences impossibles à mesurer; que peut-être la grandeur de tel homme d'aujourd'hui, la bassesse de tel autre, la méchanceté des uns, la bonté des autres sont le développement inaperçu, mais réel, du passage sur cette terre d'autres hommes qui y ont déposé en passant des semences qui ont germé et fructifié pour l'avenir.

Cela étant, et pensant que dans cette sorte d'immortalité des suites de nos actions, il y a comme une preuve indéniable de la durée, de la persistance de cette source d'où sont sorties ces actions persistantes, disons-nous que cet homme, bien loin d'être un point perdu entre deux néants, est un anneau d'une chaîne infinie relié à la fois au passé par ce qu'il en a reçu, à l'avenir par ce qu'il lui léguera. Disons-nous enfin que, cette existence passagère ayant pour loi suprême l'effort, le mérite, imparfaitement récompensé et rémunéré dans cette vie, elle attend au-delà de cette terre une rémunération plus conforme à la justice. Etre impérissable, sorti d'une source immortelle, l'homme, malgré sa faiblesse et son néant apparent, est sacré, sacré pour lui-même et sacré pour les autres.

« Jusque dans cet être en apparence tombé au-dessous de la bête, que je vois là cuvant son orgie au pied de la borne, disait un jour Channing, je vois encore une étincelle du feu divin qu'il n'est peut-être pas impossible de rallumer, et jusque dans ce dernier des hommes je salue la grandeur et la noblesse de la nature humaine. »

UN CHEF D'INDUSTRIE ALSACIEN

JEAN DOLLFUS (1)

Messieurs,

Je présentais, il y a quelques semaines, à l'Académie des sciences morales et politiques une brochure intitulée : *Un chef d'industrie alsacien, vie de Jean Dollfus*, par IVAN ZUBER, secrétaire du Comité d'utilité publique de la Société industrielle de Mulhouse. L'Académie pensa que, pour une telle vie et pour un tel nom, ce n'était pas assez de quelques paroles en passant. Et, se rappelant, dans sa bienveillance, que j'avais été lié avec M. Dollfus, et qu'il m'avait honoré d'une particulière amitié, elle m'encouragea à placer devant elle, dans le demi-jour de ses réunions hebdomadaires d'abord, et devant vous ensuite, Messieurs, dans le plein jour de notre commune réunion annuelle, une esquisse au moins de cette attachante et puissante figure.

Une esquisse, Messieurs, et bien imparfaite. La carrière de M. Dollfus a été exceptionnellement longue; né avec ce siècle, il restait encore, au début de l'année dernière, sous son épaisse chevelure blanche, l'image de la plénitude de la force. Elle a été surtout exceptionnellement remplie. A la vouloir parcourir, si rapidement que ce fût, tout entière, cette séance n'eût pas suffi. Je ne pouvais, d'autre part, songer à en apprécier, au point de vue technique, la partie professionnelle ; la compétence m'eût fait trop visiblement

---

(1) Notice lue dans la séance de l'Académie des sciences morales et politiques du 1er septembre 1888 et dans la séance publique annuelle des cinq Académies du 25 octobre 1888.

défaut. J'ajoute, et mes confrères de l'Académie des sciences en tomberont d'accord avec moi, que ce n'est pas par ce côté, quelque cas qu'il en faille faire, que cette belle existence s'imposait le plus à notre attention. C'est une partie considérable de sa grandeur ; c'en est, si je puis ainsi parler, la condition première et le solide fondement : ce n'en est pas la forme la plus haute et le couronnement suprême.

Jean Dollfus a été un industriel de premier ordre. Il a, par un ensemble de qualités bien rarement réunies, donné à la filature et surtout à la belle et difficile fabrication des toiles peintes, objet principal de ses prédilections et de sa légitime fierté, un essor avant lui sans exemple. Il a fait de ses établissements de Dornach une principauté modèle dont il était le souverain indiscuté, et il a réalisé, en la méritant, une fortune considérable.

Il a fait et il a été plus et mieux que tout cela. Il a été, dans toute la forte simplicité du mot, un brave homme, ce qui ne l'a pas empêché d'être à l'occasion un homme brave. Riche, influent, écouté comme il était digne de l'être, il a fait de sa richesse, de son influence, de son autorité, le plus noble, le plus généreux et le plus intelligent emploi. Et non seulement il a, suivant une formule consacrée, passé en faisant le bien ; mais il a, ce qui est plus rare, laissé derrière lui, avec un imposant ensemble de fondations durables, un long héritage de précieux exemples, d'utiles indications et de féconds ensemencements.

C'est cette œuvre morale, sociale, économique, humanitaire, pour l'appeler de son vrai nom, qui est à mes yeux le titre principal de Jean Dollfus. C'est elle, avec ce qu'y ajoute de mélancolique sympathie sa qualité d'enfant de la terre d'Alsace, qui appelait de la part de l'Académie des sciences morales et politiques l'hommage dont elle a voulu que je fusse l'interprète.

Tout le monde a entendu parler des cités ouvrières. Je n'en dirai qu'un mot. Pour la légende (chacun a la sienne),

Jean Dollfus n'est guère que l'homme des cités ouvrières : celui qui, pour procurer à ses ouvriers l'indépendance et la dignité du foyer domestique, disent les uns, pour les tenir sous sa dépendance,disent les autres,et, sous couleur de bienfait, les enchaîner à la fortune de sa maison, a groupé autour des hautes cheminées de la fabrique les alvéoles de la ruche laborieuse dont il était l'âme.

Pour l'histoire, Messieurs, et pour nous,chez qui l'on fait l'impartiale histoire, il est l'homme que tourmente une incessante sollicitude pour l'amélioration matérielle, intellectuelle et morale du sort de ses semblables ; et la création des cités ouvrières n'est qu'une des formes de cette sollicitude. C'est un centre autour duquel rayonnent toute une série d'institutions, inspirées du même esprit et tendant au même but.

La maison ouvrière procure à un certain nombre,et elle fait entrevoir à d'autres, par le chemin de la prévoyance et de l'économie, la bienfaisante sécurité d'une existence assise. Elle enseigne ces qualités, ces vertus d'ordre, de soin, d'union, qui sont comme l'atmosphère naturelle de ce que les Anglais appellent d'un mot intraduisible : le *home*. Mais elle n'est pas le lot de tous; et à ceux qui y atteignent elle ne saurait tout donner. Il faut, avec elle et à côté d'elle, des moyens de pourvoir à l'hygiène de l'esprit et à l'hygiène du corps, des éléments de distraction et d'instruction,des précautions contre les excès et les imprudences auxquels les exigences du pain quotidien peuvent entraîner les plus sages eux-mêmes, des adoucissements à la cruelle nécessité qui relâche et compromet trop souvent les liens de la famille. Jean Dollfus, qui est un esprit pratique,ne rêve point comme certains réformateurs toujours prêts à refondre la société, pour peu qu'elle consente à se laisser mettre dans leur chaudière, de remédier à tout et de pourvoir à tout en un jour et d'un coup. Mais, par une suite de mesures heureusement appropriées, il corrige peu à peu ce qui peut être corrigé, atténue ce qui ne peut être qu'atténué, et améliore ce qui doit être amélioré. Et de même que, sans interrompre le travail, on substitue graduellement dans les ateliers à un outillage défectueux un outillage perfectionné ; de même que sans un moment d'arrêt nous voyons reconstruire pièce à pièce, sous nos yeux, les gares les plus considérables et les plus fréquentées, il ne se lasse pas d'introduire dans le personnel de ses établissements et dans la cité, dont à certaines heures il est le premier magistrat, des modifications qui, de proche en proche, transforment et renouvellent ce qu'on pourrait appeler l'outillage humain.

Je ne mentionnerai encore que pour mémoire les bibliothèques populaires, pour lesquelles Jean Macé, que je me souviens d'avoir rencontré chez lui, en 1868, n'eût pas de collaborateur plus utile ; les boulangeries modèles donnant, à la seule condition de payer comptant, le pain à meilleur marché et enseignant ainsi de la façon la plus efficace à éviter les illusions et les facilités dangereuses du crédit ; les bains et les lavoirs qui, pour une somme minime, mettent à la disposition de tous une installation perfectionnée et cependant sont administrés de telle sorte qu'ils suffisent, et au-delà, à leurs frais et n'ont rien de commun avec l'aumône.

Jean Dollfus a donné à toutes ces institutions son empreinte personnelle. Mais elles sont assez répandues pour qu'il suffise de les noter en passant.

Il n'en est pas de même de son essai, trop restreint encore, de distribution à domicile de la force motrice afin de permettre à la femme, partagée entre le souci du ménage à surveiller et celui du salaire à gagner, de concilier jusqu'à un certain point ces exigences contradictoires et d'être en même temps à son métier et à sa famille. C'est une idée ingénieuse qui n'a pas dit son dernier mot et dont, grâce aux moteurs à gaz, à l'électricité, et aux formes nouvelles du phénomène merveilleux du transport de l'énergie, il est réservé à un avenir peut-être prochain de voir des applications plus générales et plus décisives.

Il obéissait à une préoccupation du même ordre et plus touchante encore (car elle s'adresse à la fois à l'enfant qui reçoit la vie et à la mère qui la lui donne), et il faisait en même temps un de ces heureux calculs que font seuls les esprits capables de voir par delà les conséquences trompeuses de la première heure, lorsque, par une innovation hardie, il assurait aux nouvelles accouchées le salaire des premières semaines, à la condition de s'abstenir de le gagner. On sait le résultat : la mortalité des nouveau-nés se trouva, dès le premier jour, réduite de plus d'un quart et la valeur moyenne du travail féminin sauvegardée dans une non moindre proportion.

On parle beaucoup aujourd'hui — si crier peut s'appeler parler — de la diminution des heures de travail et de l'élévation du salaire. Et l'on fait croire aux malheureux dont on exploite la simplicité qu'il n'y a d'autre moyen d'alléger le poids de leur labeur quotidien et d'en augmenter le produit que de décréter pour tous indistinctement, et sans tenir compte des différences de force, d'adresse, d'intelligence, ou de probité professionnelle, une égalité brutale, injuste et menteuse des tâches et des rétributions. On en parlait moins il y a un demi-siècle. Vers cette époque pourtant, dans une brochure datée d'une région voisine de Mulhouse, de ce Ban de la Roche qui a donné à la France le fondateur des salles d'asile, le vénérable Oberlin, on pouvait lire cette phrase étrange : « On disait autrefois que c'était la dernière heure qui faisait le bénéfice du fabricant. Nous disons aujourd'hui que c'est la dernière heure qui mange le bénéfice du fabricant. » Jean Dollfus fut des premiers à comprendre ce qu'il y avait de vérité dans ce paradoxe. Il réduisit la durée de la journée dans ses ateliers ; et il obtint une augmentation de production. J'ai expliqué vingt fois les raisons pour lesquelles, dans des proportions non pas uniformes, mais à étudier pour chaque cas, et dans des limites qui ne sauraient être dépassées sans absurdité, il en doit être ainsi.

On avait commencé à s'émouvoir, en Angleterre d'abord, où le mal avait été le plus excessif, puis sur le continent, de l'imprudente insouciance avec laquelle, obéissant au cynique conseil de Pitt, on jetait en pâture au Minotaure industriel les jeunes générations. On se prenait de pitié pour ces pauvres petits dont la cause devait, longtemps plus tard encore, être si éloquemment et si utilement plaidée par l'auteur de l'*Ouvrière* et de l'*Ouvrier de huit ans*. Mais on ne songeait guère qu'au corps, et rares étaient les centres industriels où l'école pût avoir à côté de l'atelier une place qui ne fût pas dérisoire. Jean Dollfus ne recula devant aucun effort, aucun encouragement, aucun sacrifice, pour assurer aux enfants de ses ouvriers, en tant que patron, aux enfants de la ville, en tant que maire de Mulhouse, la fréquentation d'établissements modèles.

Les hommes de mon âge ont conservé d'avant 1870 des cartes spéciales qui indiquaient par des teintes diverses le degré d'instruction ou d'ignorance des diverses régions de la France. L'Alsace y tient le premier rang. Elle donnait alors l'exemple et l'impulsion. On peut dire, avec un mélange de gratitude et de tristesse, que l'effet en a persisté même après la séparation. Comme le blessé qui a laissé un membre sur le champ de bataille continue à souffrir, dit-on, dans ce membre qu'il a perdu, il semble que la France, après l'amputation cruelle qu'elle a subie, n'ait pu être sevrée de la sève de cette terre qui n'est plus sienne que par la fidélité des souvenirs et des affections.

Je relève encore, parmi les fondations dues à la bienfaisance éclairée de Jean Dollfus, l'auberge du passage pour les voyageurs indigents. Et j'appuie sur ces mots de « bienfaisance éclairée » ; en homme qui « calculait en tout le prix de revient », il savait prendre ses précautions pour éviter ou faire cesser les abus. Il voulait bien être généreux, mais jamais dupe.

En 1882, à l'occasion de ses noces de diamant (car, marié jeune à une femme digne de lui, il eut le rare bonheur de la conserver pendant soixante et un ans), il fondait à Dornach un asile pour les vieillards. Mais il avait soin d'aviser à ce qu'ils ne fussent point oisifs : tous, sous la surveillance de la sœur à laquelle, dans la large impartialité de son esprit, il en avait confié la direction, devaient, suivant leurs aptitudes, être occupés et jouir de la satisfaction de ne pas se sentir inutiles.

D'autre part, à Cannes, où, depuis un certain nombre d'années, il passait les hivers dans une résidence baptisée du beau nom de « Villa de la Paix », il avait créé, pour les enfants scrofuleux de Mulhouse, un hospice maritime qui donnait les meilleurs résultats. Il préparait ainsi à l'entrée de la vie des forces aux jeunes pour le travail, il ménageait au cours de la vie les forces des adultes dans le travail, et il prolongeait au déclin de la vie les forces des vieux par le travail.

J'insiste, Messieurs, sur cette idée. Si l'on cherche, en effet, en présence de ces œuvres multiples, la pensée dominante qui y préside et soutient, dans tant de directions en apparence différentes, une si étonnante activité, on est conduit à admettre que c'est la pensée supérieure, je dirai la pensée philosophique, de l'inappréciable valeur de la vie, ce don premier qui comprend tous les autres. Jean Dollfus, nous dit M. Zuber, avait l'esprit synthétique : la misère, la maladie, l'infirmité, j'ajoute le crime, la violence et la guerre, se présentaient à lui, non seulement sous un aspect individuel et comme des accidents isolés, auxquels il fallait apporter des remèdes individuels, mais sous un aspect collectif, comme des manifestations de causes profondes, qu'il fallait atteindre en elles-mêmes pour tarir le mal dans ses sources. Et à l'origine, il trouvait partout la même erreur et la même faute : la méconnaissance de la valeur de la vie, se traduisant sous deux formes principales, l'abandon de soi-même et le mépris des autres. De là, Messieurs, la persévérante énergie avec laquelle il n'a cessé de travailler simultanément à la suppression des entraves qui pèsent sur le travail et enchérissent la vie, et à la propagation des idées de respect mutuel, de justice et de solidarité, qui, en diminuant les occasions de conflits entre les hommes et entre les nations, peuvent seules leur permettre de diminuer le poids des charges qui les accablent. Il estimait, avec notre illustre confrère M. Jules Simon, que la guerre des tarifs est meurtrière aussi bien que la guerre des champs de bataille, l'une fauchant les hommes au grand jour et en masse par les terribles engins de destruction que la science met à sa disposition, l'autre les atteignant individuellement dans l'ombre, par les obstacles qu'elle met à toute heure à l'exercice de leur puissance productive et à l'extension de leur sphère de travail et d'approvisionnement. Et il ne voulait pas plus de l'une que de l'autre.

Je ne redirai point avec quelle décision, avec quel courage, — il en fallait alors (il n'en faut peut-être pas moins aujourd'hui, à un industriel surtout), — il se prononça dès l'époque de la première exposition universelle contre les prohibitions et les droits élevés, dont il devait se croire l'un des principaux bénéficiaires. Je rappellerai seulement cette anecdote, contée par lui-même, de ses vieux métiers datant de 1809, qu'après 1852 il fit remplacer par des métiers *self acting*, et qu'un industriel du voisinage vint lui acheter pour les remonter chez lui, disant naïvement qu'avec la protection dont on jouissait sur le marché français, c'était encore assez bon pour y gagner de l'argent. « Et c'était vrai, observait Jean Dollfus ; mais qu'est-ce que cela prouve ? Que nous fabriquons tous beaucoup trop chèrement. Qui paie la différence ? C'est le consommateur. »

C'était alors en faveur de l'industrie alsacienne que paraissaient établies les barrières de douane dont on lui reprochait de répudier le bénéfice. Ce fut plus tard contre elle qu'elles se trouvèrent dressées. Son ardeur n'en fut que plus grande à les combattre ; le sentiment patriotique était venu, hélas! s'unir au sens économique pour stimuler son énergie. Il avait désormais, d'ailleurs, à lutter sur un double terrain. Je l'ai vu à plus de quatre-vingts ans, arrivé à Paris le matin par le rapide qu'il avait pris la veille à Berlin, après y avoir déposé des motions pour l'allègement des charges militaires et des charges douanières, et repartant le soir pour Cannes par un autre rapide, employer la journée à courir de ministère en ministère pour faire valoir les doléances de nos frères séparés, et réclamer contre un régime qui, en repoussant les produits, conduisait fatalement à repousser les mains, et, s'il eût été possible, à refroidir les cœurs.

Bien moins encore, quoique j'y aie été plus particulièrement associé, peut-être parce que j'y ai été associé, essaierai-je de redire tout ce qu'il a fait et fait faire, avant et après la terrible explosion de l'année maudite, contre les sinistres progrès de l'esprit de guerre et contre les ferments de division et de ruine qui entretiennent en Europe l'état de malaise dont nous gémissons tous. « Passionné pour la paix, dit son biographe alsacien, il fut l'un des présidents de la Ligue de la paix. Son rêve était l'arbitrage en cas de conflits internationaux et le désarmement général qui permettraient de convertir en dépenses utiles et productives les sommes colossales destinées à l'entretien des armées. Un beau rêve, ajoute M. Zuber, qui, nous voulons l'espérer, deviendra un jour une réalité. »

Un rêve, dirons-nous à notre tour, ou plutôt un calcul d'homme positif, d'homme accoutumé, nous l'avons vu, à se rendre compte en tout du prix de revient : car la guerre, et non seulement la guerre, mais la perspective de la guerre, est devenue, au prix qu'elle coûte, la plus lamentable et la plus ruineuse des folies. L'ogre de la guerre qui, suivant le mot pittoresque de Bastiat, consomme autant pour ses digestions que pour ses repas, a tellement accru dans ces derniers temps l'effroyable capacité de ses appétits, que bientôt, si les ligues de la paix officielles ou privées, désintéressées ou non, ne viennent à bout de le museler, toute la substance de la civilisation y passera. Les deux tiers de ce que toutes les habiletés de la science fiscale parviennent à arracher à la production annuelle sont absorbés pour la préparation ou pour les conséquences des œuvres de mort avant qu'un seul centime ait pu être affecté aux œuvres de vie, à la justice, à l'administration, aux travaux publics, à l'instruction, à l'assistance, à l'hygiène et au reste. Et l'on s'étonne que l'industrie, l'agriculture et le commerce languissent, et que le vieux monde avec ces entraves et ces boulets se sente de plus en plus distancé par le nouveau, qui emploie toutes ses forces à produire et toutes ses ressources à alléger ses charges !

Rêve ou plutôt campagne d'homme courageux, dirons-nous encore, car il a fallu du courage également, et beaucoup, à certaines heures (il commence à en falloir moins), pour rester, comme l'a fait Jean Dollfus, inébranlable dans ses convictions et dans sa foi. Mais c'était une âme intrépide et il a su le montrer dans la guerre comme dans la paix. On peut demander à ses compatriotes, dont il fut le soutien et pour ainsi dire le bouclier pendant de longs mois, on peut demander à ceux-là mêmes contre lesquels il eut à les protéger aux dépens de sa bourse et au péril de sa vie, de quelle façon il affrontait, à toute heure, des épreuves plus redoutables et plus cruelles que celles du champ de bataille. Un jour (je crois pouvoir sans blesser aucune convenance, et sans me départir en rien de l'esprit de paix dans lequel sont écrites ces pages, rappeler ici ce trait qui força l'admiration de ceux-là mêmes qui pouvaient s'en trouver le plus offensés), impuissant à faire retirer, malgré toutes ses instances, une contribution de guerre dont l'excès, après d'autres, allait achever d'écraser la ville, il arracha de sa poitrine avec des paroles de colère et d'indignation, la décoration de l'aigle de Prusse, que jusqu'alors il avait conservée, comme pouvant lui donner auprès du corps d'occupation plus de chances d'être écouté dans ses réclamations. Et comme l'officier auquel s'adressait sa véhémente apostrophe, dans un premier mouvement, menaçait de le faire fusiller : « Je suis prêt, répliqua-t-il en ôtant son habit : faites si vous l'osez ! » Je ne veux pas dire que l'on n'osa pas, j'aime mieux croire, et je l'ai dit par avance, qu'on sut comprendre le respect que commandait cette noble attitude.

Rêve, dirai-je enfin, ou plutôt vue lointaine et supérieure d'homme sagace dont la lucidité pénétrante sait discerner, à travers les obscurités de l'heure présente, ce qui n'apparaîtra qu'à une autre heure à des regards moins perçants ou plus distraits. Car ce désarmement, dont il ne craignait pas à Berlin même de rebattre les oreilles de ses collègues du Parlement allemand et dont il semblait ailleurs que quelques fous comme M. Franck, M. Ch. Lucas, ou leur humble confrère qui parle en ce moment, pussent seuls entrevoir jamais la possibilité, il n'est pas accompli hélas ! et nul ne sait quand et comment il s'accomplira. Mais on en parle tous les jours et partout. Ce n'est plus seulement la presse de tous les pays qui, à la suite des Jules Simon, des Castelar et des Freppel, en pose devant l'Europe la nécessité, sous peine de réaliser la sinistre prophétie de Montesquieu : ce sont les gouvernements eux-mêmes qui s'en préoccupent, et les hommes de guerre les moins suspects de sentimentalité qui proclament l'impossibilité de suffire plus longtemps aux exigences de cette rivalité insensée.

Et quant à cet arbitrage si généralement bafoué hier encore comme une utopie irréalisable bien que cinquante fois déjà il eût fait ses preuves en se réalisant, n'est-il pas en train, depuis quelques années, d'obtenir une consécration officielle et de supplanter, comme recours suprême dans les différends internationaux, l'ancienne et aveugle dernière raison des rois? Les gouvernements, les plus puissants comme les plus fiers, se sont honorés en s'y soumettant tour à tour. La France, cette année même, l'a inscrit dans une convention avec un Etat indépendant de l'Amérique. Des résolutions soumises à la plupart des Parlements tendent à l'introduire, par des stipulations formelles parmi les règles ordinaires du droit international. Le pouvoir scientifique enfin, le vôtre, Messieurs, après le pouvoir politique, s'apprête à lui donner sa sanction. La Compagnie au nom de laquelle j'ai l'honneur de parler, a mis au concours, il y a quelques mois, l'étude des meilleurs moyens d'organiser cette juridiction supérieure et bienfaisante. L'un de vos plus illustres associés, le comte Sclopis, après avoir, comme il me faisait l'honneur de me l'écrire de Genève, dénoué en six jours un nœud qui semblait insoluble, et incliné devant la majesté de la raison impartiale l'orgueil des deux puissantes branches de la famille anglo-saxonne, réclamait la formation de ce que Montesquieu appelait un « esprit général » pour faire passer en habitude ce qui pouvait ne paraître encore qu'un accident heureux. Vous avez pensé, Messieurs, que le moment était venu de renouveler solennellement cet appel; ce ne sera pas en vain.

Mais je m'arrête : je m'aperçois que, malgré toutes les précautions que j'avais prises contre moi-même, je me laisse entraîner à exposer ce que je ne voulais qu'indiquer et qu'une fois de plus je risque de justifier le proverbe : « On tombe toujours du côté où l'on penche. »

Mon excuse sera que c'était le côté où penchait l'homme excellent dont j'avais à parler et que ne pas me laisser quelque peu entraîner à sa suite, c'eût été en quelque sorte une désertion.

J'ai été honoré de sa correspondance pendant vingt années; pendant vingt années, qu'on me pardonne ce souvenir, il n'a peut-être jamais traversé Paris sans tenir à me voir. Je crois l'avoir connu assez pour être en droit de dire que deux choses étaient égales dans son cœur : l'amour de la patrie, de sa patrie française, dont sa petite patrie de Mulhouse était pour lui le joyau, et l'amour de l'humanité. Il croyait n'être infidèle ni à l'une ni à l'autre, il croyait les servir l'une et l'autre, en poursuivant comme il l'a fait jusqu'à sa dernière heure le redressement des iniquités, l'apaisement des animosités et l'allègement des charges qui en sont la triste conséquence. Il pensait, avec notre grand confrère M. Renouard, qu'il ne faut pas sacrifier à ses rancunes, même les plus légitimes, la cause de la civilisation. Il osait dire, avec le doyen actuel de la Faculté protestante de Paris, le pasteur Lichtenberger, chassé de sa chaire de Strasbourg pour y avoir tenu, dès 1871, cet admirable langage : « qu'il y a d'autres moyens pour rétablir dans le monde l'ordre et la justice, mettre fin à l'esprit de conquête, en reviser les actes et en redresser les erreurs, que de convier l'Europe à de nouveaux massacres. » Et volontiers, pour tout dire d'un mot, il eût, dans sa sereine et indomptable foi dans l'avenir, pris pour devise cette phrase tombée un jour d'une bouche qui ne fut pas toujours pacifique : « Ayons confiance, la paix a des ressources que l'on ne soupçonne pas encore. »

Qui sait, Messieurs, si ce n'est pas à la France, si ce n'est pas à l'Alsace qu'il est réservé, pour prix de leurs ineffables souffrances et pour prix de leur inébranlable sagesse, de révéler au monde toute la profondeur de ces paroles ? Une chose est certaine tout au moins, c'est que si jamais ce jour doit luire, si jamais, comme le disait encore M. Renouard, le monde en vient à reconnaître enfin *la primauté du droit*, le nom de Jean Dollfus sera inscrit au premier rang parmi ceux des précurseurs de cette ère nouvelle. Dès aujourd'hui, et quoi que nous réserve l'insondable avenir, cet homme de bien méritait d'être honoré, comme l'un de ceux qui ont enseigné le plus haut le devoir du travail, justifié avec le plus d'éclat la richesse, qui en est à la fois le fruit et la semence, et servi avec le plus de bonheur et de dévouement la cause du progrès et de l'humanité.

LA PUISSANCE PATERNELLE

ET LE CONTRAT D'ÉDUCATION

Communication faite au *Congrès de l'Association Française pour l'avancement des sciences*, à Reims, dans la *Séance du 16 août* 1880

Ce n'est pas, à proprement parler, une étude que j'apporte à la section ; c'est plutôt une question à étudier. C'est un problème que je pose devant elle, et, si elle le veut bien, une consultation que je lui demande. Il s'agit d'un mal qui, au point de vue économique, non moins qu'au point de vue moral, a pour la société les plus graves conséquences, et contre lequel il ne me semble pas que l'on ait fait, jusqu'à ce jour, ce qui se pouvait et se devait faire. A plus d'une reprise, et sous plus d'une forme (car il y a longtemps que j'en suis préoccupé), j'ai tenté d'éveiller à cet égard la sollicitude de l'opinion. Je n'y ai pas encore suffisamment réussi. Peut-être serai-je plus heureux en mettant en jeu la sérieuse et durable publicité qui s'attache à nos réunions (1).

« L'enfant », dit le proverbe anglais, « est le père de l'homme », et ce qu'est l'enfance aujourd'hui, l'âge mûr le sera demain. Rien donc de plus important, aux yeux de quiconque est soucieux de l'avenir, que cette éducation, souvent inconsciente, des premières années, pendant laquelle se contractent, comme les plis bientôt durcis de la

---

(1) On sait que peu de temps après, M. le directeur de l'Assistance publique commençait une réforme en faveur de l'enfance *moralement abandonnée*. On connait aussi les fondations de M. Bonjean.

jeune écorce, les impressions, les habitudes, les manières de voir, de sentir et d'agir. C'est, à bien dire, l'apprentissage de la vie. Une société parfaite serait celle dans laquelle cet apprentissage ne manquerait à personne, et pour personne ne laisserait à désirer.

Il n'en est pas ainsi, nous ne le savons que trop. Il y a des enfants qui n'ont pas de famille, ou que leur famille a abandonnés. Leur situation est triste ; elle n'est pas toutefois sans remède. Car à ceux-là au moins, quand ils lui sont signalés et quand elle a les moyens de s'en occuper, la charité publique ou privée peut venir librement et efficacement en aide. Et quand une fois elle les a pris à sa charge, ils ne lui sont pas soustraits.

Il y en a d'autres (et ce sont ceux qui sont à la fois le plus à plaindre et le plus à redouter) qui ont une famille, mais une famille qui ne s'occupe pas d'eux ou s'en occupe mal, qui les délaisse, qui les maltraite ou qui les pervertit. Et pour ceux-là, quelque besoin qu'ils aient de trouver ailleurs secours et protection, rien ou presque rien, *à raison de l'existence de cette famille*, ne peut être sérieusement fait. Elle ne remplit pas ses devoirs, mais elle est un obstacle à ce que d'autres les remplissent à sa place.

Tous les jours, soit par brutalité, soit par mauvais dessein, de pauvres petits êtres sans défense subissent des traitements qui compromettent leur santé, leur intelligence, et jusqu'à leur vie. Les tribunaux, lorsque ces faits leur sont déférés, sévissent ; mais punir n'est pas prévenir, et le châtiment ne guérit pas le mal. Il l'aggrave, au contraire, le plus souvent. Que devient, en effet, l'enfant pendant que son père ou sa mère sont en prison ? Que devient-il surtout lorsqu'ils en sortent, aigris et irrités, mais en pleine possession de leurs droits sur leur victime, et n'ayant d'autre pensée que de se venger sur elle des désagréments qu'elle leur a attirés ?

Tous les jours aussi des parents non moins coupables donnent à leurs enfants les plus détestables exemples, les plus détestables leçons même ; les rendant effrontément témoins de leur honteuse conduite ou les dressant à plaisir au mensonge et à la mendicité, au vol et à la débauche. La misère, l'hôpital, la prison, l'échafaud peut-être, attendent cette proie préparée pour eux. Que fait-on encore pour sauver ces prédestinés de la perdition et épargner à la société la cruelle nécessité de se défendre plus tard à grands frais contre eux ? Rien, ou presque rien ; car on ne peut rien faire qui ne soit précaire et équivoque. Ce n'est pas seulement un rôle de dupe, c'est un rôle de complice, qu'avec les meilleures intentions du monde on se trouve, la plupart du temps, exposé à jouer. Simple particulier, association charitable, orphelinat, municipalité, assistance publique même, que, par un sentiment quelconque, spontanément ou sous le cri de l'émotion commune, voire à la requête des parents, vous consentiez à vous charger d'une de ces existences compromises, vous êtes et vous serez jusqu'au bout, c'est-à-dire jusqu'à la majorité de votre pupille, sans droits sur lui, à toute heure exposé à vous le voir reprendre, par caprice ou par calcul, avec ou sans raison, parfois sans l'ombre d'un prétexte, par ce père ou cette mère qui n'ont été et ne peuvent être pour lui que des corrupteurs ou des ennemis.

La loi reconnaît et fait respecter le *contrat d'apprentissage*. Ce contrat lie le patron ; mais il lie également l'apprenti et sa famille. Elle ne connaît pas le *contrat d'éducation*, lequel pourtant, je le répète, n'est autre chose qu'un contrat d'apprentissage de la vie. Vous êtes menuisier, tailleur, modiste, épicier, jardinier ; vous prenez un enfant pour lui apprendre votre métier, et vous passez, à cet effet, un contrat avec sa famille ou son tuteur. Le contrat est synallagmatique, et l'engagement est double. Vous devez à l'enfant, pour le temps prévu et aux conditions stipulées, vos soins, votre surveillance, et le genre d'instruction spéciale qu'il est venu chercher chez vous. Mais lui, de son côté, vous doit son travail ; et la famille, en retour de vos obligations, est tenue de vous le laisser le temps voulu et d'exécuter, elle aussi, vis-à-vis de vous, ses engagements quels qu'ils soient. Vous êtes avocat, médecin, professeur, ou tout simplement homme ou femme de bien, et, d'accord avec les parents, que dis-je, sur leurs sollicitations et leurs prières, vous prenez un enfant pour l'élever ou le faire élever, pour le mettre dans une école primaire ou dans une école professionnelle, pour le préparer au commerce, à l'industrie, au barreau, ou à toute autre carrière, selon les cas ; vous en faites votre fils ou votre fille peut-être, et vous lui réservez, avec une part de votre affection, une part de votre fortune : la famille ne vous doit rien, et ni la volonté de l'enfant, ni la vôtre, ne peuvent un seul instant vous garantir, non plus qu'à lui, qu'il ne vous sera pas enlevé l'instant d'après. Le jour où, par bêtise ou par intérêt, ils auront changé d'avis ; le jour où, s'apercevant que vous vous êtes attaché à l'enfant, vous êtes bon à exploiter ; le jour enfin, où jugeant qu'on peut tirer parti des forces, des talents ou des grâces de l'adolescent, leur cupidité leur suggérera de l'exploiter lui-même ; le père ou la mère reviendront, ils réclameront ce qui leur appartient, et, au nom de l'autorité paternelle, ils vous contraindront à le leur rendre ou à financer, souvent à financer d'abord et à le leur rendre ensuite. L'obligation est absolue, et il n'y a qu'à s'y soumettre. Elle l'est à tel point que les administrations elles-mêmes, encore une fois, n'y échappent pas. Il m'est arrivé, entre autres faits que je pourrais citer, de m'occuper d'un enfant, une petite fille de deux à trois ans, charmante et annonçant à la fois l'intelligence la plus ouverte et les meilleurs instincts, qu'on voulait arracher au plus déplorable milieu. La mère était une brute malhonnête, et le père, en ce moment en prison pour avoir joué du couteau dans une rixe, valait moins encore. La mère, alors à l'hôpital, ne demandait pas mieux que d'en être débarrassée ; mais, à supposer qu'elle ne changeât pas d'avis, il y avait le père, et l'on ne se souciait pas d'avoir affaire à ce personnage peu endurant. J'espérai qu'en m'adressant à un orphelinat municipal on pourrait tourner la difficulté. J'échouai complètement ; là, comme ailleurs, il me fut répondu que l'on était sans défense contre les parents et que le jour où ils viendraient chercher leur fille, à quelque époque que ce fût, il n'y aurait qu'à la leur rendre. Dans ces conditions, le placement fut à bon droit jugé impossible. Qu'est devenue l'enfant ?

Le mal est flagrant ; quel est le remède ? On ne peut, évidemment, songer ni à la tutelle officieuse ni à l'adoption proprement dite ; les conditions en sont trop complexes pour se prêter à la généralité des cas. Mais ne pourrait-on pas, avec les précautions voulues, assimiler ce que j'ai appelé le *contrat d'éducation* au *contrat d'apprentissage* ? Ne pourrait-on pas aussi, dans les cas dûment constatés d'abandon, de négligence coupable et, à plus forte raison, de mauvais traitements et de corruption, déclarer, après enquête, et par décision spéciale, les parents déchus de la tutelle ? (1) L'exclusion et la destitution de tutelle sont prévus par le Code, à l'égard des gens « d'une inconduite notoire ou d'une incapacité reconnue ». Quelle raison sérieuse pourrait-on alléguer pour refuser d'étendre au père et à la mère, plus inexcusables que d'autres lorsqu'ils manquent à leurs devoirs, l'application de ces incapacités ou de ces déchéances ? J'avoue qu'il m'est impossible d'en entrevoir aucune. Je ne vois d'hésitation possible que sur la voie à suivre pour atteindre le

---

(1) Les dispositions de la loi de 1889, dont M. Passy, alors député, fut un des inspirateurs, sont venues, depuis, modifier heureusement la situation et ont permis le fonctionnement et le développement de l'*Union Française pour le sauvetage de l'Enfance*, dont il fût également, avec MM. Jules Simon et Théophile Roussel, Mmes de Barreau et Kergomard, l'un des fondateurs.

but. Est-ce affaire de jurisprudence ; et suffit-il, comme je ne serais pas éloigné de le penser, d'une interprétation qui n'a rien de contraire à l'esprit de la loi ? Faut-il, au contraire, une disposition nouvelle, et l'intervention du législateur est-elle indispensable ? Je ne suis plus assez jurisconsulte pour me permettre de me prononcer, et je m'en réfère à ceux d'entre nous à qui le droit est resté plus familier. Mais ce que j'affirme sans hésiter, c'est qu'il y a quelque chose à faire. L'état d'abandon, j'oserai dire d'infection dans lequel demeure une partie notable des enfants, est pour la société entière une honte et un péril.

Et qu'on ne vienne pas, comme je l'ai entendu faire quelquefois, objecter l'inviolabilité de la puissance paternelle. Je crois être, autant que personne, pénétré du respect qui est dû à la puissance paternelle ; on m'a même accusé quelquefois de pousser trop loin ce respect. Mais je ne puis admettre que cette puissance, pas plus qu'aucune autre, puisse aller jusqu'à l'irresponsabilité absolue. Elle confère des droits, mais elle impose des devoirs; qui manque aux uns, s'expose à perdre les autres. On connaît le mot de d'Alembert, abandonné par sa mère, la célèbre Mme de Tencin, sur les marches de l'église Saint-Jean-le-Rond, et recueilli par la femme d'un brave vitrier qui le fit élever, lorsque plus tard la grande dame, désireuse de prendre part à sa gloire, voulut le reconnaître pour son fils : « Ma mère, c'est la vitrière. » Qui oserait dire que, toute dure qu'elle fût, cette réponse ne fût pas méritée ? Mais d'Alembert était majeur quand il la fit. Combien n'y a-t-il pas, autour de nous, de pauvres petits pour lesquels la société a le devoir de la faire, puisqu'ils ne sont ni en âge, ni en droit de la faire eux-mêmes ?

INSTRUCTION ET MORALITÉ [1]

Je ne m'arrêterai pas à démontrer, bien entendu, qu'il est nécessaire à tout ouvrier d'avoir le genre d'instruction spéciale qui est indispensable pour exercer le métier qu'il fait. Qu'il soit nécessaire à un serrurier, à un menuisier, à un horloger, à un bijoutier, à un ouvrier quelconque, de connaître les outils dont il fait emploi et de savoir comment on les manie ; cela est plus clair que le jour. Si nous ne savions pas comment nous servir de nos outils, nous ne saurions pas *notre métier*; nous serions incapables de l'exercer d'une façon convenable, aussi bien pour nous que pour ceux qui nous confient de l'ouvrage.

Mais sait-on bien, en général, ce que c'est que *connaître son métier*? Il y a une foule de gens qui croient savoir leur métier, parce que, tant bien que mal, ils vont, celui-ci pousser devant lui un rabot, ou celui-là manier une pioche. L'instruction technique, l'instruction spéciale exige davantage : elle ne consiste pas seulement dans cet apprentissage banal qui se réduit à faire, tant bien que mal comme on voit faire aux autres, en cherchant machinalement à les imiter. L'instruction même spéciale, même technique, suppose de la réflexion, de l'observation, je dirai *des études*. — Je vais en citer un exemple.

Il y a quelques années, à la suite d'un accident grave, arrivé à Lille, on s'aperçut que les mécaniciens et les chauffeurs, ceux-là mêmes qu'on croyait le mieux au courant de leur métier, ne savaient pas ce métier ; qu'ils ignoraient à combien de choses on a à prendre garde pour le bien faire, et comment il faut ménager les diverses pièces d'une machine pour la conduire avec sûreté. On

(1) Conférence faite, le 8 mars 1868, aux ouvriers qui suivaient les cours de l'*Association Polytechnique de Paris*.

eut alors l'idée d'établir une école de chauffeurs, de former des chauffeurs méthodiquement par ces règles dont quelques-uns se moquent et qu'on appelle la *théorie*. Comme si la théorie n'était pas la quintessence de la *pratique*. Qu'arriva-t-il? Il arriva qu'aussitôt qu'on en eut formé, aussitôt qu'on eut appris à ces hommes à ajouter le raisonnement à l'expérience, à comprendre comment on doit régler une machine, éviter le danger, ménager le combustible, tirer bon parti de la force emmagasinée dans le réceptacle métallique pour être utilisée ensuite au dehors; aussitôt ces hommes ainsi instruits, non seulement se sentirent eux-mêmes (ce qui était déjà une satisfaction légitime), supérieurs à ceux qui ne l'étaient pas, mais ils furent appréciés et recherchés comme tels. Avoir passé par l'école des chauffeurs de Lille devint en très peu de temps une garantie, une assurance de trouver plus promptement et mieux à gagner sa vie que si l'on n'y avait pas passé. N'était-ce pas justice, puisque l'on rendait plus de services et des services meilleurs?

Voilà un exemple de cette instruction toute spéciale qu'on ne possède jamais suffisamment, je le répète, et qu'on doit toujours s'efforcer d'acquérir.

J'ajoute que ce n'est pas assez de savoir se servir des outils qu'on emploie tous les jours; ce n'est pas assez de connaître *sa partie* comme on dit; dans l'intérêt même du métier, dans l'intérêt du salaire, il faut savoir faire autre chose; il faut faire un pas au-delà et ne pas rester uniquement confiné dans le travail particulier auquel on est appliqué. Il faut voir plus loin; il le faut, parce que, de nos jours, l'industrie change à chaque instant, et qu'à chaque instant il faut modifier sa façon de travailler, apprendre à se servir d'outils et de procédés nouveaux: en un mot, il faut se transformer sans cesse comme se transforme l'industrie. Celui qui n'a d'autre supériorité qu'une adresse pour ainsi dire machinale, acquise par la longue répétition des mêmes actes et par l'emploi des mêmes outils, celui-là, lorsque l'industrie se modifie, lorsque le travail spécial auquel il est appliqué vient à faire plus ou moins défaut, se trouve désarmé, démuni : il ne peut se plier à des exigences nouvelles; passer dans un cadre voisin de celui où il était employé ; il n'est pas, en somme, au niveau de ce qu'exige sa profession elle-même. En voici encore un exemple.

Il y a quelques années, dans l'industrie des dentelles, une transformation considérable s'accomplit. Les dentelles qu'on fabriquait depuis longtemps dans la ville du Puy, et qui avaient fait la réputation aussi bien que la richesse de cette contrée, se trouvèrent, par un de ces revirements si fréquents de la mode et de la fabrication, pour ainsi dire abandonnées. On fabriqua d'autres genres qui, jusqu'alors n'avaient pas été fabriqués ou n'avaient été que peu goûtés. Qu'en résulta-t-il? Dans certaines parties de la France, les ouvrières ne savaient faire absolument que ce qu'elles faisaient; elles n'avaient aucune instruction supérieure à celle qu'exigeait le maniement ordinaire de leurs fuseaux : ces pauvres femmes se trouvèrent, suivant une expression vulgaire, mises à pied par la transformation. Il en fut autrement en Auvergne. La ville du Puy, par une heureuse inspiration des fabricants de ces contrées, possédait une école de dentelles. On y avait enseigné aux ouvrières non seulement à bien faire ce qu'elles faisaient, mais à savoir comment et pourquoi elles le faisaient, comment aussi on pouvait faire autrement. Munies de cette intruction, de ces connaissances, préparées ainsi à à se retourner lorsque le changement de travail l'exigerait, elles purent non seulement supporter la crise qui les menaçait, mais en tirer avantage. L'ignorance les aurait livrées sans ressource au chômage ; l'instruction, qui les avait mises à même de prévoir, de se transformer, leur permit de rester à leur poste et de ne pas succomber devant le changement.

De tels faits, on pourrait les multiplier pour ainsi dire à

l'infini. Nous en avons tous, dans la sphère de notre petite expérience personnelle, vu quelques-uns au moins, peut-être seulement n'avons-nous pas su faire à leur sujet toutes les réflexions qu'ils comportaient.

J'irai plus loin maintenant; j'ajouterai que ce n'est pas assez de cette instruction que j'appellerai *professionnelle*, mais que j'étends, on le voit, fort au-delà des besoins actuels du métier : il faut un autre genre d'instruction. Il faut de l'instruction non seulement *à l'atelier*, non seulement *dans le métier*, il en faut encore *au dehors*, et cela dans l'intérêt de la vie générale sans doute, mais dans l'intérêt du métier aussi et de la profession même.

Ce n'est pas tout, a dit Franklin, de savoir *gagner son salaire*, il faut savoir *le dépenser*. Or, c'est une chose infiniment plus compliquée et plus délicate qu'on ne le croit que de dépenser convenablement son salaire. — Ainsi, il arrive tous les jours (je ne parle pas ici du mauvais usage de la boisson, de ces entraînements ou de ces excès dont j'aurai tout à l'heure à m'occuper quand je toucherai la seconde partie de mon sujet, je ne parle que des erreurs) ; il arrive tous les jours, dis-je, que, sans aucun mauvais penchant, sans vouloir renoncer le moins, du monde à sa dignité d'homme, on croit, de bonne foi trouver dans l'usage des boissons excitantes, des boissons alcooliques, de la force et de l'énergie. Eh bien ! si l'on a appris un peu par l'expérience des gens qui ont étudié ces choses de près comment la force humaine se recouvre et se perd, on saura que ces boissons sont en général plus dangereuses qu'utiles ; qu'elles donnent, il est vrai, une excitation rapide, énergique, qui, parfois, dans un moment passager de dépense exceptionnelle, peut avoir son avantage et son utilité, mais qui, habituellement, est mauvaise. Et au lieu d'aller chercher là une force qui brille un instant comme un feu de paille, mais qui de même s'éteint bientôt en laissant après elle, par la réaction, la fatigue et la faiblesse, on demandera aux bons aliments, à la viande, au pain de bonne qualité, au vin naturel, à un régime véritablement substantiel et fortifiant, le renouvellement et l'entretien régulier et constant de cette force dont on a besoin tous les jours, et qu'il ne faut pas dès lors stimuler sans mesure et sans utilité à certaines heures; qu'il faut règler, au contraire, conserver, réparer, accroître, s'il est possible, afin d'en pouvoir faire chaque jour un meilleur et plus profitable emploi.

Il faut, par conséquent, avoir quelques notions *d'hygiène*. Il faut aussi savoir lire, écrire, compter, cela va sans dire; mais il faut le savoir non pas seulement pour prendre, quand on est tout seul, un livre dans lequel on ira péniblement déchiffrer quelques lignes : il faut savoir assez pour tenir à jour sa petite comptabilité; pour entretenir sa correspondance, sans être obligé de livrer ses secrets au premier venu; pour conserver les notes, les enseignements, les faits dont on peut avoir besoin pour sa profession ou pour sa famille; il faut, en un mot, avoir à sa disposition, de manière à s'en servir avec avantage et profit toutes les fois qu'on en a besoin, cette arme, cet *armement*, — car c'est là le véritable sens du mot *instruction*, — qui permet de fixer ses pensées sur le papier, d'y consigner ou d'y retrouver celles des autres, de constater ses conventions et de passer des actes parfois. A quoi j'ajoute ce que malheureusement on ne sait pas assez en général, défendre dans la mesure de l'utile et du juste ses intérêts de tous les jours.

Dans les villes, cette réflexion est moins à sa place peut-être, et cependant elle est d'une application journalière. Mais dans les campagnes, combien d'ouvriers ou d'ouvrières qui, faute de libeller convenablement leurs conventions avec ceux qui leur donnent de l'ouvrage, n'ont aucun moyen de conserver la trace de ce qui leur est dû, ne savent pas ce que leur rapporte ou leur coûte telle journée de travail ou telle pièce fabriquée à la tâche: qui, par suite, sont constamment victimes de leur ignorance, et subissent malheureusement, trop souvent aussi, la mauvaise foi de ceux avec lesquels ils ont traité? Il faut donc être en état de mettre nettement par écrit tout ce qu'on a besoin d'y mettre, afin de se rendre compte de sa position et de savoir, lorsque vient le moment de défendre ses droits, comment et jusqu'à quel point on peut et on doit les défendre.

Il faut aussi, — je ne dirai pas que c'est le revers de la médaille, mais c'est un autre point de vue de la question; — il faut savoir jusqu'où vont ses devoirs, et ne pas compromettre, comme il arrive trop souvent, ses intérêts en exagérant ses prétentions. Il est naturel, il est inévitable au moins, que nous tirions tous un peu, suivant une expression vulgaire, la couverture de notre côté; et nous sommes assez disposés à croire que le voisin, le prochain, celui dont les intérêts semblent en contradiction avec les nôtres, ne cherche qu'à nous faire tort. Cela arrive surtout, cela arrive malheureusement trop, dans les relations journalières de ceux qui font travailler et de ceux qui travaillent. On sait combien de fois ces sentiments, ces craintes, ont amené de fâcheux troubles dans l'industrie; combien de crises, de chômages, de coalitions, de violences terribles même, sont résultés de cette pensée que l'on était lésé, victime, ou de cette autre pensée que l'on pouvait, en *imposant* sa volonté, obtenir une condition meilleure que celle que comportait peut-être l'état véritable du marché.

On se trompe souvent pourtant, ou l'on peut se tromper; et alors quel est le résultat? Qu'arrive-t-il lorsque, par ignorance de l'état du marché, par ignorance des inflexibles lois de l'offre et de la demande, par ignorance de ce qui est juste et de ce qui ne l'est pas, de ce qui est possible et de ce qui ne l'est pas, on se laisse entraîner ainsi à vouloir l'impossible et qu'on ne réussit pas, parce que, contre l'impossible, il n'y a pas de succès? J'allongerais ce travail en y reproduisant les chiffres qui résument les principales conséquences de quelques-unes des crises provoquées par les grandes coalitions qui ont eu lieu, par exemple en Angleterre ; ces chiffres, d'ailleurs, ont été présentés cent fois par d'autres et par moi-même. Et tout le monde sait à quel point ils sont effrayants Deux mots disent tout : toute industrie arrêtée est une industrie sur laquelle tombent des pertes considérables ; et ce n'est pas seulement *le capital*, c'est aussi *le salaire* qui est atteint.

Je citerai une industrie de premier ordre, l'industrie de la fonte. Je me rappelle avoir entendu dire sur place que lorsqu'on arrête un haut-fourneau, c'est une perte de 25.000 francs que subit le maître de forges, tant pour les réparations, toujours indispensables en ce cas, que pour le chauffage préalable exigé ensuite pour la remise en train.

Ce n'est là qu'un exemple de ce qui arrive à toute industrie qui s'arrête et est obligée de reprendre ensuite son mouvement. Mais la perte prend mille et mille autres formes souvent bien plus graves. On a perdu les débouchés, les clients, les capitaux ; quelquefois même les industriels sont tombés en faillite. Il faut du temps, beaucoup de temps, de la peine, beaucoup de peine, pour remettre les choses en marche, pour renouer les relations, pour remplacer, à l'atelier, et les métiers et les gens qui ne fonctionnent plus. Pendant toute la période d'interruption du travail, il y a eu des salaires qui n'ont pas été reçus, de la besogne qui n'a pas été faite, des hommes, des femmes, des enfants, qui ont souffert : il en reste peut-être des traces dans l'affaiblissement de leur constitution, de leur santé ? Peut-être aussi ont-ils perdu en partie l'adresse de leurs doigts et l'habitude du travail; peut-être se sont-ils laissés aller à des entraînements excusables et pourtant funestes; en un mot, il y a eu une déperdition considérable de forces matérielles et de forces morales.

Il y a des cas, assurément, où, tout graves que soient ces maux, on comprend qu'on ne puisse guère les éviter. Mais, dans la plupart des circonstances, c'est par la discussion, par l'entente, par l'instruction, que l'on peut arriver à résoudre ces difficultés incessantes qui s'élèvent entre le travail et le capital : c'est en voyant, dans le capital et le travail ce qu'ils sont réellement, non pas deux ennemis, mais deux amis, deux coopérateurs qui ont besoin de s'entendre, et qui, ayant à traiter des questions souvent délicates, n'arrivent pas toujours aisément à s'accorder, mais doivent y arriver pourtant.

C'est ainsi qu'on peut conjurer ces crises, ces malheurs, ces chômages; et il faut quelquefois pour cela, je ne crains pas de le dire, que l'un ou l'autre, tantôt celui-ci, tantôt celui-là, sache faire à point un sacrifice.

Il y a peu d'années, daus un établissement considérable du Northumberland, en Angleterre, on avait décrété, sous la pression d'un état de malaise général de l'industrie, une réduction de salaire de 10 p. 100. Le premier mouvement des ouvriers fort nombreux qu'occupait cet établissement fut, on ne s'en étonnera pas, de se révolter contre cette mesure et d'exiger, précisément parce que les circonstances étaient mauvaises, non seulement autant, mais plus, s'il était possible, que ce qu'ils gagnaient habituellement. Cependant ils eurent le bon esprit de ne pas céder à cet entraînement; ils préférèrent réfléchir, examiner. Ils demandèrent aux chefs de l'établissement quelles étaient leurs raisons pour imposer cette réduction de salaire. Les chefs, se voyant aborder avec convenance, avec bonne foi, avec intelligence, firent ce qui se fera certainement un jour d'une manière plus habituelle : ils mirent leur situation particulière et la situation générale sous les yeux de leurs ouvriers; ils leur firent comprendre qu'il ne s'agissait de rien moins que de conserver ou de perdre les débouchés dont on était en possession, la clientèle qui menaçait de disparaître; qu'on était dans un moment de crise et qu'il fallait choisir entre deux maux, ou une réduction de salaire ou la fermeture des ateliers. Les choses examinées, la réduction de 10 p. 100 fut résolue d'un commun accord : il n'y eut aucune difficulté nouvelle ; on souffrit un peu de part et d'autre, mais on traversa la crise, et le travail et la prospérité revinrent.

Dans une autre circonstance, en France, dans la commune d'Hérimoncourt, si je ne me trompe, d'autres ouvriers firent mieux encore. C'était en 1848. Ils allèrent au devant de la difficulté qui alors pesait sur toutes les industries, et ils ne craignirent pas de dire aux chefs des maisons qui les faisaient travailler : « Nous travaillerons pour vous à *crédit*, pour vous empêcher de faire faillite. » Grâce à ce sacrifice, une industrie qui, en effet, aurait succombé infailliblement, put traverser la crise et conserver sa prospérité. Ces ouvriers avaient donc fait là un bel et bon usage de la faculté de prévoyance et de réflexion.

Mais comment attendre de pareils efforts de gens ignorants, irréfléchis, de gens qui se figurent que le salaire se puise dans une espèce de grand tonneau qui s'emplit à mesure, comme la bourse du *Juif errant* ; au lieu de comprendre que le salaire et le capital s'alimentent à la même source, et qu'il en est d'eux comme du blé qu'on sème une année, pour le récolter et le manger l'année suivante, après avoir prélevé la quantité nécessaire pour avoir une réserve à ressemer ?

Evidemment aussi, — je dis ceci incidemment et j'y reviendrai, — évidemment des ouvriers qui pouvaient faire crédit à leurs chefs d'ateliers, étaient des ouvriers qui eux-mêmes avaient des épargnes, ou au moins du crédit, et qui avaient mérité ces épargnes et ce crédit : ils étaient non seulement des hommes intelligents, instruits, mais aussi des hommes moraux et rangés. Je reviendrai sur ce point tout à l'heure ; il est d'une autre importance encore que celui dont je parle dans ce moment.

Ainsi, instruction pour le métier, instruction plus

étendue que ne semblent le comporter les besoins journaliers du métier; instruction à côté du métier lui-même pour ne pas faire au dehors de l'atelier, à la porte de l'atelier, dans sa famille, dans son ménage, dans sa vie de tous les jours, des fautes de toute nature dont on serait victime à chaque instant.

J'ajouterai : instruction pour donner à l'être humain toute sa valeur, tout son développement; instruction, parce qu'il ne faut pas seulement gagner son salaire, et le bien employer ensuite; mais il faut, à côté du métier qui nous donne le pain de chaque jour, à côté de cette œuvre sainte de gagner notre pain et celui de notre famille à la sueur de notre front, il faut, à côté de cela, tâcher d'être des hommes. On n'est pas seulement appliqué un certain nombre d'heures par jour, celui-ci à un établi et celui-là sur un livre, ce troisième à extraire la houille ou le fer et cet autre à regarder à travers un télescope comment se passent les révolutions des astres. On descend quelquefois de ces hauteurs, ou l'on remonte de ces profondeurs où l'on était comme perdu. On a une femme, des enfants, une intelligence, on est au milieu d'une société; il faut tâcher d'être, comme père, comme époux, comme homme, comme citoyen, autre chose qu'un ustensile ou un instrument appliqué à produire ceci ou cela pendant un certain nombre d'heures. Il faut avoir des distractions, du loisir, du repos ; et le meilleur de tous les repos, c'est celui qui se trouve dans des occupations utiles faisant diversion aux travaux qui fatiguent : occupations très diverses suivant les métiers.

Pour certains, dont le travail est surtout dans les muscles, la distraction, le repos, la diversion, ce sera l'étude, la lecture, la contemplation de quelques objets d'art; ce seront, d'un mot, les occupations de l'esprit.

Pour d'autres, qui auront peut-être fatigué outre mesure leur esprit, ce seront, s'ils le peuvent, d'autres genres de travaux, des exercices physiques, des travaux manuels.

Ce sera pour tous une *diversion*, une sorte de contraste faisant agir les parties de notre être que la profession à laquelle nous sommes adonnés laisse forcément en repos pendant que les autres agissent.

Il faut donc d'abord faire bien sa profession et savoir tout ce qu'elle demande ; il faut, en outre, être un homme. Et, je le répète, pour bien accomplir sa profession, il faut savoir autre chose, s'occuper d'autre chose ; car, croyons-le bien, ce n'est pas seulement pour faire un homme plus élevé par l'intelligence et par le cœur, c'est aussi pour faire un homme dont la main rende davantage, qui ait plus de ressort même matériel, qu'il est important d'être un homme en dehors de l'atelier et même à l'atelier. Ne savons-nous pas tous ce que l'élevation de l'esprit, la vivacité de l'intelligence, cette sagacité qui nous fait voir au-delà de ce que nous faisons, ajoutent d'énergie, de force, même musculaire, d'entrain, d'élan, à la besogne que nous accomplissons chaque jour ?

Prenez deux hommes qui, en apparence, sont semblables. Celui-ci n'a que l'adresse de la main, il fait comme une machine ce qu'on lui donne à faire ; celui-là, au contraire, a l'intelligence, il réfléchit, il comprend ; il sait pourquoi on lui fait faire telle pièce, pourquoi on lui donne telle forme, il sait à quoi elle servira. Soyez-en sûrs, le premier sera tenté de se plaindre de son sort ; il trouvera sa besogne abrutissante, énervante ; il la fera avec dégoût, à contre-cœur. Le second, au contraire, saura que cette besogne est utile, grande, parce qu'elle trouvera sa place dans un grand ensemble. Ce pignon, par exemple, viendra, dans sa pensée, s'assembler avec d'autres rouages dans un vaste et puissant mécanisme ; et lorsqu'il verra passer la machine puissante et admirée à laquelle il saura qu'il a mis la main il relèvera la tête et se dira : « Moi aussi, j'ai travaillé à faire cela ! » J'étends cette idée et je dis : quelle que soit notre position dans le vaste ensemble social auquel nous appartenons, sachons nous rendre compte du lien qui nous unit les uns aux autres; sachons qu'il y a une solidarité profonde, quoiqu'inaperçue peut-être, qui unit ici-bas le bien et le mal; sachons qu'aucun effort intelligent, moral, n'est réellement perdu et sachons aussi qu'on ne peut jamais, quoiqu'on fasse, quand on fait mal, ne faire mal qu'à soi. Sachons que le bien et le mal rayonnent, en un mot, et nous serons plus disposés à être satisfaits, quelquefois même à être fiers de notre condition, quelque modeste qu'elle paraisse : car pour être des rouages de peu d'importance peut-être, nous sentirons cependant que nous tenons notre place, une place nécessaire, dans le grand mécanisme de la société à laquelle tous appartiennent.

Ne craignons donc pas l'instruction, ou, pour mieux dire, ne nous laissons pas, en cette grande et importante matière, effleurer par le doute et par la raillerie. Certaines personnes, il faut bien le dire, craignent de voir l'instruction se répandre. Chez quelques-unes c'est une appréhension vague et irréfléchie; chez d'autres, c'est sans qu'elles l'avouent peut-être un sentiment qui n'est pas au fond très honorable : la pensée que si les autres s'élèvent, leur élévation à elles en paraîtra diminuée d'autant. Mais chez beaucoup aussi c'est une préoccupation très sérieuse et de très bonne foi. Et j'ai par exemple, bien souvent eu l'occasion de répondre à des arguments comme ceux-ci : « Mais si tous les ouvriers savaient lire, écrire, compter; s'ils avaient des connaissances étendues; s'ils prenaient goût aux choses de l'art, s'ils connaissaient l'histoire, la géographie, l'hygiène, la législation, etc., s'ils en savaient autant que vous et moi, en un mot, qui est-ce qui voudrait travailler, qui est-ce qui ferait la grosse besogne du ménage humain? Il faut pourtant que cette besogne se fasse ! Quand tous les ouvriers seront des messieurs, où seront les ouvriers? » — J'ai souvent entendu dire cela.

Je ne veux pas, je le répète, répondre ici longuement à

cette objection; je l'ai combattue plus en détail ailleurs. Je dirai seulement que c'est précisément au nom de cette nécessité qui nous impose, en effet, l'accomplissement d'une besogne matérielle, et d'une besogne qui ne doit pas aller en diminuant, puisque nous voulons nous enrichir et nous améliorer de plus en plus; c'est au nom du travail manuel lui-même et au nom de la concorde, de la bonne harmonie, je dis plus, au nom du maintien de la déférence mutuelle et de la hiérarchie sociale, qu'il faut vouloir, autant que possible, le développement de l'instruction et l'élévation graduelle de tous ceux qui ne sont pas encore assez élevés.

On disait un jour devant un académicien d'un grand esprit et d'un esprit fin, M. Rossi : « Savez-vous que c'est effrayant; le nombre des condamnés sachant lire augmente tous les jours ! »

— J'espère bien, répondit gravement M. Rossi, qu'un jour viendra où tous les criminels sauront lire.

Pour moi, je l'avoue, j'espère qu'un jour viendra où tous les ouviers seront des messieurs; ce qui ne les empêchera pas de travailler, bien s'en faut. Je ne vois pas pourquoi la besogne humaine ne se partagerait pas, à mesure que nous travaillerons davantage et mieux, de façon à ce qu'il y ait dans chaque existence une part pour le travail matériel, pour le métier, la profession; une part pour l'intelligence et une part pour le repos. Une histoire et une histoire vraie, car celui qui en est le héros vit encore et j'ai l'honneur de le connaître, expliquera mieux ma pensée.

Il y a 40 ou 50 ans environ vivait en Amérique un jeune homme nommé Burritt, qu'on avait surnommé le savant forgeron, « *learned blacksmith* », parce qu'il avait acquis des connaissances réellement extraordinaires. Il existe encore, je le répète. Il est même un des plus ardents apôtres de la paix et de la concorde entre les nations. Un jour, ce jeune homme eut l'idée d'apprendre le latin. Il choisit pour se livrer à cette étude, les moments où il était obligé d'attendre que son fer fût chauffé pour pouvoir le battre. L'année suivante, il apprit le grec ; puis l'hébreu, et, successivement, une quantité d'autres langues, trente ou quarante, a dit M. Laboulaye. Il étudia aussi une foule d'autres choses et fit, comme beaucoup de ses compatriotes, une foule de métiers. Par son travail, cet homme est arrivé à l'aisance; il est devenu consul d'Amérique à Birmingham. Quand il avait acquis certaines connaissances, il désirait plus vivement encore en acquérir d'autres. Il avait, pour cela, divisé sa journée en trois parts : pendant 8 heures il travaillait de ses mains; pendant 8 heures il étudiait; et il conservait 8 heures pour la réparation de ses forces.

C'est peut-être là un idéal encore bien éloigné ; mais je ne puis m'empêcher de dire que c'est l'idéal vers lequel nous devons tendre tous. Sans essayer aucune classification des professions, ce qui me paraît mauvais dans quelque sens qu'on le fasse et n'est jamais qu'une vanité de mauvais aloi, je crois que, plus tard, quand ceux qui travaillent seront plus instruits, plus énergiques, plus moraux, quand ils travailleront mieux et davantage, on arrivera à obtenir des journées moindres, des journées assez courtes pour qu'il reste pour la culture de l'intelligence et de l'âme une part importante, sinon peut-être tout à fait égale à celle de cette division un peu trop arbitraire, un peu trop symétrique, dont je viens de parler.

Ce que je verrais surtout de précieux dans un tel résultat c'est que par cette élévation graduelle on arriverait à se mieux respecter les uns les autres. Une des raisons pour lesquelles les hommes ne se respectent pas, c'est qu'ils ne se comprennent pas et ne comprennent pas les œuvres auxquelles ils n'ont pas mis la main.

C'est qu'on croit volontiers qu'il n'y a de travail que celui qu'on fait et que celui que fait le voisin est oisiveté ou plaisir. Rien ne corrige ce défaut comme l'expérience personnelle de la tâche d'autrui.

Il m'est arrivé, si je puis invoquer ma propre expérience à une époque où, pour avoir abusé du travail de tête, j'étais obligé de m'en abstenir absolument, de manier sérieusement les outils de différentes professions, les outils de jardinage particulièrement. Je l'ai fait en ouvrier, en paysan, et j'ai pu me rendre compte ainsi, par moi-même, de ce que pèse une pioche, une bèche ou une hache. J'ai su ce que c'est que d'arroser sous le soleil ou d'abattre un arbre sous la neige. Peut-être dois-je à cet apprentissage un peu de mon respect pour le travail des mains. Je crois de même qu'au sortir d'un atelier où il a travaillé énergiquement de ses mains, celui qui ne connaît que cette besogne peut être disposé à croire que son voisin, qui a passé plusieurs heures du jour à regarder dans des livres ou à prendre des notes, n'a fait que s'amuser; mais si cet homme a commencé à suivre des cours pour éclairer son intelligence, s'il a, en étudiant à son tour, appris ce que c'est que d'étudier, il ne manquera pas de se dire, lui aussi : « C'est là une besogne qui en vaut bien une autre. »

Il se formera des points de contact, d'ailleurs, des idées communes, des goûts communs; et la langue même séparera moins ceux que le travail tient séparés. Si bien qu'au sortir de nos métiers qui nous occupent de choses différentes nous nous trouverons des semblables préoccupés de choses semblables et en pouvant causer ensemble. Voilà, pour l'instruction. Voici maintenant pour la moralité.

Je disais tout à l'heure qu'il faut savoir; mais savoir n'est pas tout. On a dit : « *Savoir* et *vouloir* c'est *pouvoir*. » Et, en effet, savoir n'est pas assez, vouloir n'est pas assez non plus. Essayer de faire une chose sans savoir comment s'y prendre, c'est pure duperie. Mais quand on sait, encore faut-il vouloir, et vouloir comme il faut; car vouloir ce n'est pas désirer, ce n'est pas avoir envie, ce n'est pas se mettre d'un air mécontent, par exemple, à gratter la terre en s'étonnant que la moisson ne pousse pas. Non, vouloir c'est s'appliquer de tout son cœur; c'est faire passer jusqu'au bout de ses doigts l'énergie qui vient de la partie la plus intime de l'être; c'est ne rien négliger de ce qu'on peut faire pour obtenir le résultat auquel on prétend arriver. Voilà ce que c'est que vouloir.

Je le répète, vouloir sans savoir ce n'est pas assez; mais savoir sans vouloir, ce n'est rien.

L'influence de la volonté est énorme; elle suffit à elle seule pour faire de deux hommes, parfaitement semblables quant à tout le reste, deux êtres en réalité tout différents. Elle suffit, quoi qu'en pensent bien des paresseux, pour assurer à celui-ci le salaire que ne gagnera pas celui-là.

Un homme qui s'est beaucoup occupé de ces questions, qui a étudié la condition de l'ouvrier, celle de la femme, celle de l'enfant, M. Jules Simon, a donné dans ses livres plusieurs exemples de ce que la seule volonté établit souvent de différence dans le salaire. Il a montré, entre autres, deux femmes appliquées au même métier, faisant la même besogne, ayant le même âge, la même force, entièrement semblables l'une à l'autre, dont l'une gagnait 34 francs dans une quinzaine, l'autre 25 francs seulement. La différence était uniquequement dans leur ressort moral : celle-ci. quand elle était à son ouvrage, y était de tout cœur, ne pensait pas à autre chose, ne laissait pas aller ses doigts au hasard; tandis que celle-là, probablement, avait l'esprit ailleurs, ou faisait son ouvrage à contre cœur et sans goût.

Voilà, rien que pour le salaire, une influence considérable de la volonté, de l'énergie, et, je puis dire, je crois, de la moralité; car ce développement de la volonté, c'est l'essence même de la moralité.

Et, en effet, ne l'oublions jamais, la main n'est pas autre chose qu'un outil et c'est l'esprit qui conduit cet outil. Et l'esprit lui-même, c'est de l'âme, c'est du cœur, c'est de ce je ne sais quoi qui fait la personne humaine, et que nous sentons tous au dedans de nous, c'est de ce point central que part son action. C'est là ce qui donne à l'esprit la direction, l'impulsion; du cœur, la volonté passe à l'esprit, et de l'esprit elle arrive dans la main pour se traduire en actes.

On l'a dit, et l'on a bien dit, l'homme est un capital accumulé. Nous sommes tous le résultat des circonstances au milieu desquelles nous avons été élevés, de l'instruction que nous avons reçue, des exemples bons ou mauvais qui nous ont été donnés, des efforts que nous avons faits sur nous-mêmes, de l'adresse que nous avons acquise; nous sommes dans notre corps, dans notre intelligence, dans notre être matériel et moral, une force qui doit être productive, qui quelquefois, malheureusement, est destructive ; nous sommes un capital, en un mot, le capital par excellence : c'est l'homme qui est le grand producteur, puisque c'est lui qui met tout en œuvre.

Ce capital est plus ou moins considérable. Nous ne pouvons, évidemment, quelques efforts que nous fassions pour nous rapprocher les uns des autres, avoir la prétention de jamais nous valoir tous. S'il en était ainsi, il n'y aurait plus de mérite individuel; nous ne serions plus que des êtres jetés dans un même moule et restant tels qu'ils sont sortis de ce moule. Non, nous sommes des êtres personnels; nous nous faisons, nous nous transformons, nous nous modifions à toute heure; nous ne pouvons donc être ni semblables, ni égaux les uns aux autres. Mais nous avons tous reçu et acquis une certaine quantité de ressources, de forces intellectuelles, morales ou matérielles. C'est là notre capital, notre personne, notre vie; c'est là-dessus que nous vivons en définitive; *la vie vit sur la vie.* Elle se détruit et elle se renouvelle. Elle s'accroît ou se prolonge lorsqu'elle est bien employée; elle s'anéantit lorsqu'elle est mal employée.

Et ce capital-là est le plus précieux de tous, puisqu'il est le père des autres, la source où ils se puisent. Celui qui tout en possédant certaines facultés, n'a pas d'énergie, qui ne sent pas le besoin et le devoir de travailler, celui-là, comme le laboureur qui abandonne son champ en friche, laisse dormir son capital. Or, dormir, pour un capital, c'est s'amoindrir, c'est s'évaporer peu à peu ; car, tout ce qu'on ne renouvelle pas se détruit fatalement plus ou moins vite. Le paresseux, donc, laisse son capital oisif.

Mais il n'y a pas que l'oisif, il y a le prodigue, qui ne sait vivre qu'au jour le jour, qui oublie qu'aujourd'hui est le demain d'hier et qu'il y aura un autre demain après aujourd'hui ; qu'il ne suffit pas, par conséquent, de vivre au jour présent, mais qu'il faut pourvoir aux jours qui suivront et qui auront aussi leurs besoins ; celui-là gaspille son capital. Il le jette à tous les vents ; absolument comme l'homme qui, ayant sa bourse bien garnie, la vide sans regarder si les choses qu'il obtient en échange de ses écus valent la dixième, la centième ou la millième partie de ce qu'il laisse échapper de sa main.

Il y a le débauché, enfin, celui qui a ou des vices ou de grands défauts, qui ne recule pas devant les actions honteuses, devant les choses qui abaissent, dégradent et affaiblissent l'homme. Oh ! celui-là fait pis encore : il dévore, comme on dit, son capital ; il mange son blé en herbe. Il détruit par avance non seulement ce qu'il possède aujourd'hui, mais ce qu'il aurait possédé demain. Il n'attend pas que la moisson vienne pour la dévorer. Il la foule aux pieds lorsqu'elle ne fait pour ainsi dire que sortir de terre.

Voyez ce jeune homme plein de force et d'avenir. Il pourrait, lorsqu'il a des loisirs, cultiver, comme d'autres, son intelligence, profiter des enseignements qui lui sont offerts, prendre de bonnes résolutions et les exécuter ensuite ; il pourrait, il devrait même, s'occuper de ses parents qui, peut-être, ont sué sang et eau pour l'amener à l'âge où il gagne sa vie ; songer qu'un jour il sera père de famille, qu'il aura femme et enfants à entretenir, que la vieillesse viendra enfin, et qu'il faut songer à sa dignité, au maintien de son indépendance. Au lieu de cela, ce jeune homme imprévoyant ne se dit qu'une chose :

« J'ai bon pied, bon œil, je gagne facilement mon salaire en trois ou quatre jours par semaine ; je veux m'amuser le reste du temps.... » Et il agit en conséquence. Que fait-il ? Il consomme par avance son existence ; il s'interdit à la fois l'aisance, la tranquillité, la dignité ; il ne met rien de côté, et quand viendront les jours de chômage, il sera sans ressources ; quand arrivera la vieillesse, peut-être même l'âge mûr, il sera déjà courbé sous le poids de l'affaiblissement au-devant duquel il aura couru de gaîeté de cœur.

On a remarqué que dans beaucoup d'industries les salaires commencent à baisser pour les ouvriers dès l'âge de 35 ou 40 ans. Pourquoi cela ? Quelquefois, sans doute à cause de la nature de l'industrie. Il y a des industries exigeantes dans lesquelles certains organes travaillent trop exclusivement et ne peuvent pas se maintenir dans toute leur perfection au-delà d'un certain nombre d'années. Mais, bien souvent, le plus souvent peut-être, est-ce que ce n'est pas la faute ou des écarts, ou des entraînements de la jeunesse, du temps perdu, de ce qu'on appelle le lundi et qui dure, comme on sait, jusqu'au mardi et au mercredi ?

On a fait sur le lundi beaucoup de calculs qui ne s'accordent pas tous. L'un prétend que l'ouvrier qui fait le lundi gaspille un capital qui lui assurerait, vers 60 ans, une retraite supérieure au salaire qu'il gagne pendant l'âge de la force. Un autre va moins loin, et montre seulement une épargne certaine de 5, 6, 7, 8.000 francs, pas moins que cela. — Quoi qu'il en soit, c'est un capital que l'on a sous la main, qu'on ne veut pas acquérir et qu'on dissipe; c'est sa force qu'on détruit, et c'est aussi, qu'on y songe, son salaire actuel qu'on réduit; car l'on dépense le lundi autant et plus que les autres jours. Ceci, les ouvriers le savent mieux que personne. Mais ce que tout le monde devrait savoir, et ce à quoi on ne pense jamais, c'est que le lundi constitue, tous les jours, sur le salaire de ceux qui s'y livrent, et même exerce aussi sur le salaire de ceux qui ne s'y livrent pas, un prélèvement qui a pour effet d'amoindrir et de déprimer constamment ces salaires.

Franklin, dont je parlais tout à l'heure, s'élevait beaucoup contre le lundi; il faisait remarquer que *Saint Lundi* ne figure dans aucun calendrier; et qu'on se plaint des impôts qu'il faut payer au Gouvernement, et très peu de certains autres non moins lourds. — Nous en sommes tous là; c'est de tous les temps; et l'on peut bien refaire cette observation sans blesser personne : à toute époque, on trouve les impôts trop lourds; quelquefois on a raison quelquefois on a tort. Franklin donc disait : « Vous vous plaignez des impôts que vous payez au Gouvernement, mais vous ne songez pas que vous vous payez à vous-mêmes bien d'autres impôts volontaires! Et il ajoutait : « Un vice coûte plus cher à nourrir que deux enfants! »

Pour parler uniquement du lundi, que dirions-nous si, du jour au lendemain, on décrétait sur notre salaire, sur nos ressources, sur notre fortune, un impôt du cinquième ou du sixième en sus de ceux que nous payons déjà? Assurément, nous jetterions les hauts cris, de tels cris que je ne sais si l'on viendrait à bout de nous imposer une pareille charge. Eh bien, l'ouvrier qui fait le lundi, qui, sur six jours, en retranche un, établit volontairement sur son salaire, sur son travail, rien que par la perte du temps, un impôt du sixième; il s'enlève cette ressource à lui-même.

Est-ce tout? Non vraiment. Il y a bien autre chose! Il y a toutes les dépenses bonnes ou mauvaises qu'on fait ce jour-là et qui rognent les autres ressources. Est-ce tout encore? Non vraiment. Il y a la fatigue qu'on apporte le lendemain à l'atelier; les mauvaises dispositions, l'animosité quelquefois contre le patron, l'heure ou les heures de retard; il y a de l'ouvrage mal fait qui accroît les causes de difficultés; la perte de l'adresse, de l'habileté de main. Il y a ensuite le risque bien naturel d'être le premier ou les premiers renvoyés; car il faut convenir que si un chef d'atelier ne savait pas distinguer les bons ouvriers pour les garder de préférence et mettre les mauvais dehors (ce qui constitue une prime en faveur des premiers), ce chef d'atelier serait, tranchons le mot, un véritable imbécile. Est-ce tout encore ? Non vraiment, car pendant ce lundi que vous faites, Messieurs les amateurs, vous désorganisez l'atelier. Vous avez des camarades plus zélés, ou qui ont plus que vous besoin de leur salaire de ce jour, et qui travaillent comme à l'ordinaire; c'est très bien. Mais, faute de vous, peut-être, telle commande pressée ne pourra pas être livrée ; telle pièce qui ne peut être terminée qu'avec le travail réuni de celui-ci ou de celui-là, ne pourra pas être exécutée ; telle opération qui devient désavantageuse quand il n'y a pas un certain nombre d'ouvriers employés, une certaine quantité de matière mise en œuvre, une fonte, par exemple, ou ne sera pas faite, ou, si elle est faite, coûte que coûte, parce qu'il faut livrer, elle laissera au patron de la perte. Le patron, qu'on me pardonne de répéter l'expression, serait un imbécile, s'il ne tenait pas note de tout cela dans le compte des profits et pertes.

Les gens qui ont des ateliers un peu considérables et qui ne craignent pas de dire franchement ce qu'ils sont obligés de faire, reconnaissent tous qu'ils font entrer dans leurs frais généraux les pertes inévitables que leur occasionne le chômage du lundi. Or, quand les frais généraux prennent une part plus forte, c'est le salaire qui est rogné d'autant. Le bénéfice du fabricant, du manufacturier, se compose de ce qui lui reste *net* après qu'il a payé toutes ses dépenses. Si donc vous augmentez ses frais généraux, vous diminuez l'étendue de ses affaires et la prospérité de l'industrie à laquelle vous êtes attaché; vous lui occasionnez une perte qui vient réduire ce dont il pouvait disposer pour payer votre salaire; de sorte que ce n'est pas seulement du mal à vous-mêmes que vous faites, c'est aussi du mal à votre voisin. On voit que lorsqu'on se laisse aller à ces entraînements, on commet autre chose qu'un manque de moralité purement personnel : on est véritablement nuisible à son prochain.

Il n'est pas mauvais, je crois, que ceux qui se laissent entraîner ainsi le sachent. Mais il est bon surtout que ceux qui, malgré leur sagesse personnelle, sont victimes de ces écarts, n'ignorent pas qu'il est de leur intérêt et de leur devoir de réagir, autant qu'ils le peuvent, afin de n'en pas souffrir trop longtemps, contre des abus et des dangers qui leur imposent à eux-mêmes des privations, des inconvénients et des réductions de salaire.

Il serait facile d'insister sur ce point; mais ce n'est pas le seul à considérer. A côté de la réduction du salaire et du travail, des souffrances de l'industrie et de cette inévitable répercussion du mal de l'un à l'autre, il y a, ne l'oublions pas, des choses plus tristes, plus honteuses, plus dégradantes pour l'humanité; car lorsqu'on est sur une mauvaise pente, où s'arrête-t-on? Tel ouvrier est peut-être un brave homme au fond, un bon père de famille. Vous le rencontrez à la suite d'une journée où il s'est laissé entraîner par faiblesse; ce n'est plus un homme, c'est une brute. Il est là, comme je l'ai vu, je m'en souviens, un samedi soir, rue du Faubourg-Saint-Antoine, avant huit heures, ayant à côté de lui une femme charmante et un pauvre petit enfant qui s'efforcent de le ramener au logis, qui ont besoin de sa paie; et il répond d'un air hébété dans lequel déjà gronde la colère : « Laissez-moi tranquille. Je ne vous connais pas : *est-ce que j'ai besoin de vous, moi*? » Voilà ce qu'est cet homme qui peut-être, le lendemain, pleurera avec des larmes de sang le salaire qu'il aura si facilement gaspillé la veille, les dettes qu'il aura en outre contractées. Le voilà livré sans défense à toute espèce de dangers, de périls, de crimes peut-être.

Il y a à ce propos un livre que je me permets de

recommander à tous ceux qui ne l'auraient pas lu; ce sont *les Confessions d'un Ouvrier*, d'Emile Souvestre, un beau et bon livre en vérité; et comme il en faudrait beaucoup. C'est l'histoire d'un jeune ouvrier maçon, plein de bonnes intentions et de bons sentiments, qui devient, par la suite et peu à peu, entrepreneur, chef de famille aisé, sinon riche, heureux en somme, malgré des épreuves cruelles, parce qu'il a une bonne conscience et une excellente conduite. C'est le fils d'un autre maçon, honnête lui aussi, mais trop adonné à l'ivrognerie, et qui, un jour, étant monté sur un échafaud avec la tête mal assurée, a posé le pied là où il ne fallait pas et a été ramassé mort sur le pavé. A côté de ce jeune homme est un vieil ami de son père, qui essaie (et il y réussit) de le maintenir dans la bonne voie. Ce brave homme, mettant de préférence ses conseils en actions, le conduit un jour, sans lui parler de rien, dans une rue où ils n'ont pas l'habitude de passer. Arrivés là, et sans qu'il sache pourquoi, il lui montre une maison neuve et, au sommet de cette maison, une cheminée; puis il lui dit : « C'est *la cheminée de Jérôme* ! » — Jérôme, c'était le malheureux père, et la cheminée était celle d'où il était tombé. — Un exemple présenté ainsi semble devoir se graver dans l'esprit en traits ineffaçables.

Et pourtant cela est vulgaire, et cela arrive tous les jours. Il n'est aucun de nous qui n'ait eu l'occasion de voir un ouvrier qui, étant dans un état où il ne devait pas être, s'est blessé, s'est tué, ou s'est battu avec un camarade, l'a jeté sur des pierres, ou précipité dans un trou, ou l'a meurtri, contusionné, qui a commis un meurtre même, encore bien que, en dehors des fureurs du vin, il fût un bon et honnête homme. Ce sont là des exemples qu'il ne faut pas seulement avoir présents à la mémoire pour nous-mêmes, s'il en est besoin, mais qu'il ne faut pas craindre de mettre à l'occasion sous les yeux de ceux sur lesquels nous pouvons avoir quelqu'action, comme avait action sur le jeune La Rigueur le brave ouvrier dont je parlais tout à l'heure.

L'ouvrier, aujourd'hui, et il n'a pas tort, est jaloux de sa dignité, de sa liberté. Mais que deviennent-elles avec l'inconduite et l'intempérance ?

Est-ce que ce n'est pas, non seulement un abaissement, mais un esclavage, que la servitude de ces entraînements ? L'ouvrier a besoin de se posséder tout entier, d'être maître de ses mouvements pour ne pas s'exposer, pour ne pas faire éclater une machine à vapeur et tuer ses semblables. Il a besoin de se posséder aussi pour être, vis-à-vis de ceux avec lesquels il contracte, un homme jouissant de la plénitude de ses facultés, un homme que l'on ne traite pas comme on traiterait un être d'une nature différente. Or, soyons francs, est-il possible, si bien intentionné que l'on soit, de traiter de la même façon cet homme que l'on rencontre habituellement ivre ou à moitié ivre, sans ressources par sa faute, sans souci de sa famille, sans respect de sa tenue et de son langage, et cet autre homme que l'on voit toujours la tête droite, la démarche assurée, ennemi du cabaret, assidu à l'ouvrage, préférant un livre instructif ou une promenade agréable aux récréations malsaines, faisant par suite quelques économies, propre sur lui, et conservant dans le regard un peu de cette assurance sans morgue et de cette dignité ouverte que nous devrions tous avoir à cœur de conserver ? N'y a-t-il pas nécessairement un abîme entre la façon dont on traite l'un et la façon dont on traite l'autre ?

Il y a, en Suisse et en Allemagne, dit-on, des ouvriers dont la sobriété est proverbiable, ceux d'Appenzell par exemple, qui vivent avec 25, 30, 40 centimes par jour. Ces hommes-là sont-ils misérables ? Non, ils gagnent de très forts salaires pour les pays qu'ils habitent Et pourquoi ? Précisément, parce qu'étant sobres et économes, ils ont toujours derrière eux des ressources ; parce qu'on sait bien qu'ils n'attendent jamais après le morceau de pain du jour; et que, dès lors, il faut compter avec eux et leur donner exactement ce qui leur revient. Ils ne sont pas à la discrétion du premier qui les paie. Et puis, je tiens à le redire, on voit en eux des hommes à l'opinion desquels on tient; et l'on est heureux de se montrer à l'égard de tels hommes aussi équitable qu'il faut l'être.

C'est tout un monde, sachons-le bien, que cette question des bonnes ou mauvaises dispositions réciproques. C'est peut-être le côté le plus sérieux de nos difficultés sociales, et rien ne contribue plus à déprimer ou à accroître les salaires. Nous sommes encore à cet égard dans l'enfance, bien que nous ayons fait des progrès considérables, énormes (car il ne faut jamais se plaindre du mal sans reconnaître le bien). Nous sommes à l'état de machine imparfaite et mal graissée; et je ne mets pas en doute, pour ma part, que la moitié des forces vives de la société, pour le moins, ne soient perdues chaque jour dans les difficultés, les luttes et les animosités qui mettent aux prises, les uns avec les autres, les hommes ou les diverses catégories d'hommes. Chacun sait ce qu'on demande à une machine, et quel est le but constant de tout mécanicien; il s'agit d'obtenir le plus d'effet possible avec une force donnée; autrement dit de diminuer les frottements et les pertes. Il y a dans tout mécanisme une impulsion et il y a une résistance; la machine, quoi qu'on fasse, résiste et résistera toujours; l'excédant de force qui subsiste après que la résistance a été vaincue est, en réalité, la seule puissance employée utilement pour le travail auquel la machine est destinée. Eh bien, il en est de même des hommes. Je les comparais tout à l'heure à des rouages, et la comparaison est juste, car ils accomplissent en commun, même lorsqu'ils ne le savent pas, une grande besogne, une besogne universelle, qui est de produire toutes les choses dont ils ont besoin pour la satisfaction du corps et de l'esprit, pour l'alimentation, le vêtement, l'instruction et le reste. Si ces hommes marchent d'accord, s'ils sentent qu'ils vont au même but, s'ils sont probes, économes, soigneux, s'ils comprennent que leur intérêt à tous est de ne laisser perdre aucune force, parce que tout ce qui est perdu est perdu pour tous, alors ils produiront énormément, et, produisant énormément, ils auront chacun une large part. Mais si, au contraire, ils sont toujours à tirer, l'un à droite et l'autre à gauche, cherchant plus à se nuire qu'à s'aider; si, par exemple, le vol (car il faut appeler les choses par leur nom), si le vol est organisé en grand dans les ateliers; si, dans certains ateliers, on s'en fait comme un point d'honneur; s'il est reçu, et presque imposé de dérober ceci ou cela, de prélever une dime sur la matière première, soie, métal, ou autre, en appelant cela un supplément de salaire; si même, comme cela arrive, et indépendamment de ces vols proprement dits, qui au moins peuvent profiter à quelques-uns, on se fait souvent un malin plaisir d'empêcher le succès de la besogne dont on est chargé, si l'on trouve de bonne guerre de jeter dans une coulée quelque ingrédient qui la fera manquer, d'altérer une teinture, de brûler une étoffe, etc., quel est le résultat? C'est qu'il y a *moins de produit*; c'est qu'une partie de la force dépensée l'a été en pure perte; c'est qu'on a *travaillé pour rien*. C'est qu'on nourrit les uns contre les autres de mauvais sentiments, qui nuisent singulièrement au développement de la force musculaire elle-même et au profit. C'est aussi qu'on oblige l'atelier social à être en quelque façon comme un pays en état de siège, où il faut constamment s'observer, se surveiller, se tenir en garde les uns contre les autres. C'est que le capitaliste, le chef d'atelier, le patron, devra, par ce motif encore, faire à ces mauvais éléments dans le compte des profits et pertes une part très considérable quelquefois. C'est que l'ouvrier, quand il sera à son travail, regardera souvent par-dessus son ouvrage ou par-dessus la tête de son voisin, pour voir s'il ne peut pas jouer un mauvais tour au patron ou au contre-maître, et le patron, de son côté, au lieu d'être à sa besogne, de faire sa correspondance, d'améliorer sa fabrication, sera constamment occupé à surveiller et à espionner ceux qu'il emploie. En un mot, on perdra une portion considérable du travail et des facultés de tous ; on fera mal et peu, et l'on annihilera une partie notable des forces dont on pouvait disposer utilement. L'on aura donc réduit volontairement le travail et surtout les produits du travail.

Tout le monde désire voir augmenter le salaire ; mais y a-t-il deux manières d'augmenter le salaire ? Evidemment il n'y en a qu'une : c'est d'augmenter le travail et les produits du travail. Lorsque nous produisons peu, il est impossible que nous obtenions beaucoup. Il est donc de la plus haute importance, non seulement pour l'ouvrier, pour le salaire, mais pour le capitaliste, pour l'entrepreneur, que la valeur intellectuelle et morale des hommes s'élève. Il leur importe d'avoir des ouvriers intelligents, actifs, faisant bien leur besogne, ne flânant pas quand ils sont à l'atelier, se faisant un point d'honneur de respecter leur temps et l'œuvre qu'ils accomplissent ; cette œuvre, qui n'est pas autre chose qu'une incarnation de leur propre existence. Cela est de l'intérêt de tous. Et il faut que tous sentent combien cet intérêt est pressant, constant, incessant, non seulement pour le bien-être, mais pour l'indépendance qui est le résultat de l'accroissement du salaire.

Je parlais tout à l'heure des inconvénients de la fatigue excessive et de la nécessité de combattre cette fatigue par des diversions et des occupations d'autre nature. Avant de terminer, je voudrais ajouter un mot sur ce point.

Il y a, je suis heureux de le constater, un très grand progrès à cet égard dans les esprits. Il y a un certain nombre d'années, les ouvriers se plaignaient de la longueur des journées ; elles étaient excessives, en effet. Quelques hommes de bien, des *philanthropes*, comme on dit, s'en plaignaient aussi et réclamaient au nom de la morale, de la religion, de la dignité humaine. On leur opposait ce qu'on appelait la nécessité, on les traitait de *théoriciens*, ne comprenant rien à la *pratique*; on leur disait : « Que voulez-vous? nous gagnons déjà bien peu, et c'est la dernière heure qui fait le bénéfice du patron. » Et ce n'était pas tout. Sous l'influence de ces préoccupations, on attribuait aux lois qui règlent les rapports du salaire et du capital je ne sais quelle tendance fatale, mauvaise, antagonique : on croyait les intérêts opposés et contradictoires ; et l'on voyait les hommes, malgré le progrès des machines, malgré le développement de l'industrie, de l'intelligence, malgré la division du travail, condamnés à travailler de plus en plus et à devenir, comme on disait, les serfs de la machine.

L'expérience a parlé, et elle s'est prononcée dans un autre sens que celui dans lequel on croyait alors qu'elle devait se prononcer. Quelques esprits, moins troublés des critiques des soi-disant sages que des scrupules de leur conscience, ont fait cette réflexion que je faisais tout à l'heure. Ils ont dit : « Est-ce que véritablement il n'y a pas là quelque chose d'inadmissible, de révoltant, à quoi l'on ne doit se plier qu'en protestant, et s'il est absolument impossible de faire autrement? Quoi! tenir des hommes depuis 5 ou 6 heures du matin jusqu'à 8 et 10 heures du soir courbés sur le même métier, sans un moment de relâche! En vérité ce ne sont plus des hommes, ce sont des instruments, des êtres sans pensée, et il vaudrait mieux qu'ils n'eussent plus du tout la pensée pour ne pouvoir sentir le poids du sort qui les accable. » Par suite, on en est venu à ceci : « Il ne s'agit pas, s'est-on dit, du nombre d'heures passées devant le métier, il s'agit de ce qu'on produit. L'homme dépense ses forces, selon les cas, plus ou moins activement, plus ou moins utilement; et il ne peut pas être uniquement question du temps qu'on reste en face de l'ouvrage : il y a aussi l'énergie, l'action, l'intelligence qu'on y met. Si ces hommes avaient plus de repos, ils feraient peut-être plus en moins de temps ; s'ils avaient plus d'intelligence, ils feraient mieux; s'ils étaient mieux disposés, ils gâcheraient moins; et pendant ce temps, les machines, les matières, le combustible seraient épargnés. » — On a fait ce raisonnement qui nous paraît maintenant tout simple ; et l'on est arrivé à reconnaître que l'expérience faite sanctionnait pleinement les bonnes intentions de ceux qui raisonnaient ainsi.

En Angleterre, on a graduellement réduit la journée de travail à 10 heures en général; et comme, dans ce pays, le respect du dimanche est très grand, — ce que je me permets de déclarer une très bonne chose à tous les points de vue, — on a même supprimé la seconde partie de la journée du samedi, afin de laisser aux ouvriers un peu de temps pour leurs affaires et les choses dont ils ont à s'occuper. Le résultat n'a pas été une diminution de travail, de travail effectif; il a été plutôt une augmentation, en même temps qu'un relèvement de la condition des hommes auxquels on rendait ainsi une partie de leur existence.

Des expériences du même genre ont été faites de différents côtés. Un grand fabricant belge écrivait, il y a quelques années : « La raison de notre infériorité, c'est que nous travaillons trop longtemps ; avec deux heures de moins, nous produirions davantage et dans de meilleures conditions. »

Un Français, dont le nom est universellement connu, — il ne le sera jamais trop, — M. Jean Dollfus, a fait, dans ses grands ateliers de Mulhouse, la même expérience: il a réduit la journée de travail, et il a déclaré qu'au point de vue du fabricant comme à celui de l'ouvrier, l'expérience était concluante : il y avait bénéfice des deux parts.

Sans les tristes événements de la guerre, — la grande ennemie de l'industrie et par conséquent du salaire, — M. Dollfus aurait certainement poussé plus loin l'expérience; et il eût fourni à ses confrères un nouvel exemple à imiter.

La Chambre de commerce de Verviers, une ville industrielle encore, a déclaré qu'on doit faire, en huit ou dix heures, *autant et plus* qu'en quatorze ou quinze. Et j'ai sous la main un discours prononcé, avant la guerre aussi, à la *Société Industrielle de Reims*, par un négociant de cette ville, président de cette Société : j'y lis que tous les efforts faits pour l'instruction technique et générale de l'ouvrier ont produit de bons résultats ; mais ces résultats, dit M. Warnier, resteront imparfaits aussi longtemps qu'on persistera dans la longue journée de travail : car comment attendre de la masse des ouvriers, sortant de l'atelier à 8 h. 1/2 du soir, après douze heures de travail effectif, qu'ils aient encore l'esprit assez éveillé, assez présent, pour profiter beaucoup de ce qu'on vient leur apprendre ? C'est mieux que rien, c'est immense comparé à rien ; mais ce serait cent fois plus si une heure de repos, de réparation, de distraction permettait à ces hommes de venir frais et dispos dans les endroits où ils peuvent acquérir ce qui leur manque pour en reporter ensuite le fruit à l'atelier.

Ceci appelle toutefois, non pas précisément un correctif, mais une observation, que je me permettrai de présenter dans toute sa simplicité et dans toute son énergie.

Pour que le fabricant puisse utilement réduire la journée de travail, pour qu'il puisse faire avec profit cet *apparent* sacrifice, il faut qu'il ne soit pas seul à comprendre où gît la difficulté. Il faut qu'à la bonne volonté dont le patron fait preuve réponde, de la part des ouvriers qu'il emploie, une bonne volonté égale à la sienne. Si pendant dix ou onze heures, au lieu de douze, l'ouvrier ne se dit qu'une chose : « C'est du bon temps de gagné ; » si, restant moins à l'atelier, il n'y fait pas mieux, le fabricant sera dupe de ses bonnes intentions ; et, voyant qu'il est dupe, comme il faut bien qu'il défende ses intérêts, il reviendra à ses premières habitudes. Peut-être ajouterait-il, et les apparences y seront : « Vous voyez bien qu'il n'y rien à faire avec ces gens-là. »

Il faut donc qu'à toute réduction du temps de travail corresponde un accroissement d'énergie et de probité dans l'atelier. Il faut que non seulement l'ouvrier soit plus assidu (l'assiduité à l'atelier est le premier devoir), mais qu'il soit plus énergique ; qu'il s'emploie tout entier, qu'il donne ce qu'il peut donner, et qu'ainsi il intéresse le fabricant lui-même à lui réclamer de moins en moins de temps, en lui prouvant, par le résultat, que plus on lui laisse d'heures pour le dehors, plus il apporte de travail utile et effectif à l'atelier où il vient gagner son salaire.

Il y a dans l'industrie de l'imprimerie une catégorie d'ouvriers à la dénomination desquels on ne fait pas assez attention, Je veux parler des *hommes de conscience*, ainsi appelés parce que le genre de travail qu'ils font est de ceux qu'il est difficile, sinon impossible, de surveiller rigoureusement, et qu'il faut bien s'en rapporter un peu, si ce n'est tout à fait, à la bonne foi de l'homme pour le bon emploi de son temps.

Je n'hésite pas à le dire, la question de l'élévation du salaire ne sera véritablement résolue que le jour où tous, dans notre position, dans notre profession, quelle qu'elle soit, à un rang quelconque, petit ou grand, dans ce vaste atelier social dont nous faisons partie, nous aurons compris que nous devons être, sous peine de manquer à notre dignité et d'aller contre notre intérêt, des hommes de conscience ; le jour où nous nous ferons un point d'honneur de travailler toujours de notre mieux ; le jour où nous saurons, en particulier, que lorsqu'on a engagé son temps au service d'autrui, c'est une véritable improbité c'est un vol (on a dit le *vol de soi-même*) que de ne pas donner réellement ce qu'on peut donner. Que les ouvriers si souvent dupes de citations perfides, le voient enfin : c'est par cette voie, et non par les menaces et les violences, qu'on peut arriver à améliorer, à régénérer la société.

C'est en élevant les hommes qui, en définitive, je l'ai dit et répété à satiété, sont la source première de toute production, c'est en élevant les hommes qu'on élevera le travail. C'est en nous rapprochant tous, autant que possible, par l'élévation graduelle, d'un même niveau, que nous pourrons obtenir, pour nous d'abord et pour ceux qui viendront après nous ensuite, une condition meilleure, plus de bien-être, un bien-être dont nous saurons mieux jouir, une vie plus sagement employée, plus d'indépendance, plus de concorde, de meilleurs rapports les uns avec les autres. Assurément, nous ne bannirons jamais de la société toutes les misères, toutes les fautes, tous les vices, toutes les inévitables hostilités ; mais il est permis, si nous voulons y travailler énergiquement, d'en diminuer graduellement le poids et de préparer pour l'avenir plus de bonheur matériel, plus de bonheur moral, aussi, plus de satisfaction, en un mot, et plus de dignité, dans notre court passage sur cette terre.

L'ART DE S'ENNUYER

Lecture faite à l'Académie des Sciences *morales et politiques*

C'est un art que l'on n'enseigne pas, sous son nom du moins, dans les lycées et dans les institutions de demoiselles ; et, malgré les incessants remaniements de nos programmes, il n'a pas encore, que je sache, figuré sur la liste des arts d'agrément. Il n'en occupe pas moins, dans nos sociétés, tout ensemble trop et trop peu civilisées, assez de place pour mériter, de temps à autre, l'attention des moralistes et des économistes.

C'est par hasard toutefois, ou plutôt par ricochet, que l'idée m'est venue de lui consacrer quelques lignes. Par double ricochet même, pour être tout à fait exact.

Il y avait, au siècle dernier, en Allemagne, un brave homme, chef d'une institution de jeune gens, qui, en cette qualité de brave homme, prenait au sérieux sa profession, et, non content d'élever de son mieux les enfants qui lui étaient confiés, avait la prétention d'enseigner aux autres à bien remplir leur tâche d'éducateurs.

Il avait écrit, dans ce but, un certain nombre de petits traités, dont je ne citerai que deux : Les Fourmis *ou l'art de bien élever ses enfants* ; et Les Ecrevisses, *ou l'art de les mal élever*.

Pourquoi *les fourmis* ? Apparemment parce que les fourmis, si elles ne sont pas prêteuses, et si ce n'est là, au dire du bonhomme, que leur moindre défaut, sont laborieuses, économes, prévoyantes, ou tenues pour telles. Or le travail, l'économie, la prévoyance sont des qualités dont tous les hommes ont besoin et dont il est nécessaire, en conséquence, de donner l'habitude aux enfants.

Et pourquoi *les écrevisses*? Parce que ces animaux, à l'inverse, ont mauvaise réputation. Ils sont voraces, cruels; et, chose plus grave, ils passent pour marcher de travers. L'Académie Française, au dire des mauvaises langues, aurait elle-même consacré de son autorité ce préjugé défavorable en inscrivant dans une de ses éditions cette définition burlesque : *Ecrevisse, petit poisson rouge qui marche à reculons.*

L'écrevisse n'est pas un poisson, c'est un crustacé.

Elle n'est pas rouge, sauf exception, avant d'être cuite, pas plus que son grand cousin, décoré jadis par un poète trop marseillais du surnom de cardinal des mers. Témoin ce que chantait, en 1848, dans une revue de l'année, un marchand de comestibles, évidemment peu révolutionnaire :

> Dans ma boutique, où personne ne bouge,
> La politique a créé des partis.
> Plus d'un homard ne veut plus être rouge,
> Car il prétend que les rouges sont cuits.

Enfin l'écrevisse n'a pas une allure très gracieuse, il faut le reconnaître; et il peut lui arriver, comme à chacun d'entre nous, de marcher à reculons. Mais ce n'est pas sa marche habituelle, encore moins sa marche nécessaire.

Toujours est-il que c'est la marche qu'on se plaît à lui prêter, et la prétendue définition de l'Académie, que personne, d'ailleurs, à ma connaissance, n'a encore pu montrer dans son texte original, n'aurait jamais trouvé créance si ce préjugé était moins répandu. Cela étant, rien de plus naturel que de prendre les écrevisses pour type des gens qui élèvent leurs enfants de travers. Ils font comme elles : ils marchent à contresens.

Le petit traité de l'auteur allemand eut-il, de son vivant, beaucoup de succès? Je l'ignore. Mais il eut, longtemps après sa mort, une rare fortune. Notre éminent confrère Laboulaye, qui, avec ses yeux de myope, était un fureteur incomparable, le découvrit un jour dans la boîte d'un bouquiniste du quai voisin. Et, ayant à faire, à quelque temps de là, l'un de ces merveilleux discours de distribution de prix dont il gratifia, pendant plus de quatorze ans, l'institution Bertrand à Versailles, il le prit pour sujet de son allocution.

C'était un peu hardi, car c'était faire la leçon aux parents devant leurs enfants, autant au moins qu'aux enfants devant leurs parents. Mais il était de ceux à qui toutes les hardiesses sont permises; et il n'y avait pas de difficultés dont son art charmant et son tact infaillible ne fussent à même de se jouer.

Je suppose, disait-il donc, après son prédécesseur allemand, que vous avez un enfant bien portant, intelligent, aimable et d'un bon naturel. Vous voulez en faire un petit être maladif, bête, égoïste et insupportable. La chose est facile; et voici la recette en trois formules :

Pour avoir raison de cette belle santé qui évidemment, vous importune, bourrez-le de gâteaux et de friandises; laissez-le manger, à toute heure et à tout propos; couchez-le dans un lit trop mou et l'y étouffez sous des monceaux de couvertures et d'édredons; laissez l'y faire, tout à son aise, la grasse matinée bien au-delà du temps nécessaire au repos. Prenez garde qu'en courant, en jouant, en se servant de ses mains pour quelque exercice utile et viril, il ne développe ses muscles et fouette son sang; évitez-lui, selon le temps et la saison, le soleil et le vent, la pluie et la neige; tenez-le, comme une plante de serre chaude, à l'abri du contact vivifiant de l'air pur, sous prétexte de lui épargner les rhumes et les engelures, et soyez tranquilles, vous réussirez bien vite à lui faire perdre ses belles couleurs et à le rendre souffreteux et cacochyme.

Est-ce son intelligence à laquelle vous en voulez ? Surchargez son cerveau encore fragile; exigez de lui des efforts d'application excessifs et prématurés; contrariez, en l'asservissant à des méthodes rigides et en accablant sa mémoire de formules abstraites, l'essor naturel de ses idées; faites-en une machine à retenir sans comprendre au lieu d'une personnalité en éveil pour sentir et pour penser; étouffez sa curiosité naturelle sous l'amas des définitions, des distinctions et des analyses toutes faites et faites-lui perdre l'habitude et le goût de voir, d'observer et de juger par lui-même les réalités qui l'entourent pour l'enfermer dans le monde mort des livres et le réduire à l'état d'un perroquet répétant servilement, comme l'a dit André Chénier, *ce que d'autres ont lu*. Et soyez tranquille encore; vous aurez bientôt devant vous un pédant parfait, capable peut-être d'étonner les imbéciles par un vain cliquetis de mots et par le fatras d'une érudition stérile, mais incapable d'avoir une idée à lui et de sentir par lui-même. Il vous décrira au besoin, ainsi que le contait Bersot, en latin ou en français, en vers ou en prose, le chant du rossignol. Il ne l'aura jamais entendu, ou, s'il vient à l'entendre par hasard, il ne saura pas le reconnaître.

Soyez maintenant en admiration perpétuelle devant ce jeune prodige. Pâmez-vous devant ses gestes et ses reparties. Proclamez partout, et répétez-lui à lui-même qu'il est un petit modèle de grâce, de bon sens et d'esprit. Faites toutes ses volontés surtout, et dressez votre entourage à céder à tous ses caprices, jusqu'à ne pas permettre que sa bonne, s'il en a une, lui refuse la lune quand il la demande. Faites, en un mot, qu'il se croie et qu'il se sente un personnage, le centre de tout ce qui gravite autour de lui. Et vous le verrez bientôt entiché de sa petite personne et plein de son importance jusqu'à croire naïvement que tout lui est dû et qu'il peut sacrifier impunément tout à son égoïsme.

Ainsi, mais avec un agrément que je ne puis y mettre, parlait, après le pédagogue allemand, le moraliste français. Et il ajoutait, quittant le ton de l'ironie pour reprendre la voie directe du conseil : si vous voulez que vos enseignements portent fruit, qu'ils ne soient pas seulement en paroles, mais en exemples. Que vos enfants, en particulier, ne vous entendent pas à tout instant vous plaindre de ce qui vous manque, et reprocher au sort ses injustices, qui ne sont pas toujours aussi injustes qu'on se l'imagine. Qu'ils ne vous voient pas envier à tout propos la fortune de celui-ci, les équipages ou les toilettes de celle-là, la santé ou la réputation de cet autre, et, comme l'astrologue de la fable, à force de regarder en l'air, négliger de prendre garde au chemin où vous marchez. Il ne faut regarder ni au-dessus de soi, ni à côté ; il faut regarder devant soi, et faire son devoir.

Dans un autre de ses discours le même Laboulaye disait, en recommandant le travail, non seulement parce qu'il est une nécessité et une obligation, mais aussi parce qu'il est le remède par excellence contre l'ennui et contre toutes les fautes qui en dérivent : Voyez-vous ces beaux messieurs et ces belles dames qui passent étendus dans de belles voitures attelées de beaux chevaux et conduites par de beaux cochers ? Comme ils ont l'air de s'ennuyer ! Et comme, en effet, ils s'ennuient ! Comme la vie leur paraît lourde ; et comme ils se sentent à charge à eux-mêmes et aux autres ! Savez-vous pourquoi ? C'est parce qu'ils ne travaillent pas.

Non, assurément, voulait dire Laboulaye, parce qu'ils ne travaillent pas en ce moment (il est permis, commandé parfois, de prendre du répit ; et ce n'est pas un crime, quand on le peut honnêtement, de faire une promenade en voiture) mais parce qu'ils n'ont pas travaillé avant de se reposer ; parce qu'ils ne travaillent jamais. Parce que le travail, effort méritoire en vue d'un résultat sérieux et utile, ne tient aucune place dans leur vie, et qu'ils ne connaissent pas la virile satisfaction de se sentir bons à quelque chose et de s'être donné des droits aux avantages dont ils jouissent.

Et comme pendant, ou comme contraste : Es-tu heureuse, abeille ? disait-il en s'adressant à l'insecte occupé à butiner de fleur en fleur la matière de son miel et de sa cire. Es-tu heureuse, hirondelle ? disait-il à l'oiseau portant dans son bec les brins de paille et de mousse destinés à la confection de son nid, ou les moucherons qu'attendaient ses petits. Et l'hirondelle et l'abeille, à l'envi, de répondre simplement : Je travaille.

C'est en relisant, après bien des années écoulées, ces pages que tous devraient avoir lues, et que tous ceux qui les ont lues devraient relire, que la pensée m'est venue que l'on pourrait faire, pour l'art de s'ennuyer, le pendant de ce qui a été fait pour l'art de mal élever ses enfants.

Que dis-je ! pour l'art de s'ennuyer ! Et pour l'art de se ruiner, dans lequel excellent tant de gens qui, en courant trop vite après la fortune, la font fuir devant eux et rencontrent, comme s'ils les avaient cherchés, la misère et le déshonneur.

Et l'art de s'enlaidir, que pratiquent si assidûment les trois quarts au moins de la plus belle moitié du genre humain ? Celui-ci, Laboulaye encore lui avait dit son fait en passant. Avez-vous remarqué, disait-il, comme les honnêtes femmes, à force de courir après les toilettes les plus étranges, et de se mettre sur la tête des bottes de crins ou de foin, arrivent tout simplement, après avoir dépensé tout l'argent du ménage, à ressembler à celles qui ne sont pas honnêtes ?

Mais quittons ce terrain trop dangereux; et revenons à l'art de s'ennuyer,

Ou plutôt faisons une remarque, qui peut s'appliquer, ce me semble, à tous ces arts différents et qui en fait comprendre la déplorable unité. C'est que le proverbe n'a pas tort, quoi qu'on en pense parfois, qui nous avertit que le mieux, je veux dire ce que nous nous figurons tel, est l'ennemi du bien ; c'est que la satiété amène le dégoût, non moins pénible, plus pénible parfois, que le besoin ; c'est que l'esprit que l'on veut avoir gâte celui qu'on a ; qu'en aimant trop ses enfants, mais en les aimant mal, on fait leur malheur; qu'en accordant trop au désir de s'enrichir vite, on se prive des fruits assurés et savoureux du travail et de l'économie; qu'en se préoccupant outre mesure du soin de sa personne, on renonce aux agréments naturels qui en feraient le charme; et qu'en faisant de la recherche du plaisir et de la crainte de la peine le souci principal de sa vie, on n'arrive qu'à se rendre incapable de plaisir réel et à devenir la proie de cet ennui que l'on n'ose pas regarder en face.

Il y a des gens qui se plaignent d'être obligés de travailler; et il faut convenir que, pour certains, le travail, par sa nature ou par sa continuité, est dur. Mais combien plus dure encore est l'oisiveté sans trêve, volontaire ou forcée. Il est bon, je viens de le dire, de laisser parfois de la détente au corps ou à l'esprit; et se distraire ou se délasser, quand on le peut honnêtement, n'est qu'un moyen de mieux accomplir, en s'y maintenant plus dispos, sa tâche et son devoir. Mais ne songer qu'à se distraire et à s'amuser ; avoir pour objectif habituel et pour préoccupation principale ce qui ne devrait être, comme le mot le dit, qu'une diversion et un assaisonnement; ne songer, du matin au soir, ou du soir au matin, qu'à chercher ce qu'on pourrait bien faire pour occuper son inutilité et s'échapper à soi-même, c'est le plus sûr moyen de se rendre à soi-même et aux autres insupportable. Le loisir, dit Franklin, est un temps que l'on peut dérober à l'opiniâtre poursuite du pain quotidien ou aux impérieuses obligations du métier pour l'employer à quelque chose d'utile. Tout au moins est-ce un temps dont on doit pouvoir avouer l'emploi. Mais convertir la vie entière en loisir, voire en plaisir, et ne l'employer qu'à la poursuite des sottes satisfactions de la vanité ; se faire l'esclave de ses moindres fantaisies; s'astreindre à toutes les exigences artificielles de la mode, du qu'en dira-t-on ? et de ce *comme il faut* qui n'est trop souvent que *comme il ne faudrait pas* ; se faire, par une délicatesse factice et maladive, un épiderme qui ne peut plus supporter le pli d'une feuille de rose dans des draps de baptiste; se créer, faute de préoccupations sérieuses, des craintes chimériques et des chagrins factices; c'est à quoi l'on arrive fatalement quand on prétend se soustraire à l'obligation sainte et saine de la peine et de l'effort,

L'effort, par une loi naturelle, à laquelle il n'est pas en notre pouvoir d'échapper, est le sel de la jouissance, comme l'exercice est la condition de l'appétit. Il est en même temps le préservatif de toutes les déviations, et le plus sûr conservateur de la force qu'il renouvelle en l'employant. L'oisiveté, a dit encore Franklin, c'est la rouille qui use l'outil plus que le plus rude travail. C'est en même temps la porte ouverte à toutes les tentations; et Mme de Sévigné n'a pas eu tort quand elle l'a appelé le grand hameçon du diable. Bersot, qu'on ne m'en voudra pas de citer une seconde fois, dans un de ses aimables et spirituels articles, disait finement que le remède de l'agitation c'est l'action. C'est le remède ou le préservatif de tout; et de cette lassitude plus lourde que celle des plus pénibles besognes, qui suit l'engourdissement du repos exagéré et non gagné; et de cette lâcheté pernicieuse qui recule devant les tâches sans les essayer; et de cet abattement plus excusable que semble justifier parfois les déboires, les désillusions et les douloureuses épreuves de la vie. Notre corps, notre intelligence, notre cœur ont besoin d'être entretenus et stimulés par une incessante action. Ils ne vivent, à vrai dire, qu'autant qu'ils agissent. Vivre, c'est penser, agir et sentir. Et telle est la puissance de cet universel besoin d'activité que, le plus souvent, lorsque nous ne savons pas lui donner une satisfaction honnête, nous nous rejetons comme l'affamé auquel manquent les aliments substantiels ou comme le malheureux dont le goût s'est perverti par l'abus des excitations factices, sur ces fausses et malsaines occupations par lesquelles nous essayons de nous tromper nous-mêmes. Condorcet remarquait, au siècle dernier, que les désordres trop impitoyablement reprochés aux ouvriers et aux paysans de son temps devaient être en grande partie attribués à leur défaut de culture intellectuelle qui ne leur permettait pas de passe-temps moins grossiers. Combien n'en pourrait-on pas dire autant des dissipations plus coûteuses, et moins excusables, des victimes de la fortune et de ses entraînements! Les uns et les autres, avec des formes différentes, vont aux mêmes abîmes.

Le plus sûr moyen d'échapper à un danger, a-t-on dit souvent, c'est de marcher résolument sur lui, au lieu de l'attendre. Le plus sûr, ou plutôt le seul moyen d'échapper à l'ennui, c'est de ne pas le redouter et de faire, quoi qu'il en coûte, bon usage du temps pour ne pas être réduit à s'ingénier à le perdre en en faisant mauvais usage.

Je reprochais un jour à l'une de ces personnes dont la généreuse ardeur pour le bien ne connaît aucune borne et ne compte ni avec les fatigues, ni avec les sacrifices, ni avec les périls, de ne pas ménager assez ses forces et de s'épuiser outre mesure. Vous vous tuez, lui disais-je. Eh! me répondit-elle simplement, il faut bien se tuer à quelque chose. Il n'y a que cela qui fasse vivre et qui donne goût à vivre.

Oui, il n'y a que cela qui fasse vivre, si vivre est autre chose que végéter comme la plante ou passer comme un être inutile et malfaisant. C'est aussi la seule façon de se survivre, sinon dans la mémoire égarée des hommes, par le retentissement de quelques uns de ces faits éclatants qui ne sont pas toujours des faits honorables et bienfaisants, du moins par quelque prolongement heureux ou quelque postérité féconde de ses actes, de ses idées ou de ses paroles. Il n'y a pas d'autre procédé, en tout cas, pour se préserver sûrement de la langueur, du découragement et de l'abattement, qui, à certaines heures, atteignent toutes les existences. Et l'art de ne pas s'ennuyer, en fin de compte, c'est de ne pas avoir peur de l'ennui.

MALTHUS

ET LA VÉRITABLE NOTION DE L'ASSISTANCE

Je demande à l'Académie la permission de l'entretenir pendant quelques instants de Malthus et de ses doctrines. Ce ne sera pas, je me hâte de l'en avertir, une répétition de ce qu'elle a récemment entendu.

On a, en effet, dans ces derniers temps, beaucoup parlé de Malthus, à propos de ce qu'on appelle, non sans exagération, la dépopulation de la France. On n'en a pas toujours parlé en parfaite connaissance de cause et l'on n'a donné de lui ni une idée bien exacte ni surtout une idée complète.

Il n'y a pas lieu de s'en étonner. Peu de personnes ont ouvert le volumineux ouvrage qui porte pour titre : *Du principe de population*. Bien moins encore l'ont lu tout entier. Ce n'est pas, il est vrai, une lecture précisément attrayante. C'est un traité fort sérieux ou plutôt, comme il arrive aux Anglais, comme il est arrivé, soit dit sans irrévérence, à notre maître Adam Smith lui-même, une juxtaposition de traités ou de dissertations, assez mal proportionnés, assez mal agencés et d'une digestion passablement laborieuse.

Il n'en est pas moins vrai que pour se permettre d'en parler sans s'exposer à commettre de lourdes bévues et à tomber dans de grossières injustices, il faut l'avoir lu tout entier, et lu avec attention. Autrement on juge, comme ce personnage à qui deux lignes d'un homme suffisaient pour le condamner, sur une page, sur une phrase. On se contente, comme Proudhon, de connaître par ouï-dire la fameuse formule des deux progressions. Et ne tenant compte ni des explications ni des rectifications qui modifient ou précisent le sens de cette page ou de cette phrase, on se fait, selon sa fantaisie, un Malthus absolument de convention.

Je n'ai pas l'intention, ce serait manquer à ce que je viens de dire, de rectifier toutes ces erreurs et de restituer devant l'Académie, dans son ensemble, la véritable figure du célèbre écrivain. Je dirai seulement que c'est à tort qu'on lui a attribué le mérite ou le crime d'avoir, le premier, appelé l'attention sur l'inévitable rapport qui existe entre la population et les moyens d'existence. Adam Smith l'avait fait avant lui dans des termes assez peu différents. Mirabeau, le père, l'ami des hommes, s'en était préoccupé. Moheau avait écrit : *Des recherches sur la population*. Turgot, réfutant par avance les craintes excessives et forçant même la note en sens inverse, avait affirmé que la multiplication des subsistances est, selon l'ordre de la nature, bien plus rapide que la multiplication des hommes. Et Quesnay, disant avec sa concision et son originalité, en deux lignes, le dernier mot de la question, avait écrit cette phrase dont tous les termes sont à peser :

« La consommation ne peut excéder le produit. La mesure de la subsistance est celle de la population ; mais l'économie dans les dépenses, le bon emploi des consommations faites par les hommes utilement laborieux, peuvent accroître presque indéfiniment la masse des capitaux. »

J'ajouterai, sans y insister, qu'il serait aisé de trouver dans Malthus lui-même plus d'un passage qui se rapproche singulièrement de celui-ci. J'étonnerais assurément bien des personnes en dehors de cette enceinte, en mettant sous leurs yeux des pages où l'auteur du *Principe de population* parle de la nécessité de l'accroissement du nombre, signale les dangers de la limitation volontaire des familles et admet même qu'il puisse y avoir, dans certains cas, lieu à allouer des secours aux parents chargés d'un grand nombre d'enfants.

J'observerai enfin, c'est l'objet propre de cette communication, que l'on se trompe singulièrement quand on ne veut voir dans Malthus que l'homme du principe de population. Il y a un autre homme en lui et il y a autre chose dans son ouvrage que cette question de la population. J'oserai même dire que ce n'est pas elle qui, la première, lui a mis la plume à la main et que dans son dessein primitif elle était, malgré son importance, au second plan. L'accessoire, comme il arrive quelquefois, est devenu le principal, par l'étendue des développements tout au moins; mais c'était dans son esprit l'accessoire. Ce n'est pas la préoccupation du nombre, c'est la préoccupation de la misère qui a motivé les recherches et les réflexions du pasteur, de l'économiste et de l'historien.

« C'est méconnaître entièrement mes idées, a-t-il répété à maintes reprises, que de me considérer comme un ennemi de la population. Le vice et la misère sont les seuls maux que j'aie eus en vue de combattre. » — « Il faut désirer d'abord que les hommes soient heureux, dit-il presque dans les mêmes termes que notre aimable et vénérable devancier, Joseph Droz, et ensuite qu'ils soient nombreux. »

C'est donc le problème de la misère qui l'avait surtout attiré. C'est, comme plus tard le fondateur du prix Félix de Beaujour, les moyens de la prévenir ou d'y remédier qu'il s'était appliqué à rechercher. C'est comme un des éléments de cette recherche qu'il était arrivé à arrêter son attention sur le rapport de la population et des subsistances. Et ce sont, si l'on veut avoir de lui une idée exacte et complète, ses vues sur ce lamentable sujet de la misère et sur l'assistance à donner à ceux qu'elle atteint, dont il importe de se rendre bien compte. Ce sont ses doctrines, en fait de bienfaisance ou de charité, qu'il est nécessaire de connaître et d'apprécier.

Sur ce terrain, je n'hésite pas à le dire, il ne mérite que des éloges. Qu'on le juge avec le cœur, qu'on le juge avec la raison, il est également irréprochable. Au premier abord, on peut être surpris de telle ou telle sentence qui paraît rigoureuse : si l'on y regarde de plus près on s'aperçoit que cette apparente rigueur n'est que justice et bonté et qu'elle est inspirée uniquement par le plus sincère amour de l'humanité, par un amour réfléchi que soutient et qu'éclaire le sentiment profond de la responsabilité morale.

C'est longtemps après Malthus que Bastiat a écrit son charmant opuscule sur *Ce qu'on voit et ce qu'on ne voit pas.* Mais c'est longtemps avant lui qu'il a été sage de juger les actes comme les arbres par leurs fruits et de ne point s'arrêter, comme le fait malheureusement le grand nombre, aux premières conséquences et aux premières impressions. L'instinct de la pitié nous porte à tendre sans réflexion la main vers quiconque nous implore et à nous laisser aller à l'émotion que provoque naturellement la simple apparence de la souffrance. Une philanthropie qui se croit religieuse et qui est respectable lorsqu'elle est sincère, dit même à ce propos, en commentant le précepte de l'aumône : « C'est une semence précieuse qu'il faut répandre à pleines mains sans se préoccuper de la terre sur laquelle elle tombera C'est à Dieu qu'on l'offre dans ses semblables. C'est lui qui tiendra compte de l'intention. »

Une philanthropie plus soucieuse de ses conséquences, plus efficace et par conséquent plus religieuse en même temps que plus humaine, professe, au contraire, que, par cela même qu'elle est précieuse et par cela aussi qu'elle n'est pas illimitée, cette semence de l'aumône ne doit pas être jetée au hasard, mais distribuée avec intelligence et de façon à produire de bons effets et surtout à n'en pas produire de mauvais. C'est celle de Malthus, comme celle de saint Paul et de Franklin, avant lui ; de Charles Comte, de Dunoyer et de Bastiat, après lui. N'est-ce pas saint Paul, l'auteur de cette admirable page sur la charité, cette charité qui supporte tout, mais qui cependant n'agit pas au hasard : *perperam*, qui a prononcé avec l'autorité qui lui appartenait, cette sentence sévère : « Si un homme ne veut pas travailler, il n'est pas digne de manger »? N'est-ce pas Franklin, le type de la sagesse bienveillante, qui, en face de l'organisation factice de l'assistance en Angleterre, s'est demandé si la taxe destinée au soulagement des pauvres n'était pas en réalité une taxe pour le maintien de la pauvreté ?

« Je suis d'avis, a-t-il dit, de faire du bien aux pauvres ; mais je diffère sur les moyens. Je pense que la meilleure manière de leur faire du bien n'est pas de les mettre à l'aise dans la pauvreté, mais de les conduire hors de cet état. Dans ma jeunesse, j'ai beaucoup voyagé ; et j'ai observé dans différents pays que plus il y a de secours publics organisés en faveur des pauvres, moins ils songent à se secourir eux-mêmes et plus ils tombent de mal en pis. Avec toutes nos obligations, nos pauvres sont-ils humbles, modestes, reconnaissants? Employent-ils tous leurs efforts à s'entretenir eux-mêmes et à alléger nos épaules de ce fardeau? Au contraire, j'affirme qu'il n'est point de pays dans le monde où les pauvres aient plus de nonchalance, de libertinage, d'ivrognerie, d'insolence. Le jour où vous avez passé cet acte, ajoute-t-il en parlant de la loi qui astreint chaque paroisse à entretenir ses pauvres, vous avez fait disparaître de devant leurs yeux le plus puissant des encouragements au travail, à l'économie, à la sobriété, en leur enseignant à se fier sur quelque autre appui que sur le soin d'amasser pendant la jeunesse et la santé les ressources contre la vieillesse et la maladie. En un mot, vous avez offert une prime d'encouragement à la paresse ; et vous ne devez pas vous étonner maintenant qu'elle ait porté ses fruits par l'accroissement de la pauvreté. »

Malthus n'a pas dit au fond autre chose. Il a constaté

que les lois de la nature proclament, comme saint Paul, la nécessité du travail. Il a repris, après Franklin, le procès de la législation artificielle qui allait dans son pays à l'encontre des lois de la nature. Il a démontré avec Droz encore, qu'il y a une fausse charité, qui d'hommes fait des mendiants, et proclamé que la vraie charité doit tendre à transformer les mendiants en hommes ou à empêcher les hommes de devenir des mendiants. Il a affirmé enfin qu'en rien l'homme ne doit agir sans réflexion et comme un être irresponsable. Et posant en principe que l'impulsion de la bienveillance, comme tous les sentiments humains, doit être réglée selon les résultats de l'expérience, il a formulé dans un chapitre intitulé : *De la direction à donner à notre charité*, les règles que conseille, en effet, l'expérience, d'accord, il n'a pas de peine à l'établir, avec les préceptes les plus élevés de la morale et de la religion. Qu'il me soit permis de rappeler par quelques citations textuelles ces enseignements véritablement admirables :

« Nous sommes des êtres doués de raison, dit-il; nous ne pouvons manquer de reconnaître que c'est pour nous une obligation de considérer les suites de nos actions; et si nous découvrons qu'en certains cas ces suites sont funestes pour nous ou pour d'autres, nous pouvons nous tenir pour assurés que cette manière d'obéir à nos passions, ne convient pas à notre état ou, en d'autres termes, n'est pas conforme à la volonté de Dieu. »

Voilà le principe en vertu duquel il s'efforce de tout ramener à ce qu'il appelle la grande règle de l'utilité, c'est-à-dire du bien général. Et voici maintenant l'application en ce qui touche à l'exercice de la bienfaisance ou, comme il dit, de la charité :

« Si le degré du malheur apparent est la seule mesure de notre libéralité, elle ne s'exercera guère que sur des mendiants de profession, tandis que le mérite modeste et malheureux, luttant contre d'inévitables difficultés, mais aimant jusque dans la misère la propreté et s'attachant à conserver des formes décentes, sera négligé. Nous encouragerons la fainéantise et nous laisserons périr l'homme actif et laborieux. En un mot, nous irons directement contre les lois de la nature et nous diminuerons la somme du bonheur ».

Je le demande, n'est-ce pas là le langage de la raison même, et cette raison est-elle sèche et froide? N'est-elle pas, au contraire, éclairée et échauffée par le double sentiment du respect de soi-même et du respect de l'amour des autres? Que l'on médite, si l'on en doutait, les passages que voici :

« L'un des effets les plus utiles de la charité est celui qu'elle a sur l'homme même qui l'exerce. Il est plus doux de donner que de recevoir... La manière d'exercer la bienfaisance qui est la plus avantageuse aux pauvres est précisément celle qui est la plus propre à perfectionner celui qui donne. On peut dire de la charité comme de la pitié, qu'elle n'a rien de contraint, qu'elle se répand sur la terre comme une douce rosée ».

Ainsi parle cet homme dur, ce logicien impitoyable, devant qui, suivant l'opinion vulgaire, les hommes ne comptent pas, les produits seuls ont de la valeur et dont le nom est devenu pour beaucoup synonyme, non seulement d'insensibilité, mais de cruauté et d'immoralité. Mais continuons. Il insiste de nouveau, après Franklin, sur les abus de ces distributions mécaniques, que l'on décore à tort du nom de charité et auxquelles manque, dit-il, le caractère distinctif de la véritable bienfaisance. Et que leur reproche-t-il par dessus tout? C'est de « tendre à dépraver ceux de qui on exige » la taxe « comme ceux à qui elle est destinée. » « Au lieu d'un soulagement réel, il n'en résulte qu'une aggravation et une multiplication de misère d'une part, et de l'autre, au lieu des sensations délicieuses que produit l'exercice de la véritable bienfaisance, un mécontentement et une irritation permanente..

Cette charité forcée ne laisse dans l'âme aucun doux souvenir, aucune impression capable de perfectionner le cœur. » Et il ajoute :

« Il en est bien autrement de cette charité volontaire et active qui connaît en détail ceux dont elle soulage les peines ; qui sent par quels étroits liens sont unis le riche et le pauvre et s'honore de cette alliance ; qui visite l'infortuné dans sa demeure et ne s'informe pas uniquement de ses besoins, mais de ses habitudes et de ses dispositions morales. Une telle charité impose silence au mendiant effronté qui n'a pour recommandation que les haillons dont il affecte de se couvrir ; elle encourage, au contraire, soutient, console, assiste avec libéralité celui qui souffre en silence de maux non mérités ».

Vient ensuite une admirable citation de Townsend qui, après avoir fait le tableau repoussant de ce qu'on voit autour de la table où se fait le payement de la paroisse, dit à son tour :

« On ne peut, au contraire, imaginer rien de plus noble et de plus touchant que la charité qui descend dans l'humble chaumière du pauvre, pour y encourager le travail et la vertu ; dont la main secourable nourrit celui qui a faim, distribue des vêtements aux malheureux qui en sont privés et adoucit le sort de la veuve et de l'orphelin.

« Rien de plus beau et de plus touchant, si ce n'est peut-être les douces larmes de la reconnaissance, les yeux brillants d'une joie pure, les mains levées au ciel, expression naïve des sentiments que font éprouver des bienfaits inattendus distribués avec discernement. On sera souvent témoin de ces scènes attendrissantes si on laisse les hommes à eux-mêmes et s'ils jouissent pleinement du droit de disposer de ce qui leur appartient dans l'exercice de la bienfaisance ».

Malthus s'approprie, par l'éloge qu'il en fait, ce beau passage, et il continue :

« Il est, je crois, impossible d'être souvent acteur dans ces scènes sans croître journellement en vertu. Il n'y a point d'occasions où nos affections, en prenant l'essor, doivent contribuer plus efficacement à purifier le cœur et à inspirer des sentiments élevés. C'est là vraiment la seule espèce de charité de laquelle on peut dire qu'elle fait le bonheur de celui qui la pratique ; et c'est aussi, en général, la seule qui fasse le bonheur de celui qui en est l'objet. Il est sûr au moins que l'on trouverait difficilement quelque autre manière de faire la charité qui, par la distribution de sommes très considérables, ne mette en danger de produire plus de mal que de bien. »

Que l'on écoute encore les lignes suivantes :

« Si, par la direction que nous donnons à nos secours publics ou privés, nous déclarons que l'homme qui ne veut pas travailler ne cessera pas d'être jugé digne de manger; que celui qui se marie sans aucun moyen de soutenir sa famille ne cessera pas de voir sa famille soutenue, il est clair que nous contrarions par une attaque régulière et systématique les vues bienfaisantes par lesquelles les lois de la nature ont été établies. Il n'est pas possible de croire que ce soit dans ce but que l'auteur de ces lois a mis dans notre cœur les passions qui l'animent. »

Qu'y a-t-il donc à faire, selon Malthus, et quel est son programme de charité ? Le voici :

« Dans le cours des événements de la vie humaine, lors même qu'ils se présentent sous l'aspect le plus favorable, on voit quelquefois de justes espérances déçues ; on voit le travail, la prudence et la vertu privés de la récompense qui leur est due et traînant à leur suite des calamités imprévues. Ce sont ceux qui souffrent ainsi, malgré les plus généreux efforts, ceux qui succombent sans l'avoir mérité, que l'on peut envisager comme les vrais objets de la charité. En soulageant leurs maux nous remplissons le plus saint devoir de la bienfaisance. Ce devoir consiste à adoucir les maux partiels qui naissent des lois générales. En donnant à notre charité cette heureuse direction, nous n'avons point à en craindre les suites. Des malheureux aussi dignes de pitié doivent être secourus par tous les moyens qui sont en notre pouvoir, avec libéralité, de manière à suffire pleinement au besoin qui les presse, lors même que, pour le faire, nous serions forcés d'abandonner à leur sort ceux qui l'ont bien mérité et qui sont indignes de toute espèce d'estime. »

Voilà, certes, une distinction bien faite. Voilà aussi le devoir nettement et *pleinement* établi à l'égard de ceux qui sont réellement dignes d'assistance et à qui l'assistance ne peut nuire. Est-ce à dire que pour ceux qui n'en sont point dignes, qui ont en quelque sorte appelé eux-mêmes sur leur tête les maux qui les accablent, il n'y ait, selon Malthus, rien à faire, et qu'il suffise, sans autre sentiment que le mépris et le dégoût qui trop souvent leur paraît dû, de les abandonner à leur sort comme un déchet humain, sorte de sécrétion malsaine du corps social qu'on est malheureusement réduit à éliminer ? Le dernier membre de phrase que je viens de citer indique déjà que Malthus ne va point jusque-là. Il s'en explique plus clairement dans le paragraphe suivant :

« Après avoir satisfait à ce premier devoir de bienfaisance, continue-t-il, il peut être permis d'accorder un regard compatissant à l'homme paresseux et imprévoyant. Mais alors même, le bien de l'humanité exige que nos secours soient distribués avec épargne. Nous pouvons prendre sur nous d'adoucir avec prudence le châtiment que la nature inflige à ceux qui ont violé ses lois; mais nous devons nous garder de faire en sorte que le châtiment soit entièrement méconnu : c'est avec justice que celui qui le subit se trouve descendu au dernier rang dans l'ordre social. Si nous prétendons l'en faire sortir et le maintenir dans une situation plus élevée, nous manquons le but de la bienfaisance et nous commettons une injustice envers ceux qui sont au-dessus de lui. Il faut qu'il n'ait en aucun cas, dans la distribution des choses de la vie, une part égale à celle du simple ouvrier. »

Comment ne pas être frappé de la justesse et de la profondeur de ces remarques ? Elles ne peuvent surprendre que ceux qui n'ont jamais essayé d'aller au-delà de la surface de cet océan de misère réelle ou apparente qui couvre encore une si grande partie de nos sociétés ; de ces eaux d'amertume, pour parler encore comme Malthus, que l'on ne peut abaisser qu'en en tarissant les sources et non, comme on s'obstine trop souvent à le faire, en les comprimant sur un point pour les faire refluer sur un autre. Les personnes qui ont quelque peu sondé les abîmes de la mendicité parisienne, — j'en dirai quelque chose tout à l'heure, — affirment qu'il faut qu'un mendiant de profession soit bien maladroit s'il ne se fait des journées doubles ou triples de celles d'un ouvrier. J'ai eu, par des faits récents, la preuve que ce n'est point là une assertion de fantaisie, et que tels et tels, sans même déployer toujours beaucoup d'adresse, se font, en effet, un traitement égal à celui d'un membre du Parlement ou d'un directeur de ministère.

Franchement, quand on voit de telles conséquences de la facilité aveugle avec laquelle, pour s'éviter la peine de chercher le besoin qui se cache ou de discuter la valeur des sollicitations qui se produisent *au grand jour*, on laisse tomber au hasard des oboles dont l'ensemble forme un budget immense ; quand on se dit qu'il suffit à certains exploiteurs de la pitié animale ou de la faiblesse des passants d'être paresseux et malpropres pour vivre dans l'abondance, on est tenté d'admirer la naïveté des braves gens qui, pour gagner moitié moins, accomplissent tous les jours de durs travaux et se résignent à manger leur pain, suivant le vieux précepte, à la sueur de leur front.

Malthus est donc, comme on le voit, suffisamment indulgent et accessible à la pitié, même envers ceux qui n'y ont d'autres titres qu'un malheur mérité. Ce n'est pas tout :

« Ces raisonnements, dit-il, ne s'appliquent pas au cas d'une urgente détresse produite par quelque accident que n'a point occasionné l'indolence ou l'imprudence de celui qui en est la victime. Si un homme se casse la jambe ou le bras, notre devoir est de le secourir et non de nous informer de son mérite. »

C'est le mot de l'enfant au Magister dans *La Fontaine* :

Eh, mon ami, tire-moi du danger,
Tu feras après ta harangue !

« Cela est parfaitement d'accord avec la règle de l'utilité. En donnant ainsi sans choix un généreux secours, il est peu à craindre que nous excitions les hommes à se casser les bras et les jambes pour en profiter. »

A se casser les bras et les jambes à eux-mêmes ? Non, en effet. A les casser à d'autres, à estropier des enfants pour en faire montre, ou à simuler la perte d'un avant-bras que l'on s'exerce à dissimuler habilement dans la manche ? C'est différent, malheureusement. Et c'est pourquoi, même en présence de bien des cas, qui semblent ne commander que la pitié et l'assistance, il est encore bon d'avoir quelque méfiance, et, comme dit la langue populaire, d'ouvrir l'œil.

Quoi qu'il en soit et sous cette réserve, on ne peut qu'approuver encore les conseils de Malthus. Voici, d'ailleurs, en quels termes il conclut :

« Toutefois, *en aucun cas, nous ne devons perdre l'occasion de faire du bien*, d'après la supposition que nous trouverons quelque autre objet plus digne de nos bienfaits. Dans tous les cas douteux, on peut établir que notre devoir est de céder à l'instinct de la bienveillance. Mais lorsque nous pouvons remplir l'obligation que la raison nous impose, de peser avec soin les suites de nos actions, si notre expérience et celle d'autrui nous ont fait voir qu'il y a une manière d'exercer la bienfaisance qui est préjudiciable et une autre qui produit les meilleurs effets, nous sommes certainement tenus, en qualité d'agents moraux, de réprimer nos penchants lorsqu'ils prennent la première de ces directions et leur donner cours dans l'autre, afin d'acquérir l'habitude de pratiquer ce que nous savons être utile et avantageux aux autres et à nous-mêmes. »

Telle est donc, dans ses traits essentiels, la doctrine de Malthus sur la charité. Je le répète, c'est la seule qu'avoue à la fois et la science économique et la morale ; c'est la seule qui mérite ce beau nom de charité qui veut dire amour, parce que c'est la seule dans laquelle l'amour vrai, l'amour raisonnable et efficace du prochain trouve sa place; la seule en même temps qui mérite le nom de bienfaisance, parce que c'est la seule qui aboutisse à faire du bien et qui empêche de faire du mal. Les bienfaits mal placés, disaient déjà les anciens, sont des méfaits : *Bene facta, male locata, male facta sunt.* Et qu'est-ce au fond, si ce n'est l'observation, autant qu'elle peut se réaliser ici-bas, de la loi suprême du mérite et du démérite ; une imitation insuffisante de cette séparation des brebis et des boucs qui doit, suivant l'Evangile, moins imparfaitement s'effectuer dans les sphères célestes ; et, pour ne pas sortir de l'Académie, cette distinction, si difficile mais si nécessaire, entre le vrai pauvre et le faux pauvre, qu'elle a sanctionnée de son approbation en récompensant le Mémoire de M. Mamoz sur l'assistance par le travail et sur laquelle celui de nos confrères qui a été l'organe de la commission a si justement insisté ?

J'ai terminé le résumé que je m'étais proposé de faire des idées de Malthus sur la charité et l'assistance ; et sans joindre aux citations que je lui ai empruntées d'autres citations qu'il m'eut été facile de multiplier, j'ai suffisamment montré peut-être que ses doctrines sont celles de la plupart des économistes. Je pourrai dire aussi des administrateurs sérieux et invoquer notamment un rapport que j'ai commencé jadis il y a trente-cinq ans, de M. l'inspecteur général de Watteville. On lisait, entre autres, dans ce rapport, « que depuis soixante ans on n'avait jamais vu un seul indigent retiré de la misère par l'assistance publique et qu'elle constituait souvent, au contraire, le paupérisme à titre héréditaire. » Mais je ne veux pas prolonger ce qui pourrait paraître une discussion théorique et je m'arrête, à moins que pour bien montrer par des faits combien est vraie cette dernière et triste constatation et quels abus engendrent fatalement les secours donnés sans discernement, la bienveillance de mes confrères ne m'encourage à mettre sous leurs yeux quelques exemples pris parmi ceux dont je puis garantir l'authenticité Les faits en disent plus que les paroles et les faits en cette matière sont, hélas! aussi éloquents qu'abondants.

Un jour — c'était à Versailles — un brave prêtre, l'abbé Girard, voit venir chez lui une femme qui lui fait du triste état de sa famille une peinture tellement émouvante que de sa pauvre bourse, il n'hésite pas à tirer une pièce de vingt francs. Encore est-il désolé de ne pouvoir donner davantage, et le soir, en rentrant chez lui, il veut aller porter au moins à ces pauvres gens quelques paroles de consolation. Il avait demandé l'adresse et, par extraordinaire, on ne lui en avait pas donné une fausse. En approchant, il est tout surpris d'entendre son nom. « Tourne, Girard! disait-on. Tourne, mon bon Girard! » Il entre. On était assis autour d'une table bien servie et, devant le feu, achevait de se dorer un superbe dindon auquel on avait eu, par reconnaissance évidemment, l'attention de donner son nom.

Dans une autre région, à l'extrémité de Paris, un jeune homme, attaché alors comme secrétaire au célèbre pasteur Coquerel, était allé plusieurs fois porter des secours dans une honnête famille, dont le logement, garni de petits lits d'enfants bien tenus, respirait l'ordre et inspirait la confiance. Il y retourne un jour de Noel. La chambre était vide et cependant il lui semblait entendre un bruit de voix.

A force de chercher, il trouve dans la muraille une porte

habilement dissimulée. Il la pousse. Une quinzaine d'individus, bien mangeant et bien buvant, étaient réunis, et l'un d'eux, l'honnête père de famille, à ce moment même levait son verre : « A la santé de cet imbécile de X... ! » X..., c'était lui. Inutile de dire s'il remercia.

On serait presque tenté, si l'on ne réfléchissait aux conséquences, de rire de ces mésaventures, aussi bien que de beaucoup d'autres artifices de la mendicité courante, qui, en effet, ont leur côté plaisant en même temps que leur côté douloureux.

Qu'un homme apporte tous les matins à une barrière fréquentée un tableau qui représente un pauvre paralytique avec une inscription touchante et que le soir il le remporte comme il l'a apporté, sur son dos, après avoir passé la journée étendu à côté ; qu'un autre, à quelques pas de là, reçoive, sans avoir l'air de les voir, les sous des passants et qu'à la nuit il retourne comme il est venu, par le chemin de fer, auquel il est abonné, dîner confortablement en lisant son journal dans un des bons restaurants du quartier de la Madeleine, ce ne sont là, après tout, que des peccadilles et l'on a plus envie de hausser les épaules, en se moquant de la bêtise des dupes, que de se laisser aller à une grande colère. Mais lorsque la mendicité prend la forme d'une escroquerie caractérisée et que pour arriver à ses fins elle a recours à ces honteuses exploitations de l'enfance dont je parlais tout à l'heure, ou ne craint pas de se jouer des sentiments les plus respectables et les plus sacrés, elle atteste chez ceux qui s'y livrent un abaissement du sens moral, une dépravation qui est à la fois une honte pour la société qui la tolère et un danger pour sa sécurité.

On connait assez les premiers de ces abus. Voici quelques spécimens des autres.

Un jour, c'est une vieille femme qui vient, en s'arrachant les cheveux, demander quoi ? De l'argent ? Des vêtements ? Non. Un simple drap, un vieux drap pour ensevelir sa fille qui vient de mourir en lui laissant deux petits enfants en bas-âge. Comment résister à une telle douleur ; et comment avec le drap que l'on demande, ne pas donner l'argent qu'on ne demande pas ? La plupart s'y laissent prendre et la récolte est bonne. Si cependant par défiance ou par désir de mieux faire en allant soi-même porter la consolation dans la pauvre demeure, on se rend à l'adresse indiquée, l'adresse est fausse et l'on en est pour sa peine. Un autre jour, ce n'est pas le vol au linceul, mais c'est le vol à l'enterrement ; une variante. Un pasteur — prêtres et pasteurs sont le point de mire naturel des escrocs qui jouent de la corde sensible — voit entrer chez lui un homme à la figure toute bouleversée. Il vient de perdre sa femme, le malheureux, et Dieu sait avec quelles larmes il la pleure ! Pour la soigner, il a tout sacrifié ; il ne lui reste plus rien, pas même un vêtement convenable pour la conduire à sa dernière demeure. Est-ce que M. le pasteur sera assez bon tout de même pour venir faire le service ? Il y tient tant à ce service !

Naturellement, le pasteur répond que c'est son devoir, et, pour le remplir, demande l'heure et le lieu de la cérémonie. Le lendemain, il arrive exactement, en robe, dans une voiture qu'il a prise à ses frais. Il se trouve en face d'un superbe terrain vague et il n'a qu'à retourner chez lui en regrettant sa course, son temps perdu et les pièces de monnaie que discrètement il avait glissé dans la main du pauvre homme et que celui-ci est allé boire en se demandant auprès de qui il pourrait bien recommencer.

Je le répète, si je cite ces faits c'est uniquement à titre d'illustration, ou, comme on dit aujourd'hui, de documents humains. J'en pourrais produire un très grand nombre sans sortir de ce qui est à ma connaissance personnelle. Un dernier seulement, parce que son invraisemblance même lui donne une signification particulière.

Habitant la campagne et y employant quelques ouvriers, j'avais vu venir à moi un jour un homme qui m'avait été aussitôt signalé par eux comme n'ayant pas de chance. « Il cherche toujours du travail, m'avaient-ils dit, ce pauvre Piton, et il ne peut jamais en trouver. Vous n'avez qu'à lui en offrir, M. Passy, et vous verrez. » Je vis en effet qu'en lui en offrant je lui sauvais la vie et qu'il reviendrait le lendemain. Le manège se répéta plusieurs fois, et le lendemain ne venant jamais, je finis, un matin qu'il était plus pressant, par lui offrir, pour le jour même, à titre d'essai, ne l'ayant jamais vu à l'œuvre, un prix moyen. Il ne se mit pas même à l'essai. Une huitaine plus tard, j'apprenais qu'on l'avait trouvé mort de faim. Et comme je rappelais qu'il n'avait tenu qu'à lui de venir gagner de quoi manger, même en ne faisant pas grand'-chose : « Il l'a dit, me répondit-on ; mais il avait tellement perdu l'habitude des outils qu'il n'avait même plus le courage de les regarder! »

Et pourquoi ? Parce qu'à côté de lui il avait eu une sœur, malade ou infirme, à laquelle on s'était intéressé et qui avait partagé avec lui le pain blanc, la viande ou les douceurs qu'elle recevait. Il avait pris l'habitude de vivre ainsi et, le jour où cette commode ressource lui avait manqué, il s'était trouvé incapable d'autre chose que de se laisser mourir.

C'est le dernier terme de la pente, et tous ne glissent pas jusqu'à ce terme. Mais la pente est fatale, et bien peu, une fois qu'ils y sont engagés, ont la force de la remonter. Toute assistance, quelle qu'elle soit, qui, par sa régularité ou son uniformité, supprime plus ou moins chez l'homme la crainte et la préoccupation de l'avenir, affaiblit du même coup son énergie et émousse en lui le sentiment de sa dignité : « Il est, dit Malthus, auquel je reviens en terminant, tout à fait important pour le pauvre, c'est-à-dire dans son intérêt à lui, que personne ne puisse envisager la charité comme un fonds sur lequel on a le droit de compter. Il faut que les secours étrangers ne soient qu'un objet d'espérance fondée sur la bonne conduite. Le malheur et la misère se proportionnent toujours à la quantité d'aumônes distribuées sans choix. » Eux aussi croissent, en raison des subsistances. Et voilà, on le voit, comment Malthus a été amené de l'étude de la misère à celle de la population.

L'observation est profondément vraie. Elle l'est à tel point, il est douloureux de le dire, que les institutions même les plus irréprochables en apparence, celles qui ne pourvoient qu'à des besoins avérés et à des nécessités pressantes, par cela seul, qu'au lieu d'être à l'état de secours intermittents et incertains, elles deviennent des institutions permanentes, risquent de devenir du même coup, pour une partie de ceux qui y ont recours, une excitation à la paresse, à l'imprévoyance et à l'abandon de soi-même. La bouchée de pain que l'on fait manger devant soi à celui qui a faim, l'asile que l'on ouvre pour la nuit à celui qui n'a point de gîte, sont incontestablement des secours qui répondent à des besoins réels et urgents. Peut-être vont-ils sauver de la mort par le froid ou par l'inanition un malheureux arrivé par sa faute ou sans sa faute à la plus extrême détresse. Peut-être demain ce noyé, auquel on aura tendu la perche, reprendra-t-il pied sur le rivage et achèvera-t-il de se sauver lui-même. Ce sera dans ce cas un bien inappréciable. Mais qui sait si en même temps ce refuge toujours ouvert ne va pas être pour d'autres une tentation de se laisser aller à cet affaissement par lequel on descend de jour en jour plus bas ? On a eu recours, dans un cas exceptionnel, à contre-cœur et en rougissant, à l'hospitalité de nuit, à la soupe de la caserne, à la distribution que font de leurs restes certains restaurants. On y revient avec moins de honte dans un cas moins impérieux, puis dans un moins grave encore, et l'on finit par s'y faire et trouver tout simple d'aller, comme l'animal, recevoir la pitance qui est offerte et dormir dans l'étable qui est ouverte.

Terrible problème, en vérité, que cet éternel et insondable problème de la misère et qui a fait dire bien des fois que si le mal est facile à faire, rien n'est plus difficile à faire que le bien! Et pourtant il faut le faire.

Dieu me garde d'avoir prétendu, en soumettant ces quelques pages à l'Académie, donner la solution de ce problème. Je sais trop combien elle est, à la fois, délicate et complexe. Je crois pouvoir dire seulement qu'à cause de cette complexité même, il n'y a point de remède unique et de solution simple. Je crois pouvoir dire aussi qu'il n'y a, en dehors de la liberté et de la responsabilité, rien de sûr et de réellement salutaire. La bienfaisance ou la charité, comme on voudra l'appeler, n'est pas une institution et un mécanisme; c'est une vertu qui suppose l'action personnelle de l'homme et met en jeu ce qu'il y a en lui de plus intime et de plus élevé en même temps. C'est l'exercice spontané et réfléchi d'une volonté intelligente appliquée à chercher le bien et à combattre le mal. On la tue, ou ce qui est pis, on la pervertit quand, sous prétexte de la régulariser et de la généraliser, on l'emprisonne dans des cadres, on la détermine par des formules et on la décrète comme une mesure de salubrité publique par des lois, à l'appui desquelles on fait intervenir la force. On peut constituer ainsi un corps qui, à première vue, semble imposant; il n'y manque qu'une chose: l'âme, sans laquelle il ne peut vivre, et là où la vie n'est plus, la corruption est inévitable.

LA QUESTION DE LA PORNOGRAPHIE

Lecture faite à l'Académie des sciences morales et politiques.

Il s'est fait beaucoup de bruit, dans ces derniers temps, autour des publications pornographiques. Pour un peu, pendant une quinzaine, c'eût été la question du jour. Peut-être a-t-on cessé un peu vite de s'en occuper. Peut-être surtout ne s'en est-on pas occupé dans l'esprit qui convenait à la nature du sujet.

Je voudrais, si l'Académie le permet, porter un moment ce grave sujet devant elle, non pour l'épuiser assurément, mais pour ramener s'il est possible sur lui l'attention trop prompte à s'en écarter.

Aucun lieu, je crois, n'est plus convenable pour cette tentative. Il s'agit, en effet, c'est du moins ce dont je suis convaincu et ce que je voudrais contribuer à faire comprendre, des intérêts mêmes dont notre compagnie a plus particulièrement le souci et la charge. Ce sont les intérêts vitaux de la société qui sont en cause. Deux de nos confrères les plus distingués, M. de Pressensé, que nous regrettons, et M. Bérenger, qui continue à dire sans lui ce qu'il disait à côté de lui, l'ont éloquemment affirmé dans une autre enceinte : il est temps de prendre en main la défense de la jeunesse, c'est-à-dire la préservation de la nation même dans sa fleur. Il est temps de se demander comment nous remplissons notre tâche d'éducateurs ; et de quelle façon, avec nos prétentions d'avoir tout renouvelé et tout amélioré, nous préparons notre sort et celui de nos successeurs. L'éducation est devenue, de nos jours, l'un de nos premiers et de nos plus légitimes soucis. Mais comprend-on toujours bien ce qu'elle comporte et ce qu'elle exige ? On ne néglige rien pour cultiver l'intelligence ; on cherche à agrandir le cercle des connaissances et l'on vise à les rendre de plus en plus accessibles à tous. On prétend en même temps (et l'on a bien raison, car l'outil ne vaut que par la façon de s'en servir) cultiver l'idée du devoir et préparer les enfants à devenir, non seulement des hommes instruits, mais des hommes utiles et de bons citoyens.

C'est à merveille. Mais à quoi bon cet immense effort, si, par une imprévoyance sans nom, on en annule ou en pervertit comme à plaisir les résultats ? Quelle conduite contradictoire ne tient-on pas, et quel jeu ridicule ne joue-t-on pas si, pendant que d'un côté on enseigne l'usage honorable et sérieux de la vie, d'un autre côté on en prêche ou l'on en laisse prêcher le mépris et l'abus ; si, en face des édifices consacrés à former la jeunesse au devoir et au travail, on tient sur la place publique une école ouverte à tous de dépravation et de paresse. Ecole dont l'influence est d'autant plus redoutable qu'elle est incessante, universelle, qu'elle s'exerce même à l'insu de ceux qu'elle atteint, et qu'elle les pénètre par cette action irrésistible des yeux et de l'exemple, si justement signalée dès l'antiquité dans ces vers d'un poète :

Segnius irritant animos demissa per aures
Quam quæ sunt oculis subjecta fidelibus.

On ne s'est point assez préoccupé, en vérité, quand on a pris à tâche la grande œuvre de l'instruction générale, des dangers qui pouvaient naître de cette instruction même et des précautions qu'appelle le développement de toute puissance nouvelle. On n'a pas assez compris que toute force, par cela même qu'elle peut être utile, peut être nuisible, et que, plus on l'accroît, plus il est nécessaire d'accroître en même temps la puissance rectrice sans laquelle ses écarts deviennent redoutables. Or, dans le cas qui nous occupe, il semble que l'on ait tout fait,au contraire,pour affaiblir, sinon pour détruire la puissance rectrice et pour faire de

10.

la facilité de lire et de voir, mise par les progrès de l'instruction et par ceux de l'industrie à la disposition de tous, un agent de désordre et un ferment de corruption.

C'est là, si l'on veut bien y réfléchir, ce qui fait, à notre époque, de la littérature et de l'imagerie pornographiques un véritable péril public. Cette littérature, dit-on, a toujours existé. Sans doute, parce qu'il y a toujours eu dans les bas-fonds de la nature humaine des instincts auxquels elle répond ; mais elle n'a pas toujours eu le même caractère et les mêmes formes. Les Romains et les Grecs l'ont connue ; elle a déshonoré leur théâtre et elle ne témoigne pas en faveur de l'état moral des sociétés païennes L'aristocratie de l'ancien régime ne l'a pas ignorée, et ce n'est pas toujours non plus à son honneur. Mais c'était pour cette aristocratie, si l'on peut ainsi parler, un mets réservé ; un nombre restreint d'amateurs se donnait le régal des éditions prohibées et des dessins, parfois de grand prix, des artistes qui cultivaient ce genre d'illustrations. Il se faisait il est vrai, en ce genre, des choses absolument odieuses ; mais la circulation, encore une fois, en était limitée, et il fallait presque, pour les rencontrer, aller au-devant d'elles. Aujourd'hui, le crayon et la plume, dans des genres habituellement très inférieurs et sans aucune prétention à l'art dont pourtant on songe à les couvrir, se sont démocratisés et mis à la portée de la foule. C'est partout, dans la rue, aux kiosques, dans les gares de chemins de fer, à la porte des collèges et des ateliers, et bientôt jusque dans les moindres villages, que s'étalent les produits frelatés de cette industrie malsaine. Ce n'est plus aux yeux seulement d'ailleurs qu'ils font appel ; et il ne servirait de rien de les fermer. Une armée de vendeurs et de distributeurs ont soin de les signaler par leurs cris et de provoquer par leurs commentaires les passants à les acheter. Ils font davantage : ils les remettent gratis, à titre de réclame, et les glissent jusque dans la main des jeunes gens et des jeunes filles. Comment dès lors s'en préserver ou en préserver les personnes sur lesquelles on a à veiller ? Est-il nécessaire de montrer l'influence de cette universelle diffusion d'une propagande délétère sur la vie de famille, sur le travail, sur l'économie ? Et cette influence n'est-elle pas, je le répète, d'autant plus funeste qu'elle s'exerce en quelque façon comme celle de l'air ambiant sur les poumons, à l'insu de ceux qui la subissent ? On croit vivre dans une atmosphère saine, et l'on respire un air vicié.

Les moralistes diront dans quelle mesure les relations de la vie domestique ont pu en être affaiblies, dans quelle mesure la droiture de l'esprit, l'application, le sérieux, l'habitude de l'effort patient, la lente mais féconde préparation de l'avenir et ce qu'on pourrait appeler l'ensemencement de la vie, en ont été altérés et compromis. Les économistes après avoir signalé le préjudice causé au budget domestique diront combien la paix sociale et l'ordre public s'en trouvent menacés : je dis la paix des ateliers aussi bien que la paix de la rue. En accoutumant au désœuvrement, en détournant de la tâche, toujours pénible (lorsqu'elle n'est pas adoucie par le sentiment du devoir), du labeur quotidien, en suscitant le goût et le besoin de distractions coûteuses, en éveillant, sans jamais les assouvir, les appétits de la bête humaine, ces excitations malsaines amènent nécessairement, en même temps qu'un ralentissement de la production et par suite du salaire, un accroissement de la dépense qui rompt fatalement l'équilibre entre les satisfactions et les désirs. Elles poussent au mécontentement, exagèrent les prétentions et les exigences et maintiennent une partie notable de la population dans un état ordinaire d'irritation, d'autant plus funeste que le sentiment du respect des autres et du respect de soi-même est plus affaibli. Un certain nombre enfin, de proche en proche, de dégradation en dégradation et de méfait en méfait, est conduit jusqu'au dernier degré de l'abjection et de la criminalité.

D'autres excitations sans doute y contribuent. On peut ne pas trouver indifférentes celles des tripots, des cafés-concerts, des courses et des paris dont elles sont l'objet, non plus que de certains spectacles empruntés à d'autres régions et dont les animaux ne sont pas seuls à souffrir. Mais tout cela se tient, et, sans essayer de faire le compte spécial de chacun de ces agents de dissipation, on peut assurément les ranger tous parmi les causes de désordre et de trouble social. On s'étoune et l'on s'effraie, non sans raison, du nombre chaque jour croissant des malfaiteurs précoces et du cynisme de leur perversité. On devrait trouver le fait tout naturel puisque tant d influences de toute sorte sont employées à toute heure à dresser au mal la jeunesse et l'enfance elle-même. On essaie de combattre le danger en rendant la répression plus sévère : à quoi bon, si, à mesure que l'on s'attaque aux effets, on favorise les causes ? Que peut l'expiation suprême elle-même et son intimidation menteuse, si, par toute la suite d'une éducation préalable, on a préparé comme à plaisir ceux qu'on s'imagine épouvanter, à ne trouver dans les exécutions qu'on leur met sous les yeux qu'une distraction de plus et à se faire un jeu de la mort des autres et de la leur au besoin ?

Que n'y aurait-il point à dire encore, si l'on voulait épuiser le problème des conséquences de ce dévergondage autorisé sur la santé et sur la virilité des jeunes générations qui seront demain le fonds même de la population ? Dans son admirable discours au Sénat, M. de Pressensé a insisté sur ce qu'il a appelé le mépris des sources sacrées de la vie. On pourrait dire, en vérité, que toute une légion de malfaiteurs publics est à toute heure acharnée à empoisonner et tarir ces sources saintes. Il y a là des abîmes que je ne me hasarderai pas à sonder ; ils peuvent être du ressort d'une autre de nos Compagnies ; ils ne sont pas du ressort de la nôtre et il suffit de les viser en passant. Mais la question de la population, dont on s'est dans ces derniers temps si justement préoccupé, est au premier chef de notre domaine propre et c'est elle qui est ici en cause. Ce n'est pas exagérer que de dire que tout ce qui porte atteinte à la moralité privée et publique atteint la population à la fois dans son nombre et dans sa qualité. On se plaint de la diminution de la natalité. La cause n'en est-elle pas souvent, bien souvent même, dans le désir de se soustraire aux charges de la famille? Et, si l'on a peur de ces charges, n'est-ce pas bien souvent aussi parce que l'on s'est créé des habitudes et des besoins qui les rendent trop lourdes? Un vice, disait Franklin, coûte plus à nourrir que deux enfants.

Moins nombreuses, les générations nouvelles sont aussi moins saines et moins vigoureuses, soit parce que, dans bien des cas, elles portent en naissant la marque de l'affaiblissement physique ou moral des générations antérieures, soit parce qu'elles-mêmes, au cours de leur développement, subissent des influences qui ne cessent de le contrarier. Elles sont comme ces pins des Landes, auxquels on soutire, à mesure qu'ils la puisent dans le sol, la sève qui les doit nourrir.

C'est donc, je le répète, la population elle-même, c'est-à-dire la nation, qui est en danger. On a proposé, contre ce qu'on a appelé un peu inexactement, la dépopulation de la France, beaucoup de remèdes. Il en est qui ont leur valeur; mais tous resteront vains, ou ne seront tout au plus que de faibles atténuations, aussi longtemps que l'on n'aura pas compris qu'il n'y a rien à faire sans le relèvement des caractères, sans le raffermissement de la famille et de ses bases fondamentales, sans l'habitude de l'empire sur soi-même et sans le respect de l'effort, au prix duquel doivent être achetées toutes les satisfactions légitimes et qui seul peut donner à toutes leur saveur.

Je sais, et je ne veux pas terminer sans en dire un mot, qu'à toutes ces raisons on oppose ce qu'on appelle la liberté et les droits de l'art.

L'art est-il véritablement en cause ici? S'agit-il, à supposer qu'un sculpteur moderne puisse nous donner quelque nouvelle Vénus de Milo ou quelque autre beaucoup moins drapée, de proscrire par avance son chef d'œuvre ? C'est Diderot, je crois, qui a dit : « Ce n'est pas le nu qui est indécent, c'est le retroussé. » C'est, pour parler plus exactement, ce qui a l'intention de l'être. Les choses valent par ce qu'on a voulu leur faire dire. En général, on en conviendra, le genre de publications ou de dessins dont il est ici question n'a rien à voir avec l'art et ne s'en soucie guère. Ce n'est pas par la supériorité du style ou par la puissance du crayon ou du pinceau que ceux qui s'y livrent cherchent à frapper et à retenir les yeux. C'est bien plutôt par la grossièreté du trait ou par la crudité du mot. Que si parfois cependant, comme cela arrive en effet, le talent se met de la partie, si quelque écrivain de race, quelque artiste digne de ce nom, ne craint pas de chercher dans des audaces et des effronteries provocantes des succès et surtout des bénéfices que ne lui procureraient pas au même degré des œuvres honnêtes et recommandables, je n'hésite pas à dire qu'il n'en est que plus coupable et que son talent, au lieu d'être une circonstance atténuante, est, au contraire, une circonstance aggravante. Jules Romain a fait, dit-on, des tableaux que l'on ne peut voir qu'à huis-clos. Cela ne l'empêche pas d'être un grand peintre. Mais le fait qu'il est un grand peintre le rend plus inexcusable encore de n'avoir pas laissé, à la place de ces toiles des musées secrets, quelques œuvres de plus à l'admiration des visiteurs des musées publics. Tels auteurs célèbres prendront à tâche de prouver que le français, quand il le veut, ne brave pas moins l'honnêteté que le latin. Ils montreront, dans l'art de remuer le fumier, une aisance et une vigueur que l'on ne saurait méconnaître. Cela n'empêchera pas leur fumier de sentir mauvais et de n'être pas, comme le fumier de ferme, bon à engraisser les champs et à produire le blé qui nourrit les hommes. Ces auteurs étaient capables, et ils l'auront montré, de faire des œuvres saines et irréprochables. Ils n'en seront, eux aussi, que plus à plaindre et à blâmer de n'avoir pas réservé, pour se faire une réputation sans tache, tous les dons remarquables dont ils ont été doués.

Mais admettons qu'il puisse y avoir, à certains points de vue, comme études anatomiques ou pathologiques, utilité à ce que certaines descriptions et certaines peintures soient faites. Encore faudrait-il les laisser à leur place ; ce sont choses à l'adresse d'un public spécial, ou tout au plus, pour pousser la condescence à ses dernières limites, à l'usage de ceux qui, en connaissance de cause, tiennent à se les procurer ; ce ne sont pas choses à mettre bon gré mal gré sous le regard de tous et à jeter à pleines mains dans le grand torrent de la publicité. Il est tel livre de médecine qui, pour le médecin ou pour le profane qui en fait l'objet d'une lecture sérieuse, peut rendre de réels services ; le même livre, hors de sa place, devient immonde comme les plaies qu'il décrit. Là, il vise à guérir ou à prévenir ; ici, il ne peut que nuire et pervertir.

Et c'est pourquoi il n'est pas plus admissible, il est moins admissible encore de parler de liberté que de parler d'art. La liberté, oh ! c'est la faculté sans doute d'agir comme on le désire, mais dans les limites de ce qui ne porte pas atteinte au droit d'autrui. Les libertés, suivant la comparaison de Quesnay, sont comme les alvéoles de la ruche ; elles se touchent et se pressent sans se confondre. La liberté de l'un suppose la liberté de l'autre ; elles se soutiennent et se bornent mutuellement ; et c'est ce qui a fait dire avec une profondeur admirable : la liberté, c'est le respect des autres.

Aussi est-ce principalement au nom de la liberté qu'il convient de protester contre les empiètements et les débordements de la licence. Si vous avez envie de donner aux passants des coups de bâton, d'incendier les maisons ou de crocheter les serrures, direz-vous que vous usez de votre liberté ? La puissance publique interviendra, et c'est comme protectrice de la liberté qu'elle aura le devoir d'intervenir. Il me prend fantaisie de vous verser par ma fenêtre de l'eau sale sur la tête, de vous jeter de la boue à la figure, ou d'établir en pleine rue un amas d'immondices et un foyer d'infection : vous réclamez, et vous avez raison, au nom de la liberté. Tous les peuples civilisés admettent que diverses professions, utiles cependant, indispensables même, mais désagréables ou dangereuses, comme la fabrication des produits chimiques ou celle des substances explosibles, ne peuvent être exercées, en tout lieu et en tout temps, au milieu des agglomérations et sans garanties pour la sécurité du voisinage. On prend même contre la contagion matérielle de la peste, du choléra ou de la fièvre typhoïde, des mesures qui ne sont pas toujours du goût de ceux dont elles gênent les mouvements, et l'on s'y résigne parce que la nécessité les impose. Et l'on ne ferait rien contre la propagation de l'infection morale, qui peut, trop souvent, se traduire en infection matérielle! Et l'on entourerait d'une sorte d'inviolabilité superstitieuse l'exercice de la profession, absolument inutile, d'empoisonneur public! Et l'on souffrirait sans se plaindre que l'on souille à plaisir les yeux et les oreilles, c'est-à-dire l'esprit et le cœur de la jeunesse sans défense! Et on laisserait le champ libre à toutes ces entreprises éhontées contre l'honneur et la force même de la patrie! En vérité, poser une pareille question, ici tout au moins, c'est la résoudre; mais il était devenu nécessaire de la poser; car, ainsi que l'a dit encore Pressensé, « on mène de gaîté de cœur la France à la débauche, comme on mène un troupeau à l'abattoir. »

Misère morale, d'ailleurs, j'y reviens en terminant, et misère matérielle, cela ne se sépare pas à volonté. On parle de paupérisme ; on s'inquiète des souffrances et des douleurs de l'humanité. L'origine de nos souffrances est, pour une grande part, dans nos fautes; et l'on aura beau faire, nous récolterons toujours ce que nous aurons semé.

En toute chose, c'est à la source qu'il faut aller. « Voulez-vous épuiser l'abîme d'iniquité, disait un jour Laboulaye. Souvenez-vous du mot de ce Grec qui avait parié de boire la mer. Travaillez à tarir les fleuves qui l'alimentent. » Et gardez-vous de vous laisser aveugler par l'orgueil des progrès de la science. Je ne sais plus quel philosophe a dit, n'est-ce pas Bacon : « Science sans conscience, n'est que ruine de l'âme. » Il aurait pu ajouter : et ruine du corps.

LES FÊTES FORAINES

ET

LES ADMINISTRATIONS MUNICIPALES (1)

I

Franklin nous dit, dans ce trésor de bon sens et d'esprit qui s'appelle la *Science du Bonhomme Richard*, qu'il ne faut souvent qu'une petite voie d'eau pour faire couler un grand navire. Il ne faut, de même, pour gâter une belle existence ou pour atteindre plus ou moins profondément la richesse et la vitalité d'une nation, que de faibles relâchements et des écarts, en apparence insignifiants, dans les habitudes et dans les mœurs. Cette considération sera mon excuse si, parmi tant de graves et savants travaux, je ne soumets à l'Académie que quelques réflexions, assez peu originales, sur un sujet bien modeste et bien peu fait, à ce qu'il semble au premier abord, pour occuper son attention. Je m'étais proposé, lorsque j'ai accepté l'honneur de faire devant elle une lecture, de l'entretenir d'une des questions les plus délicates de la science économique, la question de la Rente du sol, sur laquelle je ne crois pas inutile de revenir. Le temps m'a fait défaut pour achever ce difficile travail. Je n'ai d'autre prétention aujourd'hui que de ne pas manquer de parole à notre éminent secrétaire perpétuel.

Je voudrais parler de ces fêtes, dites fêtes foraines, qui ont pris, depuis un certain nombre d'années, un si considérable développement (dans les environs de Paris surtout), et qui tendent à devenir, dans les diverses com-

(1) Mémoire lu dans la séance publique de l'Académie des sciences morales et politiques du 13 octobre 1883.

munes à tour de rôle, pendant plusieurs semaines, à chaque saison, la préoccupation principale des municipalités et d'une partie des populations.

Aux yeux de beaucoup, ces fêtes ne sont rien moins qu'un des éléments essentiels de la prospérité locale; et l'on ne saurait faire, pour les encourager et en accroître l'éclat, trop d'efforts et trop de sacrifices. C'est parfois l'un des plus gros articles du budget, et c'est un des plus populaires. A mon avis, c'est un de ceux qui le devraient être le moins, et dont la suppression serait le plus justement réclamée. J'ai essayé, il y a quelques années, sans beaucoup de succès (je m'y attendais), de plaider cette thèse devant un conseil municipal. Il ne m'a pas paru inutile de la reprendre, avec un peu plus de chances de ne pas le faire tout à fait en vain, devant d'autres juges.

Je sais ce qu'on peut alléguer en faveur des fêtes locales. Elles ont pour elles leur ancienneté d'abord; et c'est quelque chose. Elles ont aussi, dans le passé tout au moins, de très notables et très réels services à leur actif. Dans des temps où la difficulté des communications rendait rare et onéreux le déplacement des hommes et des choses, il fallait, pour qu'ils se pussent utilement rencontrer, des rendez-vous périodiques et certains. Les parents, les amis, les voisins (qui n'avaient pas alors la poste à 15 centimes, et qui n'auraient pas risqué, pour se voir, des courses peut-être inutiles), se rencontraient aux fêtes, et souvent ne se pouvaient rencontrer que là : c'est le cas encore, aujourd'hui même, dans plus d'une région de la campagne. Là se traitaient les affaires de famille, se concluaient les ventes et les baux, se louaient les ouvriers et les domestiques, et se préparaient les mariages. Là aussi se faisaient les achats de vêtements, de denrées et d'objets de ménage. Le commerce sédentaire, qui suppose une clientèle régulière et suffisante, n'existait guère; le commerce ambulant y suppléait. Il arrivait, par la multiplicité des déballages, à l'étendue du marché et à la continuité de la vente; et il procurait aux consommateurs, en allant vers des groupes, au lieu de laisser venir à lui des individus, une économie de temps et d'argent relativement considérable. De tels bienfaits sont sans prix; et partout où ils subsistent dans une mesure quelque peu importante, partout où il y a *foire*, c'est-à-dire concours sérieux d'acheteurs et de vendeurs, et non simple rencontre de badauds et d'oisifs, je n'ai rien à dire contre les fêtes. Elles sont (mêmes dans ces cas) l'occasion d'entraînements que l'on peut regretter. On peut déplorer des excès de boisson, des rixes, des débauches; et trouver peu favorable à l'amélioration commune tel spectacle, tel bal ou tel jeu qui attire la foule et que la foule attire. Mais ce ne sont après tout que des faits accessoires, des abus à la rigueur corrigibles, qui ne détruisent pas l'utilité de l'institution; et l'on ne peut, à cause de l'accessoire, condamner le principal.

Tel n'est pas, est-il besoin de le démontrer, le cas de ces fêtes de banlieue (ou autres du même genre), que j'ai seules en vue. L'accessoire ici est devenu le principal, et il n'y a pas gagné. Ce n'est plus le marchand et l'acheteur que l'on appelle, c'est le curieux et le désœuvré. Le bateleur, la somnambule, le tireur de loterie, le montreur de phénomènes vivants ou morts, et tout le reste des industriels inutiles ou nuisibles que traîne plus ou moins après elle toute agglomération d'hommes, envahissent la voie publique et y règnent en maîtres. C'est pour eux que l'on vient, pour eux seuls, ou pour le personnel féminin qui les accompagne ou qui les suit Il s'agit de s'amuser, tout simplement; et la fête, pour le grand nombre, n'est plus autre chose, en effet, qu'un temps où l'on s'amuse.

Qu'il ne soit pas interdit de s'amuser de temps à autre, ou plutôt de se distraire, je n'ai garde d'y contredire. Il faut du jeu dans les machines, a dit excellemment Turgot; la machine humaine ne fait pas exception : *neque semper arcum tendit Apollo*. Que tout ne soit pas répréhensible et inexcusable dans les plaisirs et les agréments qu'offrent les fêtes, je l'accorde également. Ce n'est pas un crime, une fois par hasard, de monter sur les chevaux de bois ou d'essayer son adresse au tir hydraulique; et je ne voudrais pas (peut-être pour cause) me montrer trop sévère pour ceux qui, cédant à la curiosité, sont allés voir *travailler* les lions d'une ménagerie ou les artistes d'un cirque. Ils pourraient bien pourtant, le cas échéant, ne pas se sentir la conscience absolument en repos en présence des mésaventures d'un clown endommagé ou de celles d'un dompteur caressé de trop près par ses pensionnaires.

Mais de là à mettre officiellement (et aux frais des contribuables) l'agitation à l'ordre du jour et à suspendre, pendant deux ou trois semaines, la vie normale dans une commune; de là à faire de l'avenue, de la place ou de la rue la plus large et la plus fréquentée un camp de bohémiens et à autoriser, à provoquer, à subventionner le rassemblement de tous les embarras, de tous les bruits, de toutes les odeurs, de tous les miasmes et de toutes les exhibitions qu'en temps ordinaire on s'efforce d'éviter et de proscrire, on conviendra qu'il y a loin. C'est cependant ce que les municipalités, par les appels qu elles lancent, par les prix qu'elles offrent, par les réclames qu'elles font et finalement par l'inconcevable tolérance dont elles couvrent les étalages les plus suspects et les boniments les plus indécents, semblent à l'envi s'efforcer de faire. En temps ordinaire, le tapage (nocturne tout au moins) est interdit. En temps de fête, les orgues à orchestre, les tambours, les trombones, les sifflets à vapeur et les pitres peuvent impunément, jusqu'à minuit et au-delà, faire assaut de vacarme et priver de sommeil les habitants paisibles, au risque d'empêcher les malades de guérir et de rendre fous les gens nerveux. En temps ordinaire, il n'est pas reçu qu'on se livre, fenêtres ouvertes et rideaux levés, à toutes les opérations de toilette et de ménage que comporte notre pauvre nature humaine. En temps de fête, on ne connaît plus ces pudeurs et ces délicatesses. Le nomade qui ne rougit pas de suivre la nature, ainsi que le recommande en latin la philosophie, habite, comme le sage, une maison de verre (ou de toile, cela revient au même), où tous le peuvent voir, qui en passant, qui mieux encore des appartements qui le dominent, laver son linge sale en public, quoique en famille, et se livrer à l'aise à toute espèce d'exercices. En temps ordinaire, on prend soin de tenir les rues propres, de les balayer, de les arroser et l'on n'y tolère le séjour d'aucune immondice. En temps de fête, les rues deviennent bon gré mal gré des dépotoirs communs ; car il faut bien qu'elles reçoivent tout ce qu'y peuvent avoir à déposer, du matin au soir et du soir au matin, les centaines de gens et de bêtes dont elles sont la demeure. Et quelques précautions extraordinaires que l'on puisse prendre pour les nettoyer et les désinfecter, le sol en est, pour longtemps, saturé et l'air empoisonné. En temps ordinaire, enfin, on cherche, pour prévenir la propagation des maladies contagieuses, à isoler les personnes qui en sont atteintes et à renfermer le mal dans un étroit foyer. En temps de fête, on laisse le champ libre à la rougeole, à la scarlatine, à la diphtérie, que promène de place en place, à l'instar du pèlerinage de la Mecque, la sainte caravane : et l'on regarde insoucieusement hommes et femmes, vieillards et enfants s'entasser dans les réduits où se ramasse, avec la vermine, le germe de toutes ces affections. Il me serait aisé d'établir, par des faits positifs, que je ne dis rien de trop. Je pourrais montrer ici une épidémie importée tel jour par telle troupe et passant avec elle de localité en localité ; là un promeneur frappé en pleine poitrine par une balle échappée d'une carabine, et ailleurs une autre balle, par hasard moins malfaisante, atteignant au passage la caisse d'un tramway ; ailleurs encore un jeune homme, attiré par l'une de ces sirènes trop lucides qui prédisent le passé, exploitent le présent et ne réussissent pas toujours à s'assurer l'avenir, assassiné dans la baraque où il a eu l'imprudence de chercher sa bonne aventure ; partout les filous, les voleurs, les ivrognes, les rôdeurs de barrière et leur monde accourant comme les vautours à la curée ; les querelles succédant aux querelles ; la police sur les dents ; les habitants honnêtes écœurés ; et les yeux et les oreilles des enfants, des jeunes gens, des ouvriers et des domestiques livrés sans relâche et sans pitié aux plus déplorables enseignements. Etrange inconséquence ! On s'efforce, dans les écoles, de donner aux générations nouvelles des idées justes de toutes choses. Et l'on installe, sur les places publiques, *avec l'autorisation de M. le Maire*, des chaires de mensonge où l'on débite les plus énormes absurdités et les plus dangereuses sottises ! L'instituteur explique de son mieux à ses élèves ce que c'est que l'électricité et comment elle se produit et s'accumule. Et la femme électrique, cachant sous ses jupes le tabouret isolant qui la supporte et l'ingénieux appareil qui lui fournit du fluide, apitoye les naïfs sur l'infirmité dont elle est atteinte depuis qu'elle a eu le malheur d'être piquée par le poisson torpille ! Nous nous épuisons, tous tant que nous sommes, moralistes, économistes ou autres, à répéter, avec le fabuliste, que le travail est un trésor : le seul trésor véritable ; car c'est celui d'où tous les autres sont tirés et sans lequel tous les autres s'évanouissent. Et d'un bout de la France à l'autre, après avoir fait contempler aux badauds, sous un verre grossissant, la pyramide qui représente les cinq milliards maudits, on fait envier à ses malheureux éblouis le sort des Allemands, qui n'ont plus besoin de travailler, et à qui rien ne manque ; car ils ont de l'or, et avec l'or on a tout ! La mère de famille tient son fils à l'écart des objets qui pourraient souiller ses regards ou troubler son imagination. Et, derrière un rideau qui se lève pour deux sous, une annonce provocante ou un prospectus habilement glissé dans sa main, invite l'adolescent, en ayant bien soin de faire remarquer que ce n'est pas un spectale pour les enfants, à venir contempler la représentation en cire d'un crime épouvantable, la belle et touchante victime d'un attentat odieux, ou les détails instructifs de l'anatomie des deux sexes ! Tous ceux qui aiment leur pays, tous ceux qui ont quelque sentiment et quelque souci de la dignité de la nature humaine, prêchent à l'envi l'économie, la prévoyance, l'ordre, l'empire sur soi-même et l'exacte observation du devoir. Et sous tous les noms, sous toutes les formes, avec cette puissance et cette vivacité d'impression qui s'attache à ce qui frappe matériellement les yeux (*oculis subjecta fidelibus*), on tourne en dérision tout ce qui est respectable, et l'on met en scène la paresse, la bêtise, la gloutonnerie et le reste. Et l'on s'étonne que ces leçons profitent, et que le vice, l'impudence et le crime n'attendent plus le nombre des années ! Ce serait le contraire qui devrait surprendre. Il y a quelque part, dit-on, sur le chantier (sur un chantier qui n'est pas trop solide, peut-être), une loi tout spécialement préparée à l'intention de la fine fleur de la jeunesse française (1).

C'est de la répression, c'est-à-dire de la médecine sociale, ou de la chirurgie. Je ne me hasarderai pas à en apprécier ici la valeur. Je puis bien avouer, tout au moins, que c'est l'hygiène qui, à mes yeux, et sans médire de ses sœurs, mérite la préférence, et que c'est à prévenir plutôt qu'à punir, sauf à punir quand il n'y a pas moyen de faire autrement, que j'aimerais qu'on s'attachât (*principiis obsta*). Le sage qui, dans un moment de folie, avait parié de boire la mer, déclarait, le lendemain, qu'il n'avait pas entendu se charger des fleuves. « Si nous voulons tarir la mer d'iniquité, disait un jour, avec sa finesse habituelle, notre regretté confrère M. E. Laboulaye, c'est aux affluents de toute sorte qui l'alimentent qu'il nous faut attaquer. »

Je n'ai garde d'entreprendre, à propos de l'humble question que j'ai abordée, la nomenclatures de ces affluents

(1) Loi sur la relégation.

Elle me mènerait loin et m'entraînerait peut-être à des appréciations dont la sévérité paraîtrait à quelques-uns excessive ou paradoxale. Mais je voudrais (qui sait si ce n'est pas le but que je me suis particulièrement proposé ?) présenter quelques observations, au moins, aux partisans des fêtes, et discuter les deux principales erreurs (erreurs grossières et pourtant spécieuses puisqu'elles sont presque générales) qui induisent tant d'honnêtes gens à se faire, en toute sécurité de conscience, les défenseurs d'un système à la fois ruineux et corrupteur. L'une de ces erreurs est économique, l'autre est morale.

II

L'erreur économique, hélas! c'est toujours la même car il n'y en a qu'une au fond, et tout le buisson des sophismes qui encombrent le terrain de la science pousse sur la même souche. C'est celle que Bastiat, dans son incomparable opuscule l'*Economie politique en une leçon*, a justement dénoncée comme la mère de toutes les autres. On s'arrête à la surface des phénomènes, au lieu d'aller au fond. On voit ce qui est au premier plan, « ce qui crève les yeux du corps » ; on ne voit pas ce qui est au second, ce qui demande pour être aperçu quelque application « des yeux de l'esprit ». La fête s'ouvre ; elle appelle dans la commune son personnel habituel. Ce sont 500 personnes, je suppose, 1.000 peut-être (si c'est une localité qui a la vogue), qui pendant toute sa durée viennent s'ajouter à la population ordinaire. Tout ce monde mange et boit, d'abord, et les bêtes aussi. Et voilà qui fait l'affaire des boulangers, des bouchers, des charcutiers, des marchands de vin, des marchands de fourrages, et par suite de l'octroi, si la commune est de celles qui ont le bonheur d'être dotées de cette bienfaisante institution. Tout ce monde ne vient pas tout seul, ensuite ; cela n'en vaudrait pas la peine. Après lui arrive, en nombre dix fois, vingt fois, trente fois plus considérable, la foule des forains, gens de la campagne et de la ville, habitants de la commune de droite ou de celle de gauche, de celle du midi ou de celle du nord, lesquels tout en se promenant, en regardant, en écoutant les parades et en visitant les baraques, consomment eux aussi et consomment largement ; car la poussière ne manque pas, et la poussière altère. Et les cafés, les auberges, les pâtisseries, les rôtisseries de se réjouir d'autant ; et l'éternel octroi avec eux. Il y a les droits de stationnement, enfin, qui font un gros chiffre ; et les amendes qui n'en font pas toujours un petit ; et la besogne que cela donne aux journaux ; et les articles sur ceci ou sur cela ; et les louanges à l'adresse de la commission des fêtes et de l'intelligente administration municipale ; et le reste. Et l'on vous montre tout cela ; on l'additionne, on le multiplie, on l'enfle, on le grossit. Et l'on vous dit, en faisant miroiter à vos yeux le compte de la fête : « Voyez comme cela fait aller le commerce ; quelle bonne aubaine pour nos recettes ! » On s'habitue si bien à le dire qu'on finit par le répéter de confiance, alors même qu'il n'y a pas bénéfice, alors même qu'il y a déficit, ainsi que cela est arrivé, disent quelque part les mauvaises langues, pour une superbe fête de charité à laquelle pourtant rien n'avait manqué, pas même le zèle et l'entrain d'une aimable actrice qui, ses jarretières à la main, criait de sa voix la plus engageante : « 20 francs pour les remettre ; c'est pour les pauvres ! »

En somme, on a attiré chez soi des consommateurs, et on leur a fait faire de la dépense, au détriment de leurs autres satisfactions apparemment, et au détriment de leurs propres communes aussi ; car il faut bien que ce soit pris sur quelque chose, et le temps ni l'argent dépensés ici d'une façon ne peuvent l'être là-bas d'une autre. Voilà *ce qu'on voit.*

Et voici *ce qu'on ne voit pas*, et ce qu'il ne serait pas cependant malaisé de voir. C'est que quinze jours auparavant une commune voisine, dont c'était la fête, se tenait à elle-même le même langage et se félicitait, avec tout juste autant de raison, d'avoir fait chez elle boire du vin et manger de la viande aux gens d'à côté, dont elle avait empoché l'argent au profit de ses marchands et de son octroi. Et la semaine d'après une troisième commune s'en dira encore autant, non moins à propos ; et ainsi à la file, de la première à la dernière. Si bien qu'en fin de compte elles ne se devront rien, ou pas grand'chose. Elle se seront grugées à tour de rôle, en se débauchant mutuellement, tout simplement. C'est le jeu des soufflets, au bout duquel personne n'a la joue froide.

Il y a dans les œuvres de Franklin une *note sur le commerce et les manufactures* qui, dans ses quelques lignes, une demi-page à peine, est bien instructive. C'est la démonstration, on pourrait dire la formule mathématique de ce qu'on pourrait appeler les ricochets de la prohibition. Chacun, de proche en proche, en repoussant les produits de son voisin, fait repousser les siens. Et chacun, en fin de compte, dit Franklin, « éprouve une diminution dans la masse commune des jouissances et des commodités de la vie ». C'est exactement l'histoire de nos communes, c'est l'histoire de tous ceux qui, dupes des premières apparences, et fidèles à la vieille théorie de l'antagonisme des intérêts, s'obstinent à chercher leur bien dans le mal d'autrui. Chacune, en surexcitant chez elle la dépense et en y faisant appel à la dissipation, a cru attirer à elle une partie de la substance de ses voisines. Et chacune, si elle faisait le total des consommations inutiles, des dépenses inconsidérées et des journées perdues dont elle a sa part, se trouverait avoir réalisé une diminution dans son bien-être, dans sa richesse et dans sa moralité. Le travail a été réduit partout, la gêne a été introduite dans une foule de familles, et l'on a semé comme à plaisir des habitudes funestes (et malheureusement plus difficiles à détruire qu'à faire naître) de flânerie, de dissipation, de désordre et de bruit.

Et ceci me conduit à la seconde erreur, l'erreur morale,

plus grave encore, à mon sens, que l'erreur économique ; et aussi moins excusable, car elle est moins spécieuse et d'un ordre dans lequel on n'a guère le droit de se tromper.

On ne s'imagine pas seulement que les hommes ont besoin d'être poussés à la consommation, comme si ce n'était pas par l'épargne que se font tous les progrès ici-bas, à commencer par le progrès de la consommation elle-même ; car il n'y a pas de récoltes sans semailles. On s'imagine encore que les hommes ont besoin d'être poussés à la dissipation. On professe qu'il faut que le peuple s'amuse, comme on professe qu'il faut que jeunesse se passe ; et l'on professe qu'il faut qu'on l'amuse. On plaisante ces gens moroses qui prétendent que la vie est chose sérieuse. Et c'est ainsi que l'on en vient à mettre l'amusement partout, jusque dans les entreprises d'utilité publique, jusque dans les œuvres de bienfaisance privée ou collective, jusque dans les souscriptions nationales et internationales provoquées par les plus effroyables calamités. Un grand deuil semble n'être plus qu'un heureux prétexte à de belles et joyeuses fêtes. L'amusement prend une telle place dans l'existence, et jusque dans les parties les plus sévères de l'existence, qu'on en est à se demander s'il n'est pas pour beaucoup en train d'en devenir le fond, et si nous ne finirons pas par n'être plus qu'un peuple qui s'amuse.

Je n'hésite pas à le dire, c'est là une pente déplorable, et sur laquelle il n'est que temps de s'arrêter. La vie n'est pas une partie de plaisir ; et qui la prend comme telle risque fort d'apprendre à ses dépens la vérité du mot du poète : « Le rire est près des larmes. »

Et que l'on ne dise pas que rien n'est plus doux et plus bienfaisant que le rire : le rire n'est pas le ricanement. Que l'on ne parle pas de la nécessité du délassement : le délassement n'a rien de commun avec cette agitation perpétuelle qui n'est qu'une perpétuelle fatigue, pas plus que l'apaisement légitime et salutaire de la soif ne ressemble à cette recherche incessante et toujours inassouvie d'excitants qu'on appelle se rafraîchir. Le délassement est une détente; et l'amusement érigé en système et passé en habitude est une tension de plus en plus intense. Que l'on n'invoque pas la gaieté française : rien n'est plus différent de la gaieté, rien n'est plus antipathique à la gaieté, rien n'est plus profondément triste, en un mot, que ces lazzis grossiers et bêtes, que ces caricatures immondes, que ces plaisanteries obscènes, dont on est humilié de voir des Français faire leurs délices, que cette manie enfin de chercher toujours le côté bas ou ridicule des choses et des hommes avec laquelle un Cicéron n'est plus qu'une verrue, un Villemain une bosse, un Mirabeau une écumoire et tel autre un ventre ou un œil de verre. La gaieté est un des assaisonnements de la vie, et parfois l'un de ses plus utiles ressorts; elle n'en est pas le but. Pareille au vin, dans lequel tant de gens prétendent la chercher et ne trouvent que l'hébêtement et l'accablement, elle n'est bonne qu'à la condition d'être naturelle, et d'être prise à dose modérée. Elle ne se commande pas à volonté par des procédés artificiels; elle naît spontanément, à son heure, du sentiment du devoir accompli et de la satisfaction de son résultat; et elle le rend plus facile en le rendant plus savoureux. Elle fait aimer le travail, la famille, le foyer, qu'elle éclaire et qu'elle réchauffe de son doux rayonnement. L'amusement gâte et fait prendre en dégoût tout cela. Il nous pousse hors du foyer, hors de la famille, hors de la cité, hors du devoir, hors de la profession, hors de nous-mêmes, qui finissons par ne plus nous pouvoir supporter qu'à la condition de nous étourdir, et nous fait vivre, comme ces malheureux animaux qu'on force à danser en les posant sur un plancher brûlant, toujours en l'air.

Je n'ai aucun goût pour les exagérations d'aucune sorte, et je ne voudrais pas mettre sur le compte des seules fêtes locales tout ce que nous avons, à mon avis, à déplorer en

11.

ce genre. Je ne voudrais pas non plus englober dans une même réprobation, juste à l'égard des uns, injuste à l'égard des autres, tout le personnel de ces fêtes.

Bien d'autres influences, je le sais, agissent dans le même sens : dans le nombre (je le dis tout bas de peur de me faire un mauvais parti), je rangerais volontiers ces rassemblements plus courts, mais plus fréquents, et non moins tumultueux et mêlés, qui, sous le très menteur prétexte d'améliorer la race chevaline, contribuent si activement à la détérioration de la race humaine.

De fort honnêtes gens, je le sais aussi, se trouvent dans les baraques des foires, parmi de moins honnêtes. Il y a, à côté des échoppes qui abritent des manèges équivoques, des boutiques où l'on ne fait que des commerces parfaitement licites. On a vu, comme disait la jeune première de la pièce de ce nom, des saltimbanques qui ont sauté toujours honnêtement. Et l'Académie française a trouvé plusieurs fois, sous le maillot pailleté de l'écuyer ou du danseur de corde, des sujets pour ses prix de vertu. Je ne demande donc pas qu'on interdise à ces artistes, quel que soit leur art, le droit de l'exercer, ni aux amateurs le droit de les en faire vivre, si cela leur convient, sous la réserve toutefois qu'on n'y laissera introduire ni la fraude ni l'immoralité. Je demande seulement qu'on ne fasse plus, pour les attirer et leur procurer une clientèle, de la réclame et de la dépense avec l'argent des contribuables, y compris ceux qui ne vont pas les voir et qui n'aiment pas leur musique. Et je demande surtout qu'on ne se figure pas faire, en ce faisant, un bon emploi des deniers publics et une bonne affaire pour les finances municipales et pour les habitants. Je demande que l'on cesse de se croire une administration intelligente et paternelle, parce que l'on commet, très solennellement et avec plus on moins de considérants, cette énorme sottise de jeter périodiquement le trouble et l'agitation dans la commune, en y attirant l'écume des communes environnantes, de faire fuir les gens paisibles et de déprécier d'autant les immeubles plus ou moins atteints par la servitude de la fête. Je demande, pour tout dire, que l'on ne confère pas de faveurs au monde qui s'amuse au détriment et aux dépens du monde qui travaille, et qu'on laisse, sous la commune sauvegarde d'une police égale pour tous, les choses à leur cours naturel.

Il se peut que, par suite, le nombre des entrepreneurs de bals municipaux et des montreurs de singes et de chiens savants vienne à diminuer. Il se peut que les hercules, les acrobates et les paillasses voient la recette baisser et le métier se gâter. Ils feront moins de recrues et ils passeront, s'ils le veulent, ce qui ne leur sera peut-être pas difficile, car ce n'est ni la force ni l'adresse qui leur manquent, dans l'armée régulière du travail. Ce sera tout bénéfice pour la société et probablement pour eux-mêmes. L'argent qui paie des tours et des trucs paiera de vrais services et des produits réels. L'ouvrier, le domestique, l'apprenti et la jeune fille qui perdent leur temps, et autre chose, à courir après eux de foire en foire et de tréteau en tréteau resteront à leur ouvrage, à leur atelier, à leur école ou à leur foyer de famille et apprendront à y trouver profit et contentement. La richesse publique, comme la richesse privée y gagnera; et la gaieté française, qu'on le veuille croire, n'y perdra pas. Les désœuvrés seuls, et ceux qui les exploitent, n'y trouveront pas leur compte. Je confesse que j'ai l'esprit assez mal fait pour ne pas les plaindre, ni m'en plaindre.

TABLE DES MATIÈRES

Paris. — Typ. A. DAVY, 52, rue Madame. — Téléphone.

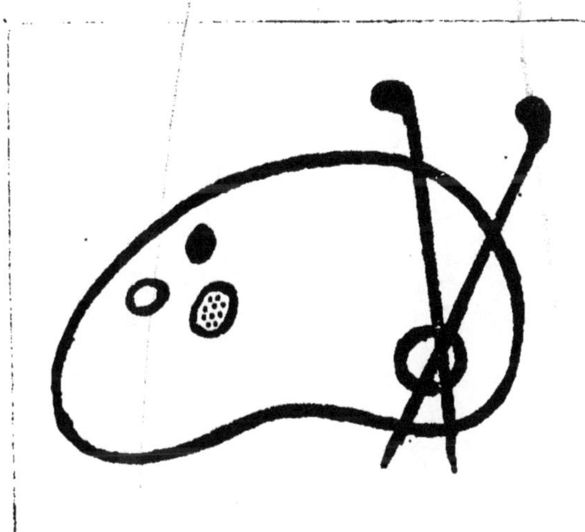

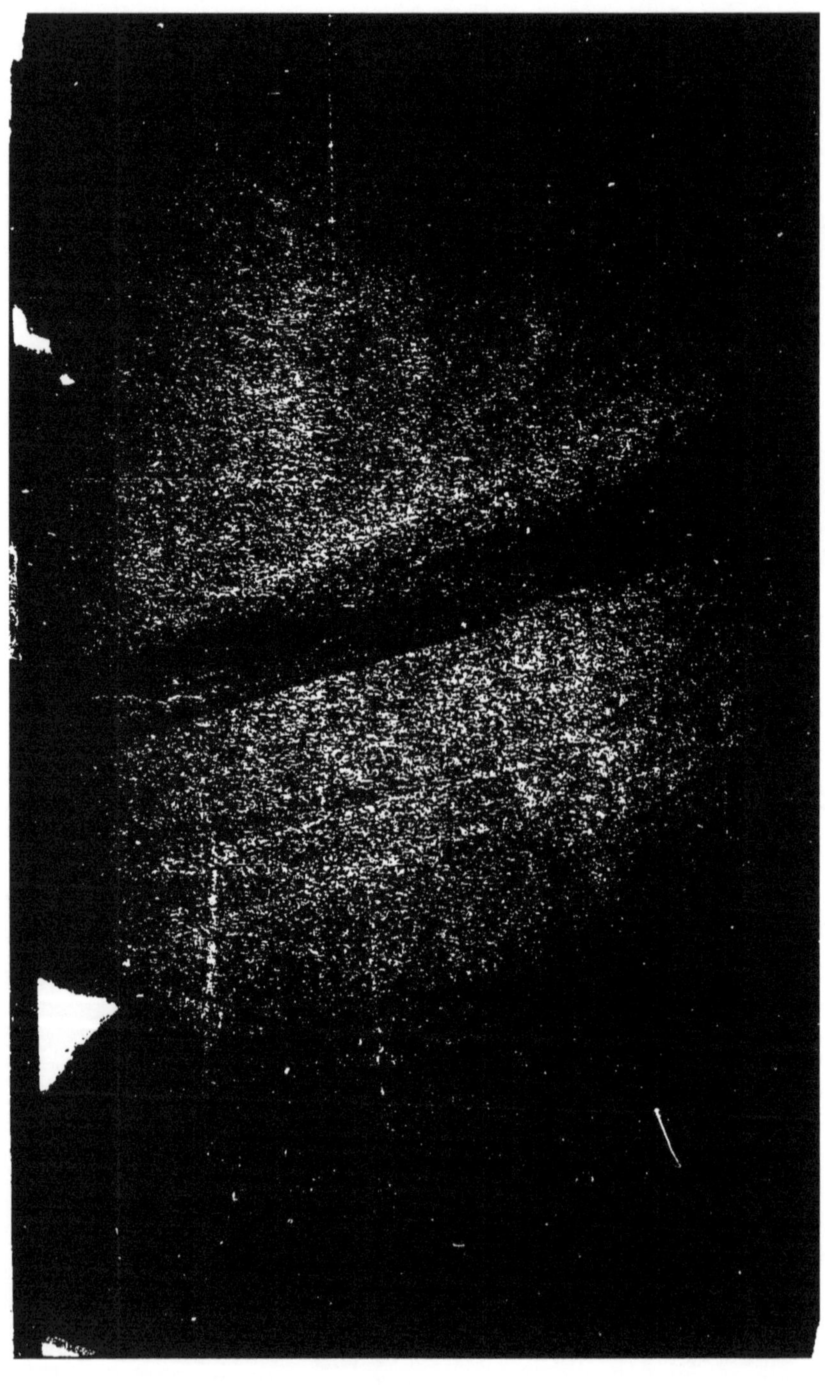

www.ingramcontent.com/pod-product-compliance
Ingram Content Group UK Ltd.
Pitfield, Milton Keynes, MK11 3LW, UK
UKHW020554230726
13926UKWH00005B/2003

9 782016 117736